2021 年度广西壮族自治区新增博士硕士学位授予单位立项建设项目（旅游管理专业硕士点）（编号：3270020101）
2021 年度广西民族师范学院旅游管理专业硕士点建设项目（编号：LYSDJC2021001）

冶金工业出版社

普通高等教育“十四五”规划教材

旅行社经营与管理

The Operation and Management of Travel Agency

主编　麻新华　陈俊安
参编　李小红　黎运宇

全书数字资源

北　京
冶　金　工　业　出　版　社
2025

内容提要

本书共分8章，主要内容包括旅行社概述、旅行社组织、旅行社旅游产品开发与设计、旅行社旅游产品定价、旅行社计调采购业务、旅行社产品销售管理、旅行社产品促销、旅行社接待管理等。

本书可作为高等院校旅游管理专业的教材，也可供广大旅游从业人员参考使用。

图书在版编目(CIP)数据

旅行社经营与管理/麻新华，陈俊安主编．—北京：冶金工业出版社，2022.9（2025.1重印）
普通高等教育“十四五”规划教材
ISBN 978-7-5024-9245-8

Ⅰ.①旅…　Ⅱ.①麻…　②陈…　Ⅲ.①旅行社—企业经营管理—高等学校—教材　Ⅳ.①F590.63

中国版本图书馆CIP数据核字（2022）第146385号

旅行社经营与管理

出版发行　冶金工业出版社　　**电　话**　(010)64027926
地　址　北京市东城区嵩祝院北巷39号　　**邮　编**　100009
网　址　www.mip1953.com　　**电子信箱**　service@mip1953.com

责任编辑　王　颖　美术编辑　彭子赫　版式设计　郑小利
责任校对　范天娇　责任印制　窦　唯
三河市双峰印刷装订有限公司印刷
2022年9月第1版，2025年1月第3次印刷
787mm×1092mm　1/16；14.5印张；352千字；222页
定价 49.90 元

投稿电话　(010)64027932　投稿信箱　tougao@cnmip.com.cn
营销中心电话　(010)64044283
冶金工业出版社天猫旗舰店　yjgycbs.tmall.com
（本书如有印装质量问题，本社营销中心负责退换）

前　言

旅游业的快速发展，旅行社功不可没。旅行社是联系旅游者和旅游六要素（食、住、行、游、购、娱）的旅游供应部门或企业之间的纽带。一方面，通过旅游咨询向旅游者介绍旅游目的地的各旅游服务供应部门的产品和服务，促进旅游者对旅游产品的购买欲望；另一方面，旅行社通过在旅游客源市场上的宣传销售活动，增进旅游客源地与旅游目的地人们之间的了解，对推动各国和各地区科学文化交流起到不可低估的作用。旅行社既方便了游客，又促进了旅游业发展。旅行社是旅游业的龙头，是旅游业三大支柱的中枢。

为贯彻党中央、国务院决策部署，主动适应我国经济发展新常态，融入产业转型升级和创新驱动发展，坚持试点引领、示范推动，转变发展理念，增强改革动力，强化评价引导，推动转型发展，高校将办学思路真正转到服务地方经济社会发展上来，转到产教融合校企合作上来，转到培养应用型、技能型人才上来，转到增强学生就业创业能力上来，全面提高学校服务区域经济社会发展和创新驱动发展的能力。编者在编写本书的过程中特别注重理论和实践的结合，注重理论的实际运用，结合自己长期在“旅行社经营管理”课程教学中的经验和行业从业经验，将基础理论与丰富经典的案例相结合，并将旅行社经营中涉及的法律法规贯穿其中。在部分章节理论知识点中添加相关链接，后面有经典的案例阅读及分析点评，并在部分章节后设置实训环节。

本书得到2021年度广西壮族自治区新增博士硕士学位授予单位立项建设项目（旅游管理专业硕士点）（编号：3270020101）、2021年度广西民族师范学院旅游管理专业硕士点建设项目（编号：LYSDJC2021001）的资助。

本书由广西民族师范学院麻新华、陈俊安担任主编，李小红、黎运宇参编。

本书在编写过程中，编者参考了国内外有关文献资料，在此向文献作者致谢。

由于编者水平所限，书中不妥之处，恳请广大读者批评指正。

编　者
2022年4月

目　　录

1 旅行社概述

主要内容：
（1）国内外旅行社产生与发展历程；
（2）旅行社的概念、性质与分类；
（3）旅行社的基本业务与职能等；
（4）旅行社的经营特点与行业管理。

1.1 旅行社的产生与发展

1.1.1 旅行社产生的背景

旅行社是旅游活动的组织者，在旅游业中居于龙头的地位，是旅游业的重要组成部分，也是旅游业中最具代表性的行业。旅行社是社会政治、经济、科技和社会分工发展的产物，又是近代商品生产、商品交换长期发展的结果，还是人类社会旅游活动发展的必然结果。它产生在人类旅游活动的发展过程中，伴随人类旅游活动的发展而发展，又因旅行社的产生与发展大大推动旅游活动及旅游业的快速发展。

旅行社的产生还和爆发于18世纪60年代的产业革命有着最为直接的关系。产业革命不仅改变了整个世界的经济和社会结构，也为近代旅游业的产生创造了物质基础和条件，促成了旅行向旅游的转化。产业革命对近代旅游业的产生与发展的影响主要表现在：

（1）产业革命带来了科学技术进步，特别是蒸汽技术运用到交通运输领域，使得大规模的人员流动成为可能。1769年瓦特发明的蒸汽机技术很快应用于新的交通工具，至18世纪末，蒸汽机轮船就已问世。1807年，美国人罗伯特·富尔顿发明了第一种现代水上交通工具蒸汽机船。蒸汽机船不仅速度快，而且运载量大，缩短了旅行时间，降低了旅行费用。蒸汽机船投入运行后，直接推动了旅游活动的发展。但对于近代旅游的诞生影响最大和最直接的还是铁路运输技术的发展。1814年，在英国享有“铁路之父”之称的乔治·史蒂文森发明了第一台蒸汽机火车头，1825年，由他建造的斯托克顿至达林顿的铁路正式投入运营，在铁路上行驶蒸汽机车，开创了陆路现代化运输的新纪元。此后各地的铁路开始建设起来，并向更远的地区延伸。铁路运输的发展，大大提高了运输能力，缩短了运输时间，使旅游者以较少的时间和低廉的价格去享受旅游的乐趣。

（2）工业革命扩大了旅游者规模。随着生产力的迅速发展和社会财富的急剧增加，有产阶级的规模日趋扩大，欧美发达国家的人们具备了外出旅游的经济条件。工业革命以前，只有地主和贵族才有金钱和时间从事非经济目的的消遣旅游活动。工业革命使得财富大量流向新兴的工业资产阶级，使他们也具有了从事旅游的经济条件，从而扩大了外出旅游的人数。此外，工业革命还造就了大批靠出卖劳动力的工人阶级，随着生产力水平的不断提高和工人阶级的不懈斗争，使得工人阶级的工资逐渐增加，带薪假期也成为可能。因此，参加旅游的阶层和人数迅速增加。

（3）工业革命加速了城市化进程，同时也改变了人们的工作性质，为旅游需求的产生创造了条件。工业革命加速了城市化进程，并且使人们工作和生活的重心从农村转移到城市。这一变化最终导致了人们有了适时逃避节奏紧张的城市生活和拥挤嘈杂的环境压力的需求，产生了回归自由、回归大自然的追求。同时，工业革命也改变了人们的工作性质，随着大量人口涌入城市，原先随农时变化而忙闲有致的多样性农业劳动开始为枯燥、重复的单一性大机器工业劳动所取代，致使人们产生了强烈的度假要求，以便从中获得短暂的休息和调整情绪的机会。

1.1.2　旅行社的产生

工业革命不仅为旅行社的产生创造了交通等旅游供给条件，而且创造了旅游需求特别是社会化的旅游需求条件，当时的人们普遍缺乏外出旅行旅游的经历经验，同时市场经济的发展为旅游活动的产生提供了必要的社会条件。在此背景下，一批具有敏锐眼光的先行者首先捕捉到了市场信息，开始创办旅行代理事业，托马斯·库克作为世界上第一位旅行代理商登上历史舞台。

1841 年 7 月 5 日，托马斯·库克包租了一列火车，将多达 570 人的游行者从英国中部地区的莱斯特送往拉巴夫勒（洛赫伯勒）参加禁酒大会。往返行程 24 英里，团体收费每人一先令，免费提供带火腿肉的午餐及小吃，还有一个唱赞美诗的乐队跟随。这次团体活动，托马斯·库克既是组织者，又是全程陪同，参加人数 570 人。虽然这次活动的性质是非商业性的，但是它已经具备现代旅行的某些特征，这次团体活动在旅游发展史上占有重要的地位。托马斯·库克组织的这次活动被公认为世界第一次非商业性旅游活动。因此，他也成为旅行社代理业务的创始人。它是人类第一次利用火车组织的团体旅游，是近代旅游活动的开端。由于这次规模庞大的活动组织很成功，使得托马斯·库克名声大振。自此，当时英国皇室出外度假和一些社会团体组织外出举办活动都请托马斯·库克帮忙做计划。在 1842 年至 1844 年期间，他还多次组织禁酒协会的成员和学校的孩子们在假期或周末进行铁路旅游。虽然这些活动不是商业性质的，但是通过这些活动的开展使他积累了丰富的经验，为以后他成立旅行社奠定了基础。

1845 年托马斯·库克放弃了木工的工作，正式创办了世界上第一个旅行社——托马斯·库克旅行社，开始尝试从事具有商业性的旅游组团业务代理，成为世界上第一位专职的旅行代理商。同年 8 月，首次出于商业营利目的，他组织了一次真正意义上的团体消遣旅游。这次团体旅游是从莱斯特出发途中经过若干地点停留访问，最终目的地是英格兰西部的海港城市利物浦，全程历时为期一周，共 350 人参加。由于当时人们对外出旅游的需求已趋成熟，加之托马斯·库克此前组织旅游活动的成功为其带来的名声，所以有关组织这次团体旅游的海报告示一经张贴，报名者极其踊跃。为了确保这次组团旅行的成功，托马斯·库克不得不决定将组团规模控制在 350 人以内。很多人前来报名时，都因名额已满而不能如愿。在已办好预订手续的人中，甚至有些人趁机高价转手倒卖名额。托马斯·库克本人对这次的团体旅行进行了周密计划，并事先亲自考察旅游线路，确定沿途的游览点，与各地客栈老板商定旅客的吃住等事宜，在旅途中亲自担任全程陪同，并在沿途聘请了地方导游做讲解。回来之后，整理出版《利物浦之行手册》发给旅游者。这次旅游的组织方式更具有现代包价旅游的特点，体现了现代旅行社的基本特征，开创了旅行社业务的基本模式。

1846 年，托马斯·库克亲自带领一个旅行团乘火车和轮船到苏格兰旅行。为每个成员发了一份活动日程表，还为旅行团配置了向导。同年，编写了《苏格兰之行手册》。此后，他每年都要组织大约 5000 人在英伦三岛之间旅行。每次他本人都亲自陪同，编印旅游指南。他成功地把铁路、水路和地上交通设施紧紧联系在一起，旅行业务得到较大发展。

1851 年 5 月，为了展示英国工业革命成果，在伦敦建造的“伦敦水晶宫”举办一次大展览，此为第一届世界博览会。托马斯·库克决心抓住这个机会扩大旅行业务。在展览开幕前，他遍访英格兰中部和北部主要城市，组织各地旅客赴伦敦参观展览。为此，他还创办名为《观光者》的月刊杂志，专门介绍各地风光和旅游者的见闻。这一年，他组织了 165000 多人到伦敦参观展览。此后，他又成功地组织了旅客参观 1853 年的都柏林展览和 1857 年的曼彻斯特展览。

1855 年，托马斯·库克组织了从英国莱斯特前往法国巴黎参观第二届世界博览会的团体旅游，这次旅游活动在巴黎停留游览 4 天，全程采用一次性包价，其中包括在巴黎的住宿和往返旅费，总计 36 先令。当时（1855 年 8 月 6 日）的《曼彻斯特卫报》称此举是“铁路旅游史上的创举”。事实上，这也是世界上组织出国包价旅游的开端。到 1864 年，经托马斯·库克组织的旅游人数已累计 100 多万。

1865 年，他开办了一家旅游用品商店，同年，为了进一步扩展旅行社业务，托马斯·库克与儿子约翰·梅森·库克（John Mason Cook）成立托马斯父子公司（即通济隆旅游公司），迁址于伦敦，并在美洲、亚洲、非洲设立分公司。此后，托马斯·库克又组织了到法国等地的旅游活动。

1872 年 9 月，已经 63 岁的托马斯·库克从莱斯特出发，开始了他为期 8 个月的环球之旅。这一次旅行实现了他从埃及旅行到中国的梦想。托马斯·库克和他的伙伴们坐蒸汽船横跨大西洋，乘坐火车越过北美大陆，航行至日本，到达中国，之后又一路游览了新加坡、锡兰（今斯里兰卡）和印度。离开孟买后，他们又穿过印度洋和红海，途经开罗，最终返回伦敦。托马斯·库克还独自前往巴勒斯坦，穿越土耳其、希腊、意大利和法国，用 222 天时间完成了这次令人惊叹的环球旅行。

1878 年，托马斯·库克退休，业务由其儿子约翰·梅森·库克主持。到了 20 世纪初，英国托马斯·库克旅游公司、美国运通公司、比利时铁路卧车公司，被称为世界旅行代理业的三大公司。

1892 年，他创办了最早的旅行支票，可在世界各大城市通行，凡持有旅行支票的国际旅游者可在旅游目的地兑换等价的当地货币，更加方便了旅游者进行跨国和洲际旅游。通济隆旅行社还编印了世界最早的旅行杂志，曾被译成 7 国文字，再版达 17 次之多。同年 7 月，84 岁的托马斯·库克离开人世。

由于托马斯·库克在开创现代旅游业和推动旅游社会化等方面对旅游业发展做出的突出贡献，他被尊称为近代旅游业之父。

1.1.3 世界旅行社的发展

在托马斯·库克的成功示范下，随着旅游需求的不断增加，许多类似的旅游组织在欧美国家相继出现。1850 年，一个专门向游客提供旅游日程安排、车辆、食品及旅游用品的“旅游组织者”在英国出现，之后在 1857 年至 1885 年，英国先后成立了专门的登山俱乐部和野营俱乐部。1875 年至 1890 年，法国、德国等国家相继成立了以组织高尔夫球、登山、探险和观光旅游活动为主的俱乐部。在北美，成立于 1850 年以经营快递业务为主的美国运通公司（American Express Company），于 1915 年正式成立旅行部，之后通过大规模的旅游扩张，成为世界上最大的旅游公司之一。在日本，1893 年设立了专门接待外国游客的“喜宾会”，1926 年更名为东亚交通公社。20 世纪初叶，已有 50 多个国家和地区设立专门的旅游公司经营旅行社业务。旅行社现象在世界范围内普遍渗透，旅行社行业已初具规模。

世界旅行社业的快速发展，刺激了旅游需求的大量产生，旅游需求的大量产生又反过来拉动了旅行社行业的迅速成长。据不完全统计，目前全世界旅行社总数约 70000 家，它们为世界各地不同国家和地区的人们外出旅行提供相关服务，一个遍布全球的庞大的国际性旅游服务销售网络已基本形成。

随着世界旅行社行业规模的进一步扩大，多个国际性或地区性的旅行社组织也相继产生，其中最具影响的是世界旅行社协会和世界旅行社联合会。世界旅行社协会（World Association of Travel Agencies）于 1949 年 5 月 5 日在瑞士正式成立，总部设在日内瓦。它是一个由私人旅行社组成的世界性非营利组织，其宗旨是通过提供有效的服务和信息，促进和保护会员旅行社的利益，建立一个世界性的旅行社协作网络。该组织现有 240 多个会员，来自 100 多个国家和地区的 230 多个城市。

世界旅行社协会联合会于 1966 年 11 月 22 日成立于意大利的罗马，它由 1919 年在巴黎成立的欧洲旅行社组织和 1964 年在纽约成立的美洲旅行社组织合并而成，总部设在比利时的布鲁塞尔。该联合会是一个专业性和技术性组织，其会员是世界各国的全国性旅行社协会，每个国家只能有一个全国性的旅行社协会代表该国参加。其宗旨是向会员提供物质上、业务上和技术上的指导和帮助，以促进这些旅行社协会和组织的联合、巩固和发展。1987 年，世界旅行社协会联合会已拥有 83 个国家的全国旅行社协会会员，代表 30000 多家旅行社和旅游企业。

20 世纪 80 年代后期以来，以欧美地区经济发达国家为代表的国外旅行社行业开始从成长阶段向成熟阶段过渡，其显著标志是旅行社产业的集中化趋势不断加强。一些发达国家的旅行社行业正在从过去以私人企业为主体、以国家为界限的分散的市场，逐步向以少数大企业集团为主体的国际化大市场发展，并通过价值链进行整合。同时，以美国、德国、英国等国家的大型旅行社为主导的企业兼并、收购与战略联盟，使得发达国家旅行社的所有权发生了极大的变化，形成了一批能够对整个市场产生重要影响的旅行社行业巨头。

1.1.4 中国旅行社的产生与发展

我国历史上第一家旅行社产生于 20 世纪 20 年代，在近百年的发展历程中，我国旅行社业经历了数量上的从无到有再到规模化、旅行社性质从事业单位到企业化、产业运行从行政化到市场化、市场结构从垄断到竞争的变迁过程，并且进一步呈现从旅行社业向旅行服务业拓展的发展趋势。中国旅行社业的运行具有明显的国情特征，以中华人民共和国成立为界，我国旅行社的发展可划分为前后两大时期。

1.1.4.1 新中国成立之前近代中国旅行社的崛起

20世纪20年代，中国开始进入早期资本主义化进程，交通运输业和新式旅馆等设施也随之发展，为人们的出行提供了便利条件。经济的发展必然促进出于各类目的外出人群的流动，客观上需要专门的旅行机构为其提供服务，我国近代旅行社业就是在这样的背景下产生和发展起来的。

当时的中国已有几家“洋商”开办的旅行服务机构，包括英国的通济隆、美国的运通公司等，专门为“洋人”和少数上层社会华人服务，缺少专门为中国普通民众服务的民族资本旅行社。爱国民族资本家、上海商业储蓄银行创始人陈光甫先生因在外资旅行代理机构购买船票受到冷遇，因而立志创办一家中国人自己的旅行服务机构。除了爱国和维护民族尊严之外，陈光甫创办旅行社的目的还在于“让国人及各国人士了解中国古老悠久的文化和名胜古迹”“辅助工商”和“服务社会”。1923年8月15日，我国第一家民族旅行社——上海商业储蓄银行旅行部正式成立。1927年初，旅行部从银行内部独立出来，改组为中国旅行社，成为独立的旅行机构。其经营范围从1923年旅行部设立之初的代售国内外火车、轮船客票及旅行咨询，逐步扩大到车站、码头接送和转送、行李提取和代运、发行旅行支票、为国人办理出国及留学事宜，以及观光游览等业务，还创办了深具影响力的旅游刊物《旅行杂志》。1927年至1937年间，中国旅行社在客运服务的基础上又开辟了货运服务和招待所业务，在市场开拓、经营规模、经营实力、社会影响等方面取得了不菲的成绩，旅行社职工一度达到700多人，旅行社分支机构分布在华东、华北、华南等15个城市，并在印度、越南、缅甸、菲律宾、新加坡、美国等国家和地区设立办事处，形成了覆盖全国并延伸到境外的服务网络。1937年至1945年抗日战争期间，中国旅行社在自身资产和业务遭受巨大损失的同时，本着爱国和服务社会的经营宗旨，将协助民众战时流动和物资转移作为其主要职能。抗战结束后，中国旅行社的业务虽然一度有所恢复，可随着国内战争的推进，旅行社的经营业务最终未能完全恢复。上海解放后，陈光甫离开内地去了香港，中国旅行社的重心也随之转移到香港。1954年7月1日，以香港中国旅行社为名申请注册，后发展成为香港中旅集团公司。

中国旅行社的产生和发展，对我国近代旅行社业的发展具有极大的带动和示范作用，各地相继出现了一些地方旅行社及类似的旅游组织，比如中国汽车旅行社、萍踪旅行社等，但均规模较小，且适逢乱世，在历史上没有留下太大影响，大多在战乱中消亡了。就当时的旅行社发展状况来看，无论是规模还是社会经济影响都不足以构成一个独立的行业。但是，中国旅行社作为我国近代旅行社业的典型代表，以其不凡的经营理念和管理思想，为我国旅行社业的发展提供了宝贵的经验和借鉴。

1.1.4.2 新中国成立之后旅行社的发展

A 1949年至1978年——行政事业导向的中国旅行社业

1949年中华人民共和国成立后，为了迎接海外侨胞和外国友人，我国在政府主导下设立了中国旅行社和中国国际旅行社两大旅行社系统，负责组织相应的接待工作。

1949年11月，福建厦门华侨服务社成立，这是新中国第一家旅行社。随着华侨来访人数的增加，重点侨乡广东省、福建省和天津、杭州等许多中心城市的华侨旅行社也相继成立，并于1957年统一更名为“华侨旅行服务社”。1957年4月22日，经国务院批准，中国华侨旅行服务社总社在北京成立，由其统筹全国各地华侨旅行服务社的工作，并明确其主要任务是为华侨等回国探亲、访友、参观、旅游提供方便，做好接待服务。1963 年，国务院又将港澳同胞纳入华侨服务社接待范畴。1974 年 1 月 3 日，由周恩来总理提议并经国务院批准，保留“华侨旅行服务社总社”，同时加用“中国旅行社总社”名称。

1954 年 4 月 15 日，中国国际旅行社在北京正式成立，其主要任务是负责访华外宾的食住行游等事务，发售国际铁路联运客票。之后，在直辖市、省会以及其他重要城市和国境口岸陆续设立了分社、支社。1958 年 1 月 9 日，国务院发布《关于开展国外自费来华者接待工作和加强国际旅行社工作的通知》，决定将中国国际旅行社划归国务院直属，由国务院外事办公室领导，各地分社、支社归当地省（市、自治区）人民委员会直接领导，且必须接受中国国际旅行社分配的接待外宾的任务，并在接待业务上接受指导。1964 年 3 月 17 日，中共中央决定，改组和扩大中国国际旅行社为旅游事业管理局，负责对外国自费旅行者在华旅行游览的管理工作，领导各有关地区的国际旅行社和直属服务机构的业务，并在 7 月 22 日第二届全国人大代表常务委员会第 124 次会议上，批准设立中国旅行游览事业管理局，直属国务院领导，对外仍保留中国国际旅行社的名称，局、社合署办公。中国旅行游览事业管理局的局本部机构，经国务院确定为行政单位。

这一阶段旅行社业的发展，是典型的政府主导下的行政事业导向，具体体现在：第一，旅行社的经营业务核心是进行外事接待，政治色彩浓厚，主要任务是“宣传社会主义建设成就，扩大政治影响，增进中国与世界各国人民了解和友谊，为国家吸收自由外汇”；第二，旅行社不仅仅是事业单位（对外可称为企业单位），还是政府机构，行使着行政管理职能，呈现出典型的“政企合一”状态。

B 1978 年至 2009 年——市场化与开放化进程中的中国旅行社业

a 1978 年至 1983 年——从行政机关到企业的转变

1978 年，我国进入改革开放的历史新时期，旅游业也开始了从外事接待部门向经济产业的转变。转变的起点是 1978 年 3 月中共中央批转了《关于发展旅游事业的请示报告》，建议“将目前的中国旅行游览事业管理局改为直属国务院的中国旅行游览事业管理总局”，这意味着新成立的中国旅行游览事业管理总局不再隶属于外交部，也不再是准外交行政管理机构，而是旅游经济的管理部门。1978 年至 1980 年期间，我国入境旅游人数高速增长，以国旅和中旅为核心的旅游部门的接待能力远远不能满足市场的需求。1980 年 6 月 27 日，国务院批复共青团中央，同意成立中国青年旅行社，其接待对象是各国青年旅游者。此时的国、中、青三大旅行社系统仍然归政府部门直接管理，事实上仍然是统一领导、统一经营、领导经营一体化的管理体制，无法实现自主经营和自主决策，无法满足日益旺盛的市场需求。1981 年 3 月，中央书记处和国务院提出了旅游管理体制改革的重要指导思想，其中一项就是中国旅行游览事业管理总局作为旅游管理机构，必须和中国国际旅行社实行政企分开，国旅总社统一经营外国旅游者来华的旅游业务。1982 年 7 月 17 日，中国旅行游览事业管理总局和国旅总社正式分家，这是我国旅游管理中政企分开的第一步，从此，中国才诞生了真正意义的旅游企业和旅游行政管理机构，旅游业向着统一领导，分散经营，政企分开的管理体制迈进。

b 1984 年至 1996 年——从垄断到竞争的转变

旅游外联权的下放是我国旅行社业打破垄断的标志性事件。1981 年以前，全国具有外联权的旅行社只有国旅总社和中旅总社两家。但是1978年至1984年入境旅游人数的激增和对旅游需求的多样化，促使着外联体制改革必须被提到日程上来。集中而统一的外联体制显然远远不能应对市场的变化，即使是两大社与其分社之间也因为外联和接待的利益分配问题而产生争议。1984年，中共中央办公厅和国务院办公厅转发的《关于开创旅游工作新局面几个问题的报告》指出，旅行社业务要打破独家垄断的思想，允许国旅、中旅和青旅等单位开展竞争。之后，青旅被正式批准获得外联权和签证通知权。

1985年至1988年是我国旅行社外联权充分下放的一个时期，1985年国务院颁布《旅行社管理暂行条例》，该条例将我国的旅行社分为一类社、二类社和三类社，其中一、二类社为国际旅行社，但是只有一类社享有外联权。在这一时期，我国旅行社数量激增，批准成立了一大批一类社。1985年，我国旅行社数量为450家，至1988年底增至1573家，其中一类社共61家。至此，我国旅行社业的垄断局面被彻底打破，国、中、青三家旅行社接待人数占全国有组织接待人数的比例，从1980年的近80%下降到1988年的40%左右，结束了三家旅行社在我国的垄断时代。

1991年至1996年，经历了1989年重挫之后的中国旅行社业又面临着另一个难题，即一类社和二类社之间行使外联权的界限模糊问题。很多二类社看到外联社业务的高利润、高回报，在缺乏足够的商誉和能力的情况下，通过由当地一类社代办签证通知的方式获得了事实上的外联权。多头外联在某种程度上满足了当时各地方旺盛和日渐多元化的旅游需求，但是也带来了削价竞争、互相拆台、拖欠款等市场秩序混乱的问题。1992年国家旅游工作会议研究的重点之一，就是控制旅行社总量和调整类别结构，将一部分有条件的二类社升为一类社。1996年10月15日《旅行社管理条例》出台，进一步将旅行社类别调整为国际和国内两类，取消了一类社和二类社的界限，至此，外联权得以充分下放。

1984年至1996年也是我国旅行社行业管理从起步迈向法制化的过程。1985年5月11日颁布的《旅行社管理暂行条例》，是我国旅游业第一部全国性、正式的旅游行政法规，是我国政府将旅游业纳入法制化管理轨道的重要标志。1991年国家旅游局建立的旅行社年检年审制度，以及1995年1月1日颁布与实施的《旅行社质量保证金暂行规定》，则标志着我国旅行社行业管理的重心由追求企业数量增长向质量增长的转变。1996年《旅行社管理条例》的出台，更是体现出我国旅行社行业管理的进一步法制化和成熟化。

c 1997年至2009年——进一步开放中的中国旅行社业

1997年7月1日，国务院批准的《中国公民自费出国旅游管理暂行办法》的发布和实施，标志着中国旅行社业所面临的旅游市场开始从入境和国内游的二元市场转向出境、入境和国内游的三元市场。旅游市场的蓬勃发展，以及1996年《旅行社管理条例》对于投资主体性质的放宽，大大刺激了多种投资主体进入旅行社行业的热情，我国旅行社的数量迅速增长，从1997年的4986家发展到2009年的21649家，12年间增长了4.3倍，年平均增长率约13%。市场主体快速增加的结果是直接导致了市场竞争趋向完全化，甚至是过度竞争。在这种市场结构下，我国旅行社体现出行业集中度低、企业规模小、行业退出壁垒低、恶性价格竞争、市场秩序混乱和行业长期利润水平低下等特点，行业的净利润率从1990年的10.04%下降到2009年的0.64%。2009年颁布和实施的《旅行社条例》，就是为了彻底解决“产业组织分散、企业管理落后、市场秩序混乱”等方面的问题。

1997 年至 2009 年，我国旅行社业进一步向国际市场开放。我国早在 1993 年就允许在国家旅游度假区内开办中外合资旅行社，1998 年发布的《中外合资旅行社试点暂行规定》，不再限定合资试点的地域范围。同年，云南力天旅行社作为我国第一家合资旅行社宣告成立。2001 年我国加入世界贸易组织，并在 2003 年提前兑现了允许设立独资旅行社的承诺，2007 年又提前取消对外商投资旅行社设立分支机构的限制，对外资旅行社的注册资本实行国民待遇。至 2009 年末，获得国家旅游局批准的外商投资旅行社共计 38 家，其中外商独资旅行社 21 家，外商控股合资旅行社 8 家，中方控股合资旅行社 9 家。

1997 年至 2009 年，也是我国在线旅行服务从萌芽走向成熟的发展阶段。1997 年 10 月，全国首家旅游网站——华夏旅游网成立。同年，国家旅游局的中国旅游网、西安马可波罗国际旅行社的英文网和桂林国旅的英文网开通。1999 年，携程旅行和艺龙旅行相继成立，这两家公司的成立，标志着我国真正意义上的在线旅行服务业的开端。2003 年至 2009 年是我国在线旅行服务业的快速成长期，一些如今已经在不同细分市场居于垄断地位的企业陆续成立，如 2004 年的同程旅行、遨游和穷游；2005 年的去哪儿旅游、芒果网和悠哉网；2006 年的酷讯旅游、马蜂窝和途牛旅游；2008 年的驴妈妈和 2009 年的欣欣旅游等。在线旅行服务业的成长极为迅速，至 2009 年，我国在线旅游渗透率已达 4.8%，携程旅行已名列我国旅游集团 20 强的第五位。面临市场环境的巨大变化，传统业态旅行社的优势受到严峻挑战，众多旅行社都在“线上线下”“何去何从”的问题上思考着自身的生存与发展空间。

C　2010 年至今——从旅行社业向旅行服务业的转变

2010 年以来，我国旅行社业面临的市场环境有两个突出变化：一是由散客化带来的消费模式的变化；二是以移动互联网、云计算和大数据为代表的信息技术的发展带来的旅行社商业模式的变化。整个行业呈现逐步向旅行服务业转变的趋势，具体表现为：（1）服务对象由“旅游者”向“旅行者”扩展，其服务的人群已经从以旅游为目的的旅游者扩大到出于任何动机出行的旅行者；（2）经营主体的范围扩大和多元化，旅行社业务的经营主体除传统业态旅行社外，还包括各类在线旅游企业、俱乐部、留学机构等；（3）业务范围从纯粹的旅游业务延伸至异地化生活服务。面对这一发展趋势，传统业态旅行社如何走出一条“传统优势+现代技术+品质建设”的创新发展之路，是一个值得深思的问题。

从管理体制角度来说，旅行社业向旅行服务业的转变，要求我国旅游监管部门以简政放权为核心，逐步从政府主导型管理转向政府引导型管理，更多地用法律、法规和产业政策为旅行社业的发展指明战略方向。通过产业政策、竞争政策和监管政策，营造公平、开放、透明的市场环境，形成职责明晰、积极作为、协调有力的长效工作机制和创新治理体系，最终促进我国旅行社业的健康持续发展。

1.2　旅行社概念、性质与职能

1.2.1　旅行社的概念

世界旅游组织给出旅行社（Travel Agency）的定义为：零售代理机构向公众提供关于可能的旅行、居住和相关服务，包括服务酬金和条件的信息。旅行组织者或制作批发商或批发商在旅游需求提出前，以组织交通运输，预订不同的住宿和提出所有其他服务为旅行和旅居做准备。我国2009年的《旅行社条例》指出：旅行社是指从事招徕、组织、接待旅游者等活动，为旅游者提供相关的旅游服务，开展国内旅游业务、入境旅游业务和出境旅游业务的企业法人。

1.2.2 旅行社的性质

我国旅行社在不同的发展阶段其性质不同，经历了从事业单位到行政机关，再到企业的过程。就目前的《旅行社条例》中对旅行社的概念界定可以看出来，旅行社的企业性质是非常肯定的，是不容置疑的。除了具有所有旅游企业的共性外，旅行社还具有自身的特性，归纳为以下三个方面的性质。

1.2.2.1 营利性

旅行社的企业性质决定了旅行社具有营利性，营利性是旅行社的根本性质。旅行社是一个自主经营、独立核算、自负盈亏的企业组织，在经营活动中通过向游客提供有偿服务以实现营利来维持自身存在和发展。追求利润最大化为旅行社最终目标之一，为此，营利即盈利也是旅行社的重要任务。

1.2.2.2 中介性

旅行社是旅游中介服务机构，中介性是其他旅游企业所不具有的性质。它将原来分散的、个别进行的旅游活动进一步社会化，把旅游者产生地即旅游客源地同旅游目的地连接起来，在不同国家和地区的旅游消费者和旅游服务供应商之间架起了一座桥梁，而且把各有关旅游企业联系在一起，创造了一种新的信息传递方式和资源组合方式。因此，旅行社不仅是旅游者与旅游对象的中介体，而且在不同旅游企业之间起着联络和协调作用。

1.2.2.3 服务性

旅游业是服务性的产业，服务性是所有旅游企业的共性，因为都需要向旅游者提供服务，服务是所有旅游企业产品构成的主要部分，服务性也是旅游企业与工业企业的区别所在。但是，旅行社的服务性比任何其他旅游企业表现得更为明显。旅行社经营活动的过程中自始至终都离不开服务这一核心内容。旅行社的业务就是为旅游者的旅游活动提供各种有偿服务，这些业务包括：为旅游者提供咨询、导游服务；为旅游者安排餐饮、住宿、交通、游览、购物、娱乐等活动；为旅游者代办签证手续；为旅游者购买旅游意外险等。

1.2.3 旅行社的主要职能

旅行社最基本的职能是设法满足旅游者旅游活动过程中的各种需要，同时要协助食、住、行、游、购、娱等旅游供应部门和企业将旅游服务产品销售给旅游者。旅行社的基本职能表现在以下五个方面。

1.2.3.1 生产职能

旅行社的生产职能是设计和组合各种旅游产品的职能。旅行社以低于市场的价格向旅游住宿部门、旅游交通部门、旅游餐饮部门、游览场所、旅游娱乐部门等旅游供应部门批量采购旅游者外出旅游所需要的各种服务项目，然后根据市场需求通过旅行社员工的设计组合，最后再融合旅行社自己提供的服务内容（比如导游服务等），最终形成自己的旅游产品。这些产品包括全包价旅游产品、半包价旅游产品、小包价旅游产品、零包价旅游产品、组合旅游产品、单项服务产品。

1.2.3.2 销售职能

旅行社把旅游者所需要的各种服务集中起来之后，还要想办法销售给旅游者，这样才能获取营业收入和利润。一方面，旅行社根据旅游者的具体要求而销售各种有偿单项旅游服务项目。旅行社的单项旅游服务种类繁多，其中常规性的产品有：导游服务、交通集散地接送服务、代办交通票据和文娱票据、代订饭店客房、代客联络参观游览项目、代办旅游签证、代办旅游保险等。另一方面，旅行社要将自己设计组装的各种包价旅游产品和组合旅游产品销售给旅游者。

1.2.3.3 组织协调职能

旅行社的产品大多是旅行社低价订购旅游供应部门的服务产品再经过设计组合而成的旅游产品，旅游活动涉及食、住、行、游、购、娱等诸多方面，要保证旅游活动的顺利进行，旅行社就要取得旅游业各部门和相关行业的合作与支持。在组织旅游者旅游活动过程中，旅游者如果对哪一个环节、哪一项服务内容出问题而感到不满意，旅行社得知信息后必须第一时间去协调解决这些问题，最终使旅游者满意。

1.2.3.4 分配职能

旅游者在旅游活动过程的消费项目是多方面的，就拿包价旅游来说，旅行社以一个总价把旅游者外出所需要的服务卖给旅游者。旅行社要根据旅游者的需求，在不同的旅游服务项目之间合理分配旅行社的采购成本等支出，并且要兼顾旅行社合理的利润。在旅游接待活动结束后旅行社还要在参与接待的部门及个人之间根据提供旅游服务的工作量的多少进行收入的再次分配。

1.2.3.5 提供旅游信息的职能

旅行社作为旅游供应部门旅游产品的专职销售者，一方面，由于与旅游市场接触最为密切，对旅游市场消费动态掌握最为全面及时，对旅游接待过程中旅游者对各旅游供应部门服务产品消费意见反馈也最为了解，能够及时将旅游市场信息及旅游消费者的意见反馈给各旅游供应部门，使各旅游供应部门及时开发新产品、提高服务质量等，尽可能地满足旅游消费者的需求。另一方面，旅行社对旅游供应部门及其旅游产品也最为了解，并能将这些产品信息通过营销活动及时传递给潜在的旅游消费者群体，激发旅游者的旅游动机，最终促成旅游者外出旅游。

1.3 旅行社分类、业务类型与行业管理

1.3.1 旅行社的分类

不同的国家和地区，旅行社经营范围、产品品种、企业规模等方面存在差异，从而形成了该国家或地区独特的旅行社分类。这里主要介绍旅游业发达的欧美地区旅行社的分类和我国旅行社的分类。

1.3.1.1 欧美地区旅行社的分类

欧美地区旅游业发展最早也最发达，旅行社业发展也最为成熟，人们按照旅行社在旅游市场中的主要职能和分工的不同，将其划分为旅游批发商和旅游零售（代理）商，或者旅游批发商、旅游经营商、旅游零售（代理）商，这种分工体系属于垂直分工体系。

A 旅游批发商

旅游批发商是指主要经营批发业务的旅行社或旅游公司。批发业务是旅游批发商在经营活动中，先同交通运输部门、饭店、目的地经营接待业务的旅行社、旅游景点等旅游企业签订协议，以批量购买的优惠价格订购各种单项旅游服务；然后在对市场行情调查、分析和预测的基础上，将这些单项旅游服务包装、组合成包价旅游产品或其他旅游产品，再把这些旅游产品通过旅游代理商出售给旅游消费者。他们不从事零售也不从事实地旅游接待业务。这类旅行社经济实力雄厚，并且社会关系联系广泛，如美国的运通公司。

B 旅游零售商

旅游零售商是指主要经营零售业务的旅行社。旅游零售商主要以旅游代理商为典型的代表，当然也包括其他有关的代理预定机构。因而，旅游零售商又称为旅游代理商。一般来讲，旅游代理商的角色是代表顾客向旅游批发经营商及各有关食、住、行、游、娱等方面的旅游企业购买其产品。反之，也可以说旅游代理商的业务是代理旅游批发商及各有关旅游供应企业招徕与组织旅游者、为旅游者提供旅游咨询和旅游接待服务，向顾客销售其各自的产品。旅游代理商是旅游批发商和旅游者之间的联系纽带，其全部收入来源于销售佣金。

C 旅游经营商

旅游经营商是既做旅游批发业务又做零售业务的旅行社或旅游公司。这类旅行社的业务基本和旅游批发的业务相同，所不同的是它还有自己的零售网点，除了提供旅游中间商代理出售的包价旅游产品外，还可以通过自己的零售网点直接向旅游者出售旅游产品，从事实地的旅游接待工作，因而，旅游经营商的业务是批发兼零售。

1.3.1.2 中国旅行社的分类

A 按照经营市场和业务范围

按照经营市场和业务范围来划分，不同时期的《旅行社管理条例》将旅行社划分为不同的类型。1985 年《旅行社管理暂行条例》将旅行社划分为三个类别，即第一类社、第二类社、第三类社。第一类社是经营对外招徕并接待外国人、华侨、港澳同胞、台湾同胞来中国、归国或回内地旅游业务的旅行社；第二类社是不对外招徕，只经营接待第一类旅行社或其他涉外部门组织的外国人、华侨、港澳同胞、台湾同胞来中国、归国或回内地旅游业务的旅行社；第三类社是经营中国公民国内旅游业务的旅行社。1996 年、2001 年的《旅行社管理条例》将旅行社分为国际旅行社和国内旅行社。国际旅行社是指经营入境旅游业务、出境旅游业务和国内旅游业务的旅行社；国内旅行社是指专门经营国内旅游业务的旅行社。2009 年的《旅行社条例》不再对旅行社进行分类，但对旅行社经营出境旅游业务进行了限制，对经营入境旅游业务和国内旅游业务的旅行社年满两年且未因侵害旅游者合法权益受到旅游行政机关罚款以上处罚的，可以申请经营出境旅游业务。

B 按照旅行社招徕和接待旅游者的流程

按照招徕和接待旅游者的流程，可以将旅行社划分为组团旅行社和接待旅行社。组团旅行社是指与旅游团（者）签订旅游合同，制定和下达接待计划，并可提供全程陪同或领队服务的旅行社。接待旅行社简称为接待社或地接社，它是指受组团旅行社委托，按照接待计划委派地方陪同导游人员，负责组织安排旅游团（者）在当地参观游览等活动的旅行社。在我国，一家旅行社既可以作为组团社组织旅行社所在区域的旅游者前往异地开展旅游活动，又可以作为地方接待社接待客源地的组团社发过来的旅游团（者）。我国旅行社的这种水平分工体系加剧了旅行社行业的竞争。

1.3.2 我国旅行社的业务类型

1.3.2.1 按照空间活动范围分类

1996 年发布的《旅行社管理条例》将我国的旅行社分为国际旅行社和国内旅行社，国际旅行社的旅游业务按经营范围包括入境旅游业务、出境旅游业务和国内旅游业务，而国内旅行社经营的旅游业务仅限于国内旅游业务。2009 年发布的《旅行社条例》虽然不再对旅行社进行分类，但旅行社的业务仍然包括入境旅游业务、出境旅游业务和国内旅游业务。

A 入境旅游业务

2009 年《旅行社条例实施细则》对入境旅游业务的规定：入境旅游业务，是指旅行社招徕、组织、接待外国旅游者来我国旅游，香港特别行政区、澳门特别行政区旅游者来内地旅游，台湾地区居民来大陆旅游，以及招徕、组织、接待在中国内地的外国人，在内地的香港特别行政区、澳门特别行政区居民和在大陆的台湾地区居民在境内旅游的业务。

自 1978 年改革开放以后，我国实行的是以赚取外汇和打开国门为目的，以入境旅游为先导的发展战略。1978 年，来华旅游的入境旅游人数为 180. 92 万，旅游外汇收入 2. 6 亿美元，经过近 40 年的发展，我国早已跻身世界旅游大国之列。据中国旅游研究院发布的《中国入境旅游发展年度报告 2018》，报告中数据显示，2017 年来华旅游的入境旅游人次达到 1. 39 亿人次，其中外国人入境同比增长 3. 6%，此外的中国港澳台地区客源仍然是主力，一带一路沿线国家活跃度明显上升。入境旅游外汇收入为 1234. 17 亿美元，同比增长 2. 90%，而 2017 年全球接待的入境游客总量为 13. 22 亿人次，中国占近 10%。入境旅游接待人次自 1978 年至 2017 年，年均增幅达 11. 8%，增长了 76. 8 倍。中国旅游研究院院长戴斌指出：这种快速增长来自旅游、外交、宣传、公安、海关、口岸、航空、财政、税收等部门和海南、广东、浙江、上海、北京等地，为入境旅游发展所做出的努力探索和政策创新。全球金融危机以来入境旅游经历低迷，如今重新恢复增长。报告发现，中国入境旅游已经从过往团队接待的封闭型转向更加多元开放。应当加强入境旅游的网络互动营销，推进签证便利化，加强空中航线与旅游交通体系建设，重视入境旅游不平衡不充分发展的问题，推选一批“两区”建设的典型区域与口岸，促进边境旅游发展。

B 出境旅游业务

2009 年《旅行社条例实施细则》对出境旅游业务的规定：出境旅游业务，是指旅行社招徕、组织、接待中国内地居民出国旅游，赴香港特别行政区、澳门特别行政区和台湾地区旅游，以及招徕、组织、接待在中国内地的外国人、在内地的香港特别行政区、澳门特别行政区居民和在大陆的台湾地区居民出境旅游的业务。

20世纪80年代以来，随着我国综合国力不断增强，政府的政策相应放宽，人民生活水平的大幅度提高，以及国民旅游观念的转变，出境旅游发展异常火爆，已成为中国新的消费领域。中国公民的出境旅游经历了试点探亲游，并严格限制配额，到完全放开这样一个过程。20世纪80年代初期，随着我国内地市场不断开放，内地居民港澳居民交往逐渐频繁，广东地区拥有大量侨属，为圆侨属与亲人相会之梦，1983年国家同意广东试点内地居民赴港探亲旅游，拉开了我国公民出境旅游的序幕，标志着我国改革开放后开始出境旅游的探索。1984年，国务院批准开放内地居民赴港澳地区的探亲旅游。首先，在广东设立出境旅游试点，正式开展港澳探亲游。国家开始有序组织出境旅游活动，这时的港澳游，是一项政治任务，并不是传统意义上的出境旅游。"港澳游"初期，配额制严格，内地游客必须交付担保费，确保赴港主要是"探亲"。1990年国家旅游局发布《关于组织我国公民赴东南亚三国旅游的暂行管理办法》规定由海外亲友付费、担保，允许我国公民赴新加坡、马来西亚、泰国探亲旅游。1992年，新增菲律宾为探亲旅游目的地国家。其次，边境旅游初显端倪。在"港澳游"开展之后，我国边境旅游也逐渐发展起来。1987年，国家旅游局批准丹东市对朝鲜开展"一日游"，标志边境旅游的正式开始，但边境旅游开展是为了繁荣边境贸易，国家严格控制出游活动的期限，一般都是"一日游"，如对朝鲜新义州的"一日游"。最后，出境旅游市场规模较小。这个时期由于我国刚刚实行改革开放，经济社会发展水平比较低，国家对出境旅游严格控制，增长速度缓慢，出境旅游的花费也较低。

1997年国家旅游局、公安部制定，经国务院批准发布《中国公民自费出国旅游管理暂行办法》，自此，中国公民自费出国旅游正式开始，标志中国出境旅游市场的形成。这一年开始，中央政府逐渐取消了边境旅游的范围限制，同时也不限制边境地区的期限，中国公民方可自由地参加边境旅游。边境旅游日渐繁荣，边境旅游目的地扩大到几乎所有的边境省区，开放的边境旅游目的地国家有俄罗斯、朝鲜、蒙古、缅甸、越南等国家。随着我国经济的快速发展，综合国力的不断提升，越来越多的国家和地区成为中国公民的旅游目的地。据统计，到2018年6月22日，我国正式开展组团业务的出境旅游目的地国家(地区）达到130个。2017年我国具有出境旅游业务资质的旅行社增加到4442家，同比增长14.6%。据中国旅游研究院发布的《中国出境旅游发展年度报告2018》数据显示，2017年中国出境游人次达1.31亿人，同比增长6.9%，出境旅游花费达到1152.9亿美元。数据统计，改革开放以来，中国公民出境旅游从842.56万人次增长到2017年的1.31亿人次，年均增幅15.5%，增长了15.5倍。中国旅游研究院院长戴斌对此表示，近年来出境旅游增幅虽然回落到个位数，但是相信未来还会有越来越多的中国公民走出国门。

C 国内旅游业务

国内旅游业务，是指旅行社招徕、组织和接待中国内地居民在境内旅游的业务。中国的国内旅游在1984年前也有，但是真正成为企业行为并形成一种社会现象应该始于1984年，标志是在上海西藏中路1984年开设了旅游一条街，有13家旅行社在此设立门市部。1984年国内旅游人次仅有2亿人次，随着我国人均可支配收入的不断增长，国内居民旅游需求不断增长。根据国内旅游抽样调查结果，2017年全年，国内旅游人数50.01亿人次，比上年同期增长12.8%；国内旅游收入4.57万亿元，比上年同期增长15.9%。

《中国国内旅游发展年度报告2018》指出，在全域旅游、供给侧改革、居民消费升级因素驱动下，国内旅游市场持续高速增长，休闲市场大幅增长，产业投资和创新更加活跃，经济社会效应更加明显，旅游成为经济增长的新引擎、产业体系升级扩容的新动力、人民幸福生活的新指标。

旅游目的地是生活环境的总和，景观之上是生活、品质、便利、善意，主客共享的生活空间是重要的吸引物。注重居民与游客共享生活空间的营造，才能够保证旅游消费的良性运行和旅游经济的可持续发展。国民旅游诉求正在从美丽风景转向美好生活，旅游目的地建设已经跨越了追求美丽风景，进而走向美好生活的发展阶段。

持续优化的政策环境为旅游高质量发展提供充分保障，居民出游意愿持续高涨，美好生活成为优质旅游发展新动力。根据文化和旅游部数据中心的监测数据，连续十个季度我国城乡居民出游意愿都保持在80%以上水平，为2018年第四季度以来的最高值，旅游消费需求旺盛。

1.3.2.2 按照服务形式分类

按照服务形式可以将旅行社业务划分为组团旅游业务和接团旅游业务。

A 组团旅游业务

组团旅游业务是旅行社的主导业务，它是指旅行社预先制定包括旅游目的地、日程、交通、旅游费用的旅游计划，通过广告等各种方式招徕旅游者，并将组织的旅游团队或散客输送到经过选择的国内外相关的地接社，为旅游者办理旅游保险，为旅游者办理签证，并通过与这些地接社的相互配合顺利完成合同的规定，为旅游者提供满意的旅游体验，从而获得企业利润的全过程。

B 接团旅游业务

接团旅游业务是地方接待社（旅游目的地的旅行社）按与组团社签订的合同要求（按旅游接待计划），利用本地的优势，为旅游者在某一地方或某一区域提供翻译导游服务安排旅游者的旅行游览计划，并负责订房、订餐、订票，各旅游目的地的联络等，为旅游者提供接待服务。

作为旅行社来说，既有组团旅游业务，也有接团旅游业务，一方面，可以组织本地的旅游者前往异地开展旅游活动；另一方面，也可以组织接待异地组团社发过来的旅游团接待业务。

1.3.2.3 按照组织形式分类

旅行社业务按照组织形式可以分为团体旅游业务和散客旅游业务。

A 团体旅游业务

团体旅游（Group Inclusive Tour）简称G. I. T，也称“集体综合旅游”，旅游者一般按旅游批发商制订的日程、路线、交通工具、收费标准等做出抉择后事先登记，签订合同，付款后按照约定时间成行的旅游形式。按照国际惯例旅游者10人及以上组成团队。优点是日程、线路、所住旅馆、参观节目都按计划进行，收费比单独出游低，尤其是去某些语言有隔阂的国家和地区，团队派有导游，是颇受旅客欢迎的。

B 散客旅游业务

散客旅游（Full Independent Tour）简称F. I. T，也称“个别旅游”，其旅游日程、线路等由旅游者自己选定，然后再由旅行社做某些安排，如机票、旅馆等。散客旅游灵活、自由，可选择性强，因此为很多旅游者喜爱。中国业界，对于散客的定义其实是和团队相对应的。其定义是从每单交易的平均人数来划分的。一般十人以上是团队，十人以下就是散客。散客化的根本特征是社会发展，接待环境成熟，个人实现意识加强的具体表现，具体到客人购买方式的变化就是客人向多次和零星直接购买转变。

1.3.2.4 按旅行社的业务操作流程分类

旅行社的业务按操作流程分，其基本旅游业务可以分为产品设计与开发业务、旅游服务采购业务、产品销售与促销业务及旅游接待业务。

A 产品设计与开发业务

旅行社和其他企业一样，要开展经营活动，也必须有自己的产品。旅行社根据市场需求，对旅游资源、旅游设施、旅游人力资源及旅游景点等进行规划、设计、开发和组合，形成自己的旅游产品。旅行社在开发设计旅游新产品前必须对旅游市场进行科学细致的调研，并预测未来旅游市场消费需求变化，然后结合自身的特点和条件，开发出适销对路的旅游产品。同时，对已有旅游产品进行检查评估，不断更新和改进旅游产品。

B 旅游服务采购业务

旅行社为旅游者提供的餐饮、住宿、交通、游览、购物、娱乐、保险等产品，往往都不是旅行社自己的，当有旅游者向旅行社提出需要某种或某些旅游产品时，旅行社必须向这些产品的供应者进行采购。如果是组团社，还必须向旅游目的地的地接社采购地方接待服务。

C 产品销售与促销业务

当旅行社把旅游产品开发出来之后，还必须开展宣传促销等活动，把旅游产品的相关信息告诉给旅游中间商或者潜在的旅游者，最终促成旅游产品的销售。只有这样，旅行社才有可能实现营利的目的。

D 旅游接待业务

旅行社的产品销售实际上是预售，旅行社把旅游产品销售给旅游者之后，当旅游者按照合同约定时间出发后，旅行社才开始实质性的接待，旅行社为其提供向导、讲解、旅途生活照料等接待服务，这一过程既是旅行社旅游产品的生产过程也是旅游者消费旅游产品的过程。旅行社接待业务非常重要，旅行社需要尽可能地保证旅游者在旅途中和旅游节点逗留期间所有活动的顺利进行，提供高质量的导游讲解服务，使旅游者对旅游经历满意，最终实现旅游产品的价值。

1.3.3 旅行社经营特点

1.3.3.1 资金投入少

旅行社是旅游中间商，是通过提供中介服务获取收益的企业。作为一个企业，旅行社出售的产品，无论是单项的还是综合的，都是一种服务产品，该产品的无形性决定了旅行社的全部生产活动都表现为人的劳务活动，它无须借助于耗资巨大的机器设备来完成。事实上，旅行社除了必要的营业场所、办公设施和通信设备外，其经营几乎不需要有更多的固定资产。与一般商贸企业相比，旅行社对流动资金的需要量也是有限的，尤其是作为组团社的旅行社，在经营中它依照“先付款后接待”的惯例，在招徕客源时可以暂时拥有一笔数量可观的流动资金，这就可以使旅行社的自筹资金大为减少。即便旅行社业务以接待为主，其经营资金也为垫付资金。因此从总体上看，旅行社经营所需投资较少。从这个意义上讲，旅行社常被人们视作较为典型的劳动密集型企业。这一特点给我国旅行社经营活动带来以下三方面不利影响：第一，由于资金投入较少，所以新进入者面临的行业壁垒较低，如果政府不加以控制数量的话，旅行社在数量上会增长很快，从而容易形成更为激烈的市场竞争。第二，由于资金投入较少，所以企业经营基础薄弱，在市场竞争激烈或企业资金周转发生困难时，旅行社容易出现亏损甚至破产，企业行为普遍短期化，投机性较强。第三，由于资金占有数量较小，因此多数旅行社难以获得较高的商业信用，而结算手段的落后又为相互拖欠团款提供了可能，由此导致的流动资金周转速度缓慢，势必使旅行社的经济效益受到影响。

1.3.3.2 依附性较强

旅行社经营的依附性主要体现在两个方面：一方面是客源市场的依附，尤其是国际旅行社必须依靠客源地的旅行社为其提供客源。没有一个由一批分布合理、数量充足、关系稳固的异地旅行社组成的销售网络，旅行社的自下而上是难以想象的。另一方面是服务市场的依附，旅行社必须依靠当地众多的其他旅游企业为其提供各种相关服务。旅行社必须与各旅游企业进行广泛联络，以建立起一个完善的旅游服务供给网络，从而获得经营所需的各项服务。

旅行社对客源市场与服务市场的严重依赖，决定了其经营活动的重心之一就是要积极主动、千方百计地与相关企业建立长期可行的相互协作与信任关系。在一些经营管理不善的旅行社中，这种企业之间的业务协作关系常常被个别具体经营人员的个人关系所代替，从而导致公司行为个人化。因此，旅行社作为信用程度不高的企业，如何与自己必须依靠的相关企业，其中也包括一些信用程度同样不高的异地旅行社建立长期和稳定的协作关系，是摆在旅行社经营管理者面前的重要课题。

1.3.3.3 无形资产要求高

无形资产主要是指一个企业所拥有的良好声誉与信用。旅行社是服务性中介机构，有人说旅行社是出售“承诺”或让旅游者购买“梦想”的企业。旅游者外出旅游，购买具有不可感知特性的旅游产品，之所以选择旅行社，除了购买的方便之外，更为重要的原因在于旅游者对旅行社中间商的信任，而这种信任通常基于对旅行社已有的声誉与信用等无形资产的良好评价。可见，无形资产对任何一个旅行社的经营都是非常重要的，旅行社的生存需要它，旅行社的发展更是离不开它。从某种意义上讲，在既无雄厚资金实力，又无自己独特产品的条件下，旅行社要在激烈的市场竞争中取胜，并立于不败之地，唯一依靠的就是企业自身的无形资产，依靠的是企业经过自身努力树立起来的良好声誉与信用。

1.3.3.4 经营风险较大

旅行社业务的一个显著特点是客源与效益的不稳定，这无疑增加了旅行社经营的难度，增加了经营的风险，而这种经营风险又是由旅游市场特殊的供求关系决定的。从供给方面看，由于旅行社自己几乎不生产什么，旅行社的供给能力受制于各个旅游生产者的生产能力。从需求方面看，整个旅游市场的需求波动较大。其中，既有颇具规律的周期性淡、旺季变化，又有随机性较强的个别旅游者需求的变化。除此之外，国际局势的稳定与动荡、各国经济的繁荣与萧条、汇率的上升与下降等对旅游需求也都会造成突发性的影响。这些变化使得旅行社总处于旅游服务供求不平衡的状态之中。如何在这种状态中保持企业经营的相对稳定并做到处变不惊，这是旅行社经营管理所面临的巨大挑战。事实证明，理智地正视现实，积极地应对挑战，适时地调整战略，不失为旅行社降低经营风险的有效途径。

1.3.4 旅行社行业管理

旅行社行业管理通常指的是宏观管理，其任务就是按照市场经济规律，为旅行社生产经营活动制定“游戏规则”，为旅行社企业参与市场竞争创造良好的经营环境。国家各级旅游行政管理部门和旅行社行业协会是旅行社行业管理的实施主体，法制化管理和行业自律是实施旅行社行业管理的重要手段。

1.3.4.1 法制化管理

法制化管理是政府通过立法建制来强行规范旅行社经济活动的一种行业管理手段，国家各级旅游行政主管部门是旅行社法制化管理的主要承担者。

A 中央政府对旅行社的管理

中央政府对旅行社的管理首先是通过制定和颁布法律。《中华人民共和国旅游法》(简称《旅游法》) 已由中华人民共和国第十二届全国人民代表大会常务委员会第二次会议于 2013 年 4 月 25 日通过，自 2013 年 10 月 1 日起施行。《旅游法》的颁布和实施是我国旅游业发展的一个里程碑，是中国依法治旅、旅游业依法从业的基础。旅游法的实施对旅游者和旅游从业者的权益进行了保障与制约。旅行社是旅游者、旅游目的地之间的桥梁。《旅游法》从设立旅行社，招徕、组织、接待旅游者，聘用的导游人员以及供应商的选择等方面进行了相关的规定，这既是对旅游者合法权益的保障，同时也是为旅行社健康快速发展提供了方向。

在《旅游法》等专项法律缺位的情况下，中央政府对旅行社行业的管理主要是通过国务院条例（政令）、旅游局令、行业标准以及一些相关的行政法规。首先是国务院条例(政令)，如关于《旅行社管理条例》；1985 年，国务院颁布了《旅行社管理暂行条例》，成为旅游行业第一部由国务院发布的行政法规。1996 年 10 月 25 日，时任总理李鹏签发第 206 号国务院令，正式颁布《旅行社管理条例》。它和随后国家旅游局第 5 号局长令颁布的部门规章《旅行社管理条例实施细则》，共同构成了对旅行社进行行业管理的基本框架。我国加入世界贸易组织后，国务院于 2001 年 12 月 11 日对《旅行社管理条例》进行了修订。2009 年 1 月 21 日国务院第 47 次常务会议通过《旅行社条例》，时任总理温家宝签发中华人民共和国国务院第 550 号令，《旅行社条例》2009 年 5 月 1 日起施行。又如《导游人员管理条例》，经国务院批准，国家旅游局于 1987 年 12 月 1 日颁布了《导游人员管理暂行规定》。1999 年 5 月 14 日，时任总理朱镕基签发第 263 号国务院令，颁布《导游人员管理条例》。再次是旅游局局长令和其他相关行政法规。国家旅游局局长令主要有：1995 年 1 月 1 日，国家旅游局发布第 2 号、3 号局长令《旅行社质量保证金暂行规定》《旅行社质量保证金暂行规定实施细则》；1996 年 11 月 28 日第 5 号局长令《旅行社管理条例实施细则》；1997 年 3 月 26 号，第 7 号局长令《旅行社质量保证金赔偿办法》；1997 年 5 月 8 日，第 8 号局长令《旅行社经理资格认证管理规定》。按照《导游人员管理实施办法》

（国家旅游局第15号令）的要求和国家旅游局《整顿和规范旅游市场秩序工作方案》的安排，国家旅游局要求于2002年4月10日起在全国范围内对导游人员实行计分制管理。国家旅游局2010的发布《关于印发导游IC卡发放管理办法（试行）》的通知。此外，国家旅游局还以文件形式发布了一些行政法规。最后是行业标准。根据国家技术监督局1993年的批复，对综合类、旅游设施类、旅游服务类三大类旅游行业标准归口由国家旅游局管理。到1998年，已经发布了五项旅游业国家标准GB和四项旅游行业标准LB，其中与旅行社业直接有关的有GB/T 15731—1995《导游服务质量》、GB/T 16766—1997《旅游服务基本术语》、LB/T 004—1997《旅行社国内旅游服务质量》等。

B 地方政府对旅行社业的管理

地方政府对旅行社业的管理是通过制定地方行政法规、专门的管理办法和地方创新管理体制来实现的。例如，在中国普遍适用的旅游根本法——《旅游法》出台之前，在旅游业繁荣发展的大好形势下，各个地方政府非常重视旅游业的立法工作，各地普遍建立起地方性的旅游法规，自1995年，已经有海南、山东、北京等22个省（市、自治区）出台了由地方人大通过的《旅游管理条例》。上海市人民政府制定了《上海市旅行社管理办法》。此外，一些地方政府创新了管理体制，如旅行社经营权招标制度、旅行社末位淘汰制、服务质量公示制度、导游人员IC卡管理制度等。

旅行社经营权招标制度最早始于广州。1994年，广东采取“准市场化”手段——公开投标，以控制旅行社的数量和质量。1998年11月24日公布的《海南省旅游市场管理规定》第七条规定：对全省旅行社的数量、布局和结构比例进行宏观调控，总量控制。对新增旅行社的经营权实行公开招标方式，公平竞争，择优批办制度。《2016年贵阳市旅游条例及旅行社管理实施细则》第三章第十二条也有同样的规定。

为了规范和促进旅游市场的健康发展，许多省（市、自治区）在旅行社行业实行了末位淘汰制，如海南、四川、河南、山西、安徽、大连，北京等省（市、自治区）通过综合考评、或年检指标排名等方式对国际旅行社后两名、国内旅行社后十名亮黄牌或吊销经营许可证。

此外，一些省（市、自治区）的旅行社采取服务质量公示制度。例如，江苏诚信旅行社评选和西安的旅行社服务质量信息月报制度。导游人员IC卡管理制度，导游人员IC卡内存入导游人员的基本信息和违规计分情况信息，实行联网扣分，扣满十分收回导游证，取消导游资格证并予以公告。

资料链接：旅行社末位淘汰制

1. 海南推出“末位淘汰制”控制旅行社总量

中新社海口（2000年9月20日消息，记者关向东）“每年通过业务年检对旅行社的经济指标进行综合排名，国际旅行社和国内旅行社排名分别列于最后若干位的旅行社予以淘汰，国际社降为国内社，国内社取消其旅行社业务经营资格”。今天海南省旅游局公布的《海南省旅行社管理暂行办法》（以下简称《办法》），推出了这项将对海南旅游市场产生深远影响的“末位淘汰制”。

海南省旅游局副局长甲局长介绍说，为了改变海南旅行社软、弱、散、差的局面，有利于形成海南旅游的航空母舰。这个《办法》，将对旅行社主要接待指标进行量化管理。

规定：国内社每年组织接待游客不少于3000人，旅游业务利润不少于十万元人民币；国际社每年招揽境外旅游者不少于2000人，旅游业务利润不少于三十万元人民币。从此，“述而不做”者，将从海南旅游黄金行业中出局。

为了遏止违规经营，《办法》对旅行社内部设置部门总数进行了规定：国际旅行社不得设置超过五个业务部门，国内旅行社不得设置超过三个业务部门。不得增设部门和以承包、租赁方式使其变为新的旅行社。旅行社不得非法转让或变相转让业务经营许可证；不得委托非旅行社单位和个人代理或变相经营旅游业务。

同时规定，旅行社不得以低于成本的价格竞销；团队游每日购物不超过一次，且不允许导游、司机直接索要高额回扣。

同时推出的一系列操作性极强的“游戏规则”将有望令混乱的海南旅游市场趋于规范；预计年内海南旅行社的总量将有望从一百八十多家降到百家以内。

2. 德阳将对旅行社实行末位淘汰制

中新社四川网（2000年）7月11日消息　目前运用广泛的末位淘汰制不久将被德阳市用到对旅行社的管理之中，那些经营管理不善、运行不规范及长期亏损的企业将面临被取消营运资格的危险。

德阳市旅游业起步较晚，而旅行社发展速度较快，1998年全市仅有9家，现在扩展到18家，对于吸引客源、扩大经营范围、繁荣德阳市旅游市场起到了重要的作用。但是，因为发展速度较快，各种问题日渐暴露出来，管理松懈，超范围经营情况严重，特别是有些旅行社大量使用无证导游，使服务质量的提高受到影响。据统计，目前，全市取得导游资格证的从业人员仅40人左右，分散至18家企业，平均每家2.2人；取得部门经理和总经理资格的共有26人，相对较好。另有一些企业从报表上反映出长期处于亏损状态。

德阳市旅游局有关负责人指出，对查出的问题严重的企业将令其停业整顿，该关闭的坚决予以关闭。

3. 巴州旅行社实行“末位淘汰制”

2004年5月8日，记者从巴州旅游局了解到，从今年起，巴州将通过综合考核等方式，对在册的旅行社实行“末位淘汰制”。

巴州旅游局局长乙局长说，目前，一些旅行社没有业绩或业绩很差，一些旅行社采用不正当竞争手段，互相压价，扰乱了正常的收费秩序。而且相当一部分旅行社没有主动开拓市场的意识，巴州旅游资源没有得到进一步的宣传和利用，同时也降低了旅行社本身的市场竞争能力和抵御风险能力，不能在当今的市场经济条件下更好地生存和发展。

为此，作为旅游业的主管部门，今后巴州旅游局将对在册的旅行社实行“末位淘汰制”，以规范和促进旅游市场的健康发展。

据悉，目前已有一家旅行社被取消资格，三家旅行社被亮“黄牌”警告。

4. 河南旅行社实行末位淘汰制

2004年3月24日，河南日报记者从河南省旅游行业管理部门了解到，为建立竞争机制，尽快改善河南省旅行社“小、散、弱、差”的状况，从今年起，河南省开始实行国际、国内旅行社末位淘汰制度。

凡在年度旅行社年检中，综合指标处于后五位的和连续两年亏损的国内旅行社，吊销经营许可证，取消经营资格，并通知工商管理部门收缴营业执照，同时在新闻媒体公告。凡年检综合指标在前50名的国内旅行社，省旅游局命名其为河南省年度国内旅行社50强。凡连续两年亏损的国际旅行社和连续两年处于全省年检指标排名末位的，吊销其国际旅行社经营许可证，并通知工商部门收缴营业执照，同时在新闻媒体公告。凡年检综合指标排名前五位的国际旅行社，省旅游局将命名其为年度最佳旅行社。据了解，至去年底，河南省共有国际、国内旅行社592家，其中，国际旅行社32家、国内旅行社560家。

1.3.4.2 行业自律

行业自律作为法制化管理的补充，是对旅行社行业管理的不可或缺的手段。旅行社行业自律主要通过旅行社的行业组织来实施。旅行社行业组织又称为旅行社协会。它是居于旅游行政管理部门和旅行社企业之间的一个组织，在旅行社与政府、旅行社与其他部门、旅行社与旅行社之间起到沟通桥梁作用，对于规范旅行社企业经营行为，优化市场秩序等方面发挥积极作用。

成立于1997年10月的中国旅行社协会，是由中国境内的旅行社、各地区性旅行社协会或其他同类协会等单位，按照平等自愿的原则结成的全国旅行社行业的专业性协会，经中华人民共和国民政部正式登记注册的全国性社团组织，具有独立的社团法人资格。协会接受国家旅游局的领导、民政部的监督管理和中国旅游协会的业务指导。协会会址设在中国首都——北京市。协会的宗旨是遵守国家的宪法、法律、法规和有关政策，遵守社会道德风尚，代表和维护旅行社行业的共同利益和会员的合法权益，努力为会员服务，为行业服务，在政府和会员之间发挥桥梁和纽带作用，为中国旅行社行业的健康发展做出积极贡献。协会的主要任务是宣传贯彻国家旅游业的发展方针和旅行社行业的政策法规；总结交流旅行社的工作经验，开展与旅行社行业相关的调研，为旅行社行业的发展提出积极并切实可行的建议；向主管单位及有关单位反映会员的愿望和要求，为会员提供法律咨询服务，保护会员的共同利益，维护会员的合法权益；制订行规行约，发挥行业自律作用，督促会员单位提高经营管理水平和接待服务质量，维护旅游行业的市场经营秩序；加强会员之间的交流与合作，组织开展各项培训、学习、研讨、交流和考察等活动；加强与行业内外的有关组织、社团的联系、协调与合作；开展与海外旅行社协会及相关行业组织之间的交流与合作；编印会刊和信息资料，为会员提供信息服务。

案例 1-1

美国运通旅行社的发展历程

美国运通旅行社是美国最大的旅行社，也是世界上最大的旅行社。该旅行社于1850年在美国的纽约州布法罗市建立，起初经营货物、贵重物品和现金的快递业务。1882年，美国运通公司推出自己的汇票，并且立即获得成功。

1891年，美国运通公司推出第一张旅行支票。美国运通公司以其良好的信誉为其所发行的旅行支票作担保，并且保证接受这种支票的人不会蒙受任何损失。假如支票被盗或是支票上的签名被人仿冒，美国运通公司保证承担损失。公司不靠发行旅行支票的手续费营利，而是靠每年数十亿美元的浮存进行投资。同年，美国运通公司建立欧洲部，并于1895年在巴黎建立了第一家分公司，随后又先后在伦敦、利物浦、南开普敦、汉堡、不来梅等城市建立了分公司。很快，美国运通公司的办事处和分公司遍布整个欧洲。

在旅游市场巨大发展潜力的诱惑下，美国运通公司于1915年设立了旅行部，正式进入旅游业务。1916年，旅行部组织了很多旅游团，其中包括分别前往远东地区和阿拉斯加的旅游客轮和前往尼亚加拉大瀑布和加拿大的包价旅游团。1922年，美国运通公司开始经营通过巴拿马运河的环球客轮旅游。1915年至1925年十年间，美国运通公司将旅游业务的经营扩大到欧洲、南美洲、远东、西印度和全球其他地区。接下来的数十年，美国运通公司经营侧重旅游业的发展，而传统的旅游支票和银行汇票业务与公司旅游产业的发展相辅相成，相得益彰。在整个20世纪30年代，美国运通公司开始实施大规模的国内旅游业务计划，公司创办著名的乘火车前往美国西部地区旅游的"旗帜旅行团"，项目包括交通、住宿、游览观光和餐饮等内容。

第二次世界大战结束以来，美国运通公司获得了巨大发展。目前，美国运通公司（American Express）是国际上最大的旅游服务及综合性财务、金融投资及信息处理的环球公司之一。主要通过其三大分支机构运营：美国运通旅游有关服务、美国运通财务顾问及美国运通银行。其中美国运通旅游有关服务（American Express Travel Related Services）是世界上最大的旅行社之一，在全球设有1700多个旅游办事处。美国运通旅游有关服务向个人客户提供签账卡、信用卡及旅行支票，同时也向公司客户提供公司卡和开销管理工具，帮助这些公司在管理公干旅行以及采购方面的开支等，公司同时还向世界各地的个人和公司提供旅游及相关咨询服务。

2020年7月，福布斯2020全球品牌价值100强发布，美国运通公司排名第28位。2021年5月，美国运通公司位列"2021福布斯全球企业2000强"第95位。

随着市场形势的不断变化，客户的需求也在不断变化，运通的目标前景和持卡人对运通品牌的要求也越来越高。为了适应这些变化，运通在产品上又不断扩展，在品牌承诺上也不断更新。

1995年，鉴于商业机构使用因特网的数量增多，旅行社咨询人员的短缺，传统运作方式成本增加等原因，美国运通公司着手开辟网上业务，成为旅行商中使用电子商务手段的领先者。在客户沟通方式上，它率先推出以电子邮件为基础的支出报告系统和预订系统，并于当年接受了第一个由代理商发出的预订。1996年7月，美国运通与微软合作，领先开发了名为AEI Travel——美国运通互动旅行（American Express Interactive Travel）的网上预订系统。从此，公司致力于电子商务，开始了由传统旅行商到E化旅行商的方向性转变。在此期间，美国运通积极与客户沟通，宣传旅游电子商务理念及其便利特性，培养已有客户使用网上预定，并在对因特网熟悉程度较高的电子科技公司中拓展新的网上客户群体。

到1999年中期，美国运通预定网已拥有240个长期合作的网上企业客户。AEI Travel网上预定系统之所以取得这样的成绩，是因为它致力于了解其不同的顾客群，设计方案迎合其期望和需求。同时，AXI TRAVEL还帮助那些原来总是通过电话选择最合适航班的商务旅行者，让他们按照电脑屏幕上一目了然的优惠项目来调整他们的旅行时间。这能使旅行者平均节省20%的旅行费用。除此之外，由于美国运通的代理预定费用低于电话预定，各大公司可以进一步节约资金。

美国运通致力于设计AXI TRAVEL带给旅行者的"特有利益"。其中有增加值的特色内容包括：座位计划工具、旅行指南、常用旅行模板、签证和护照计划工具及顾客档案等，其中"定制的座位图这项服务"影响最大。商务旅行者第一次感到AXI TRAVEL给他们带来好处，这点是电话预订无法做到的。美国运通还发现，网络可以方便地记录下每一个顾客的情况，形成顾客档案，包括飞行常客、是否贵宾、餐饮和座位的偏好等。AXI TRAVEL 不仅能给客户提供最低价格的产品，而且还能自动根据客户的个人偏好，建议最适宜的航班、座位、饭店等。常用旅行模板也有助于减少安排定期商务旅行所耗费的时间。顾客需要做的就是查出存好的旅行计划，更改日期后即可预订。这些创新为商务旅行者提供了极大的便利和附加价值，使越来越多的人开始偏爱网上预定方式。1999 年上半年，AXI TRAVEL 的票务销售量每月增长一倍。

案例分析与点评

美国运通公司向社会提供的各类服务早已远远超出了一家信用卡和旅行服务公司的基本范围。运通公司作为一家传统的服务公司，借助信息技术和 Internet 推出了全面服务解决方案，将竞争优势建立在企业智力资源的外延上。随着运通网站的服务在品种和深度上的不断拓展，用户获得的是一个世界级大企业的智力援助、流程化管理和先进的作业指导，运通也深层次、全方位地介入客户企业的管理层。从逻辑上看，运通网站已成为无数中小公司的管理咨询中心，成为这些企业和个人不可脱离的一部分；而这些中小企业实际就成为在信贷上、管理上、运作模式乃至日常决策上都通过 Internet 寄生于其上的社会作业体，成为以运通为智力核心的“星云体”模型。运通始终保持着对新技术的敏感性。在引入语音识别、个人数字助理/移动电话方法和智能卡等方面，美国运通及时捕捉最新潮流，在行业内保持技术领先。这种领先使美国运通 AXI TRAVEL 网上预定系统能不断推出新的电子购物解决方案和新功能。从运通在线环境中没有一成不变的规则这一点我们可以看出：运通在旅游运作中的持续成功源于其不断研究市场需求，提出解决方案并融合技术创新的能力。

（资料来源：梁智．旅行社经营管理［M］．北京：旅游教育出版社，2003.）

思考题

（1）旅行社产生的条件有哪些？

（2）中国旅行社业的发展经历了哪些阶段，各阶段有哪些发展特征？

（3）我国旅行社的性质、职能有哪些？

2 旅行社组织

主要内容：

（1）旅行社的设立条件与程序；

（2）旅行社组织机构的设计原则与类型；

（3）旅行社经营管理战略的类型。

2.1 旅行社的设立

我国旅行社设立的条件与程序如下所述。

2.1.1 我国旅行社设立的条件

2.1.1.1 固定的经营场所

《旅行社条例》规定，设立旅行社应当有固定的经营场所。《旅行社条例实施细则》中规定“固定的经营场所”应当符合申请者拥有产权的营业用房，或者申请者租用的、租期不少于1年的营业用房，以及营业用房应当满足申请者业务经营的需要。旅行社的经营场所可以是自己原有的固定资产，也可以是租赁过来的，但是经营场所的大小必须与旅行社的业务规模相当，而且在一定时期之内为旅行社拥有和使用。不同的旅行社应根据自己经营业务的范围、业务量的多少来选定足够自己正常营业的用房。

2.1.1.2 有必要的营业设施

《旅行社条例》规定，设立旅行社应“有必要的营业设施”，《旅行社条例实施细则》中规定“必要的营业设施”至少应当包括两部以上的直线固定电话，传真机、复印机，具备与旅游行政管理部门及其他旅游经营者联网条件的计算机。

2.1.1.3 注册资本与质量保证金

《旅行社条例》规定：申请设立旅行社，经营国内旅游业务和入境旅游业务的，应当有不少于30万元的注册资本。

旅行社应当自取得旅行社业务经营许可证之日起3个工作日内，在国务院旅游行政主管部门指定的银行开设专门的质量保证金账户，存入质量保证金，或者向做出许可的旅游行政管理部门提交依法取得的担保额度不低于相应质量保证金数额的银行担保。

经营国内旅游业务和入境旅游业务的旅行社，应当存入质量保证金20万元；经营出境旅游业务的旅行社，应当增存质量保证金120万元。质量保证金的利息属于旅行社所有。

旅行社每设立一个经营国内旅游业务和入境旅游业务的分社，应当向其质量保证金账户增存5万元；每设立一个经营出境旅游业务的分社，应当向其质量保证金账户增存30万元。

2.1.2 设立程序

申请设立旅行社，经营国内旅游业务和入境旅游业务的，应当向所在地省、自治区、直辖市旅游行政管理部门或者其委托的设区的市级旅游行政管理部门提出申请，并提交符合本条例第六条规定的相关证明文件。受理申请的旅游行政管理部门应当自受理申请之日起 20 个工作日内做出许可或者不予许可的决定。予以许可的，向申请人颁发旅行社业务经营许可证，申请人持旅行社业务经营许可证向工商行政管理部门办理设立登记；不予许可的，书面通知申请人并说明理由。

旅行社取得经营许可满两年，且未因侵害旅游者合法权益受到行政机关罚款以上处罚的，可以申请经营出境旅游业务。

申请经营出境旅游业务的，应当向国务院旅游行政主管部门或者其委托的省、自治区、直辖市旅游行政管理部门提出申请，受理申请的旅游行政管理部门应当自受理申请之日起 20 个工作日内做出许可或者不予许可的决定。予以许可的，向申请人换发旅行社业务经营许可证，旅行社应当持换发的旅行社业务经营许可证到工商行政管理部门办理变更登记；不予许可的，书面通知申请人并说明理由。

2.1.3 非法人分社设立条件与程序

旅行社设立分社的，应当持旅行社业务经营许可证副本向分社所在地的工商行政管理部门办理设立登记，并自设立登记之日起 3 个工作日内向分社所在地的旅游行政管理部门备案。

旅行社分社的设立不受地域限制。分社的经营范围不得超出设立分社的旅行社的经营范围。

旅行社设立专门招徕旅游者、提供旅游咨询的服务网点（以下简称旅行社服务网点）应当依法向工商行政管理部门办理设立登记手续，并向所在地的旅游行政管理部门备案。旅行社服务网点应当接受旅行社的统一管理，不得从事招徕、咨询以外的活动。

2.2 旅行社组织结构

组织结构是指一个组织内各构成要素及各构成要素之间确立的相关形态，表现企业组织各部分排列顺序、空间位置、聚散状态、联系方式及各要素之间相互关系的一种模式，是企业组织的全体成员为实现组织目标，在管理工作中进行分工协作，在职务范围、责任、权利方面所形成的动态结构体系。旅行社组织结构是旅行社全体成员为实现旅行社经营目标而进行分工协作，在职务范围、责任、权利方面所形成的结构体系。

旅行社组织结构设计是指对组织活动和组织结构的设计和再设计，是把任务、流程、权力和责任进行有效的组合和协调的活动。它是通过对旅行社资源的整合和优化，确立旅行社某一阶段的最合理的管控模式，实现旅行社资源价值最大化和组织绩效最大化。旅行社组织结构的设计要遵循一定的原则，只有这样才有可能设计出科学合理的组织结构。

2.2.1 旅行社组织结构设计原则

2.2.1.1 工作专门化原则

工作专门化的实质就是一个人不是完成一项工作的全部，分解成若干步骤，每一步骤由一个人独立去做。通过实行工作专门化，管理层还寻求提高组织在其他方面的运行效率。通过重复性的工作，员工的技能会有所提高，在改变工作任务或在工作过程中安装、拆卸工具及设备所用的时间会减少。从组织角度来看，实行工作专门化，有利于提高组织的培训效率。挑选并训练从事具体的、重复性工作的员工比较容易，成本也较低。对于高度精细和复杂的操作工作尤其是这样。虽然旅行社业务操作流程一般不需要具备很高的技术要求，一个人可以完成旅游产品的开发设计、旅游服务的采购、产品的销售和接待服务。但是这些工作也可以分解由不同的人、不同的部门去完成。因此，旅行社在设置组织机构时要进行合理的分工，避免因分工过细导致成本增加，也要避免因分工过于粗放而不利于规模化经营。

2.2.1.2 部门化原则

部门是组织中管理人员为完成规定的任务有权管辖的一个特定领域。部门化是将若干职位组合在一起的依据和方式，它是将组织中的活动按照一定的逻辑安排，划分为若干个管理位。部门化的类型如下。

（1）根据职能进行部门的划分，是最常见的一种划分方法，它适用于所有的组织，职能的变化可以反映组织的目标和活动。

（2）根据组织生产的产品类型进行部门化，主要优点在于可以提高产品绩效的稳定性，因为企业中与某一特定产品有关的所有活动都由同一主管指挥。

（3）根据地域来进行部门划分。就营销工作来说，根据地域可分为东、西、南、北四个区域，分片负责，每个地域是围绕这个地区而形成的一个部门。

（4）根据产品的生产过程（或为顾客服务的过程）来进行部门化，例如，办理驾照必须经过三个步骤，每个步骤由一个独立部门负责核查工作的机动车辆分部、负责办理驾照具体工作的驾照部、负责收费的财务部。

（5）根据顾客的类型来进行部门化。例如，一家销售办公设备的公司可下设零售服务部、批发服务部、政府部门服务部三个部门，而比较大的法律事务所可根据其服务对象是公司还是个人来分设部门。

2.2.1.3 集权分权原则

旅行社组织中权利的集中与分散，是通过统一领导与分级管理来实现的，为旅行社业务活动有序按目标进行，旅行社必须建立领导者的权威，在组织中实行集中统一的领导，杜绝出现多头管理和管理盲区现象。但是，权力过分集中会使决策质量降低和管理效能弱化，甚至导致腐败的可能性。适当的分权不但可以减轻高层领导者的工作压力，使之更集中精力于重大问题的研究和决策，还可以充分发挥调动下属的聪明才智和工作积极性。但权力过于分散容易诱发部门和个人本位主义。因而，在进行旅行社组织机构设计时要体现适当的集权和分权。

2.2.1.4 管理跨度原则

旅行社组织管理层次设多少，每一层机构的管理范围有多大，这是组织的管理跨度问题。管理跨度是指一个管理者能够直接有效指挥控制下属的人数。跨度的确定以管理者的知识能力和业务量的大小为依据。旅行社组织管理层级多少是以其拥有的员工的情况来决定的。一个领导者具体能领导多少人取决于管理者的管理水平、工作的复杂程度和标准化程度，以及下属的自我管理水平和素质等。如果控制跨度窄，会使管理层次增多，增加管理成本；如果控制跨度窄，会使组织的垂直沟通更加复杂，减慢决策速度，使高层管理人员趋于孤立；如果控制跨度过窄，还容易造成对下属监督过严，妨碍下属的自主性。因而，在进行旅行社组织机构设计时要控制好管理跨度问题。

2.2.2 旅行社组织结构类型

2.2.2.1 直线制

直线制组织结构又称层次制、分级制、金字塔式或传统式组织结构。它是将旅行社从上至下分成若干层次，形成一个逐级扩散、层次分明的金字塔式组织结构。直线制是从最高层到最低层按垂直系统建立的组织形式，如图 2-1 所示。直线制组织结构属于扁平式组织结构，通常侧重业务部门而淡化职能部门的管理权限，总经理直接控制每一个部门，同时员工也有较大的经营自主权，利于调动员工的工作积极性，一个下属部门只接受一个上级领导的指挥，不存在管理职能的分工。

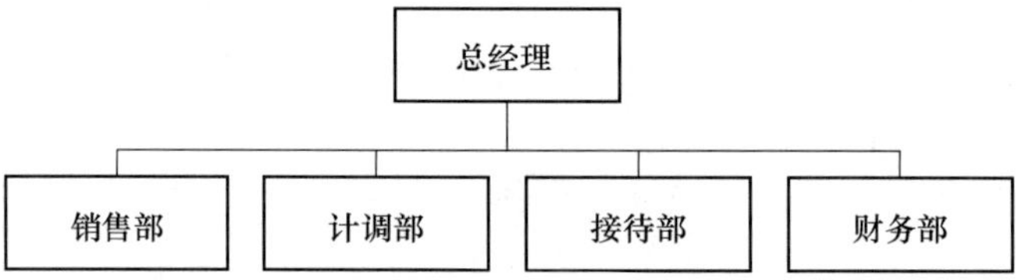

图 2-1 旅行社直线制组织结构

直线制组织结构的优点：机构简单，权力集中，指挥与命令统一，管理成本低而效率高。缺点是各部门之间缺乏合理分工，不利于同级协调与联系，总经理工作负担过重，经常处于忙乱状态。它适用于人数少的小型旅行社。

2.2.2.2 直线职能制

直线职能制结构模式是在“直线制”的基础上，考虑发挥专业人员的才能而发展起来的，主要依旅行社内部生产过程来构建部门。该种组织结构是我国目前大多数旅行社采用的一种形式，如图 2-2 所示。外联、计调、接待、综合业务部等业务部门是旅行社的一线部门，这些部门直接面对客户和顾客，是按直线制形式设计组织。在业务部门的基础上根据职能和旅行社自身的规模等因素设置办公室、财务部、人力资源部等部门，这些部门不直接参与旅行社的业务活动，而是为一线部门服务，执行某些管理职能的部门。这些职能部门对一线部门及其下属没有直接进行业务指挥的权力，除非受到总经理某些业务的授权。

直线职能制组织结构的优点：权力高度集中，上下级之间实行单线联系，有利于信息快速传递和提高工作效率；部门之间责权分明，每个部门都有明确的业务分工，每位成员对自己的任务都有明确的了解；由于设置了财务、人力资源等部门，从而有利于充分发挥这些具有专业知识和专业特长的人才的知识和才能。

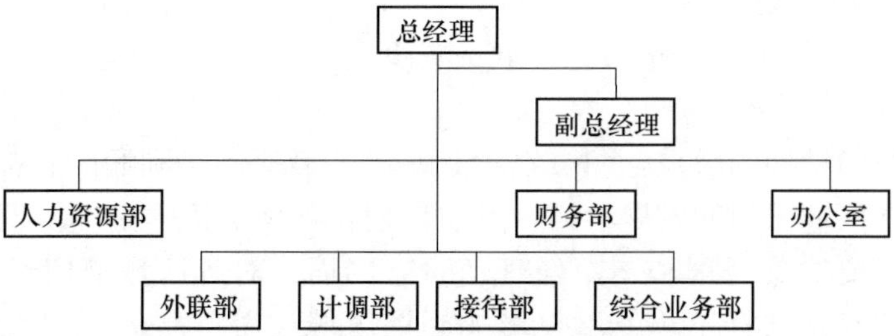

图 2-2 旅行社直线职能制组织结构

直线职能制组织结构的缺点：(1) 各业务部门相对独立，使各业务部门之间的协调难度加大，各业务部门容易从本部门利益出发去考虑问题，往往会因为部门利益而忽视旅行社企业的整体利益，从而会削弱旅行社实现整体目标的能力；(2) 各业务部门利益分配不均，容易引起冲突，增加了部门之间协调的难度。“外联买菜、计调做菜、接待吃菜、总经理洗碗筷”，这句话很形象地说明了各部门之间的关系。

2.2.2.3 市场部门制

市场部门制是对旅行社以内部作业流程划分部门改造成的以市场环境来构造部门设置的一种组织机构模式。旅行社按地区、客源市场等因素，成立若干个地区部门，每一个地区部门都设置有销售、采购和接待等部门和职能，并保留办公室、财务、人力资源部，同时设置和各地区部门同级的采购部和市场部。其设置如图 2-3 所示。

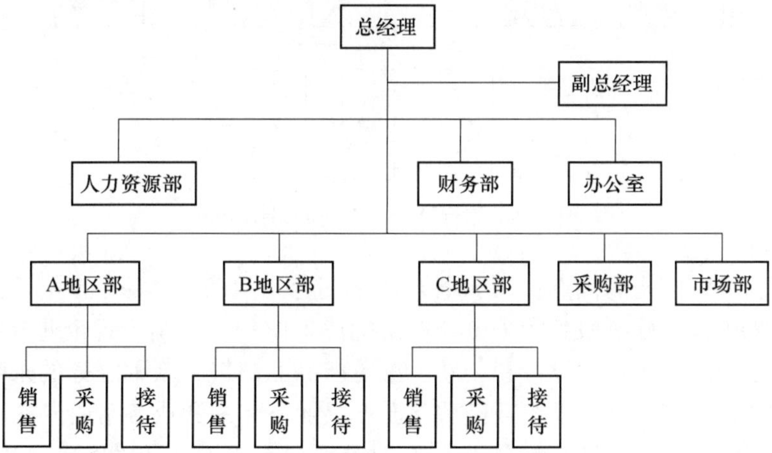

图 2-3 旅行社市场部门制组织结构

市场部门制组织结构的优点：(1) 它使最高管理部门摆脱了日常业务，成为强有力的决策中心，可以把主要精力用于研究制定企业总目标、总方针、总计划及各项决策，最高管理部门掌握奖金分配权与人事安排权；(2) 每一地区部门拥有相对完全的业务决策权限，有利于发挥各部门工作的能动性，而且部门经理必须处理除资金筹措外的几乎所有问题，这可以使以部门经理为主的中层管理者得到充分的锻炼，有利于人才的培养；(3) 不同的地域决定了人们不同的价值观，也就决定了不同的消费偏好。按客源市场不同设置部门，可以更好地针对各地区旅游消费者的行为特征来组织开发设计旅游产品，开展旅游营销活动，有利于扩展旅游客源市场；同时还有利于将过去各业务部门之间的内部竞争转化为统一对外部的竞争，减少内部冲突，利于旅行社内部资源的充分利用。

市场部门制组织结构的缺点：(1) 各个区域部门就是一个利润中心，各区域部门的经理既要研究制定本区域部门的发展目标、发展计划及各项决策、指挥协调销售、采购、接待等下级部门，又要对总经理和副总经理负责，因而，对各区域部门经理的素质要求很高，如果区域部门经理选择不当，不仅影响到该区域旅游产品的开发设计、促销和销售等，影响到旅行社对该区域旅游市场的开拓，可能会影响整个旅行社的产品销售，严重的甚至会使旅行社丧失某一区域市场；(2) 由于旅行社资源重复配制，会使成本费用增加，而且各区域部门成为赢利中心后，往往会为本部门的眼前利益而牺牲旅行社的长远利益。它适用于大中型旅行社。

2.2.2.4 按产品设部门

旅行社按照其开发的主要旅游产品设置业务部门，每一个产品部门都设置有销售、计调和接待等部门和职能，并保留办公室、财务、人力资源部，同时设置和各地区部门同级的计调部和销售部，其设置如图 2-4 所示。

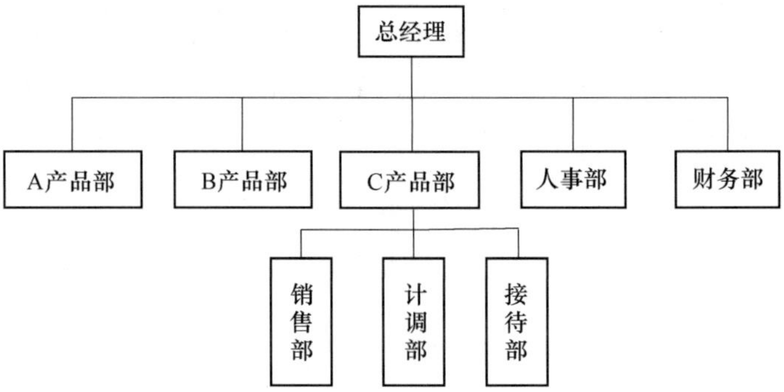

图 2-4 旅行社产品部门制组织结构

产品部门制组织结构的优点：(1) 各产品部门分工明确，每一个产品部门负责某个或某些旅游产品的销售、旅游服务的采购和旅游接待工作；(2) 由于各个业务部门长期从事某个或某几个旅游产品的开发设计和创新、旅游产品的销售、旅游服务的采购及旅游接待工作，有利于增强工作人员对某个或某些旅游产品业务专一和业务精通。

产品部门制组织结构的缺点：各产品部门都要进行产品的开发设计、旅游产品的销售、旅游服务的采购、旅游接待等工作，而这些重复工作导致旅行社资源重复配置，经营成本增加，而且各产品部门成为赢利中心后，往往会为本部门的眼前利益而牺牲旅行社的长远利益。

2.2.2.5 混合设部的旅行社组织机构

各个市场部没有明确的地域划分，各市场部门可以对相同的或者不同的客源市场开展业务，特别是有可能各业务部门同时对某一客源市场开展业务，在旅行社内部引入竞争机制，但是也增加了旅行社高层管理难度，容易引起旅行社业务部门的内讧，造成旅行社不必要的资源消耗，其设置如图 2-5 所示。

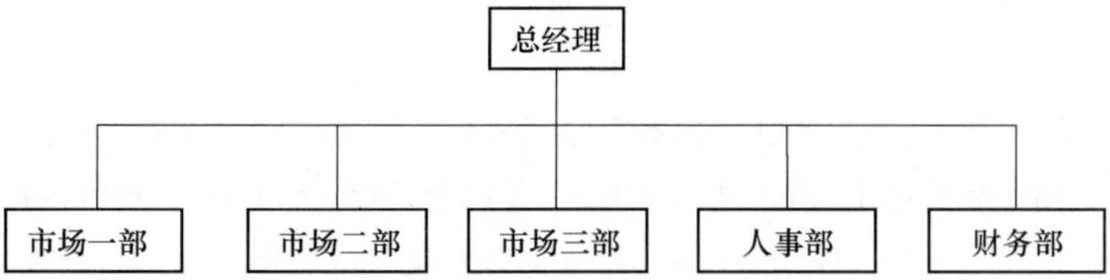

图 2-5　旅行社混合设部的组织结构

2.3　旅行社经营管理战略

战略（strategy）一词最早是军事方面的概念。战略的特征是发现智谋的纲领。在西方，“strategy” 一词源于希腊语 “strategos”，意为军事将领、地方行政长官。后来演变成军事术语，指军事将领指挥军队作战的谋略。在中国，战略一词历史久远，“战” 指战争，“略” 指谋略。春秋时期孙武的《孙子兵法》被认为是中国最早对战略进行全局筹划的著作。随着经济的全球化、生产技术日新月异、信息传递交流方式发生根本性改变，企业竞争越来越激烈，商场如战场，越来越多的企业意识到战略管理的重要性。对于旅行社行业来说，我国的旅行社数量庞大，再加上加入世界贸易组织之后外资旅行社的加入，使我国旅行社业竞争非常激烈，要想在激烈的竞争中获胜或有一席之地，旅行社有必要在经营过程中进行有效的战略管理。

2.3.1　旅行社经营管理战略类型

2.3.1.1　以市场为中心的产品及产品营销战略

产品是旅行社经营的基础，市场决定旅行社生存发展的空间。策略管理之父安索夫博士于 1957 年提出产品-市场的战略管理理论。他把产品分为现有产品和新产品，把市场也分为现有市场和新市场，组合成四种不同的战略，见表 2-1。

表 2-1　安索夫矩阵（Ansoff Matrix）产品-市场组合战略

市场	产品	
	现有产品	新产品
现有市场	市场渗透	新产品开发
新市场	市场开发	多元化

A　市场渗透战略（Market penetration strategy）

市场渗透战略是一种立足于现有产品，充分开发其市场潜力的企业发展战略，又称为企业最基本的发展战略。由于市场渗透战略是由现有产品和现有市场组合而形成的，所以企业战略管理人员应当有系统地考虑市场、产品及营销组合的策略，以达到促进市场渗透的目的。该战略可以通过扩大生产规模、提高生产能力、增加产品功能、改进产品用途、拓宽销售渠道、降低产品成本、集中资源优势等单一策略或组合策略来开展。旅行社以现有的产品面对现有的顾客市场，以其现有的产品市场组合为发展焦点，力求增大产品的市场占有率。采用此种战略，一般来说市场竞争会比较激烈。对于以上提出的某些策略在旅行社行业中行不通，旅行社可以在产品质量、价格、服务和企业声誉等方面下功夫。旅行社不仅需要巩固原有市场的老客户，还要积极争取将顾客从竞争者手中夺取过来。旅行社要在现有市场中提高市场占有率，可以采取广告宣传、创新营销方法和运用价格策略等营销手段。

只要旅行社现有产品市场组合的潜力尚未得到充分开发，实施市场渗透战略的风险最小、所需投入资源最少，实施成本最低。但也存在一些局限：（1）风险小、回报也低；（2）现有市场开拓的可能性有限，一旦市场成熟，市场渗透的机会就消失了；（3）该战略容易引起竞争者的报复，竞争者很容易通过增加推销预算或降低价格等措施来增加市场份额，因而容易导致行业的削价竞争；（4）该战略适合一个新的或者正在成长的市场，由于成熟的市场销售量相对稳定，要想从竞争者手中夺取一定的市场份额花费的代价会比较大。

B 市场开发战略（Market development strategy）

市场开发战略是由现有产品和新市场组合而产生的战略。它是发展现有产品的新顾客群或新的地域市场从而扩大产品销售量的战略。市场发展可以分为区域性发展、国内市场发展和国际市场发展等。通过现有产品开拓新市场，旅行社必须在不同的市场上找到具有相同产品需求的使用者顾客，其中往往产品定位和销售方法会有所调整，但产品本身的核心技术则不必改变。市场开发战略是旅行社用现有的产品开辟新的市场领域的战略。如果市场上旅行社现有的产品已经没有进一步渗透的余地时，就必须设法开辟新的市场，如将产品由城市推向农村、由本地区推向外地区等。

实施市场开发战略的途径：（1）将本旅行社原有产品打入从未进入过的新市场，如在当地发掘潜在顾客，进入新的细分市场；（2）在当地开辟新的营销渠道，包括雇佣新类型的中间商和增加传统类型中间商的数目，灵活运用各种中间商的销售途径，开发新的市场；（3）要在新市场寻找潜在用户，激发其购买欲望，扩大新市场的占有率，如开拓区域外部或国外市场。

市场开发战略实施条件：（1）可得到新的、可靠的、经济的和高质量的销售渠道；（2）旅行社在所经营的领域非常成功；（3）存在未开发或未饱和的市场；（4）旅行社拥有扩大经营所需要的资金和人力资源；（5）旅行社存在过剩的生产能力；（6）旅行社的主业属于区域扩张型或正在迅速全球化的产业。

C 产品开发战略（Product development strategy）

产品开发战略是原有市场和新产品组合而产生的战略。也即对旅行社现有市场投放新产品或增加产品种类，以扩大市场占有率和增加销售量的企业发展战略。

旅行社如果自身实力足够强大，并对市场了解充分，实施产品开发战略可能获得较高的收益，否则，可能面临着较高的风险。局限性：实施产品开发战略，由于在原有市场中寻找机会，可能会损失其他市场的机会。

产品开发战略实施途径：（1）旅行社要不断推出新产品给现有顾客；（2）可以采取产品延伸的策略，利用现有的顾客关系来借力使力。通常是以扩大现有产品的深度和广度，推出新一代或是相关的产品给现有的顾客，并在产品质量和价格方面保持优势。

产品开发战略实施条件：（1）对原有旅游市场做充分的了解，了解其所需所求，了解是否愿意购买本旅行社的新产品或新的服务，对这些新产品或服务有多大的需求，旅行社是否可以从新产品或服务中赢利；（2）全新的产品或服务可以进入别的旅行社已成熟的市场；（3）必须检查是否有足够的能力支持新产品的开发。这些能力包括技术能力、成本投入能力、经营网络能力等。

D 多角化经营战略（Diversification strategy）

最早研究多角化主题的是美国学者安索夫（H. I. Ansoff）。他于 1957 年在《哈佛商业评论》上发表的《多角化战略》一文中强调多角化是“用新的产品去开发新的市场”。由他首次提出的多角化经营主要是针对企业经营的产品种类数量而言。多角化经营提供新产品给新市场，此处由于企业的既有专业知识能力可能派不上用场，因此，是最冒险的多角化策略。其中成功的企业多半能在销售渠道或产品技术等方面取得某种综效（Synergy），否则，多角化的失败概率很高。

鲁梅尔特（R. P. Rumelt，1974）指出，多角化战略是通过结合有限的多角化的实力、技能或目标，与原来活动相关联的新的活动方式表现出来的战略。多角化的实质是拓展进入新的领域，强调培植新的竞争优势和现有领域的壮大。多角化经营，就是企业尽量增大产品大类和品种，跨行业生产经营多种多样的产品或业务，扩大企业的生产经营范围和市场范围，充分发挥企业特长，充分利用企业的各种资源，提高经营效益，保证企业的长期生存与发展。

旅行社采取多角化经营战略既可以提高资源的利用程度，又可以降低经营风险。旅行社多角化经营的形式多种多样，但主要可归纳为以下五种类型。

a 同心多角化经营战略（Concentric diversification strategy）

同心多角化经营战略又称集中化多角化经营战略。指企业利用原有的生产技术条件，制造与原产品用途不同的新产品。如汽车制造厂生产汽车，同时也生产拖拉机、柴油机等。同心多角化经营的特点是，原产品与新产品的基本用途不同，但它们之间有较强的技术关联性。旅行社采用此种战略，可以充分利用自身在技术上的优势和生产潜力，以生产某一项主要产品为圆心，积极地发展工艺技术相近的不同产品，使产品种类不断地向外扩展，向多品种方向发展。旅行社经营类型具有以某种方式相互联系的共同路线，如相似的技术、销售渠道、管理技能等。旅行社以旅游者“旅游”为中心，为满足旅游者食、住、行、游、购、娱等需求，涉足餐饮、住宿、交通、景区、购物品、娱乐等领域的发展。

b 水平多角化经营战略（Horizontal diversification strategy）

水平多角化经营战略又称为横向多角化经营战略。指以现有的产品市场为中心，在同一专业范围内进行多品种经营的战略。企业生产新产品销售给原市场的顾客，以满足他们新的需求。如某食品机器公司，原生产食品机器卖给食品加工厂，后生产收割机卖给农民，以后再生产农用化学品，仍然卖给农民。水平多角化经营的特点是，原产品与新产品的基本用途不同，但它们之间有密切的销售关联性。对于旅行社来说，可以充分利用自己在技术上的优势及较高的声誉，以现有产品市场为中心，向水平方向扩展经营领域的战略。如经营国际入境旅游业务的旅行社，还可以同时经营国内旅游业务、出境旅游业务。它适用于社会信誉较好的旅行社。

c 垂直多角化经营战略（Vertical diversification strategy）

垂直多角化经营战略又称为纵向多角化经营战略。它是以现有产品和市场为基础，利用自己在产品、技术、市场上的优势，向垂直方向扩大经营领域的战略。即旅行社将生产与旅游服务供应或生产与产品销售联结在一起的战略。它分为前向一体化多角经营战略（Forward diversification）和后向一体化多角经营战略（Backward diversification）。前向一体化多角经营，是指原料工业向加工工业发展，制造工业向流通领域发展，如钢铁厂设金属家具厂和钢窗厂等。旅行社采取前向一体化多角经营战略，可以根据市场需求和生产技术的可能性，将自己原有的产品进行深加工，从而获得高附加值。旅行社生产旅游产品之后自己在客源市场设零售网点或分支机构销售，以期获得更高的利润。后向一体化多角经营，指加工工业向原料工业或零部件、元器件工业扩展，如钢铁厂投资铁矿采掘业等。旅行社采取后向一体化多角经营战略，利用自身的产品优势，将原来外购的旅游服务改为自己生产，如经营餐饮、商场购物、娱乐场、酒店、景区等业务，这样可以节省旅游服务的采购成本。它利于综合利用资源，适合于规模较大的旅行社。

d 多向多角化经营战略（Multi-directionaland diversification strategy）

虽然与现有产品及市场领域有些关系，但开发的是完全异质的产品、市场来拓宽经营领域的战略。比如，旅行社发挥服务优势，经营票务代理，信息传播、咨询服务、创办旅游学校等业务。它适用于技术水平较高的旅行社。

e 整体多角化经营战略（Conglomeration diversification strategy）

整体多角化经营战略，也称混合式多角化经营战略或复合多角化经营战略。指企业向与原产品、技术、市场无关的经营范围扩展。如美国国际电话电报公司的主要业务是电讯，后扩展经营旅馆业。整体多角化经营需要充足的资金和其他资源，故为实力雄厚的大公司所采用。例如，由广州白云山制药厂为核心发展起来的白云山集团公司，在生产原药品的同时，实行多种类型组合的多角化经营。该公司下设医药供销公司和化学原料分厂，实行前向、后向多角化经营；下设中药分厂，实行水平多角化经营；下设兽药厂，实行同心多角化经营；还设有汽车修配服务中心、建筑装修工程公司、文化体育发展公司、彩印厂、酒家等实行整体跨行业多角经营。对于旅行社来说，采用此种战略，由于与现有产品市场没有明显的关系，所需的技术、经营方法、销售渠道等必须重新取得。对于旅行社集团，可以经营房地产、贸易、商业等各行各业。它适用于资金雄厚、整体素质高的旅行社。如中国青年旅行社利用上市优势，全面开展高科技、房地产、国债买卖等业务。

前四种模式虽各有所不同，但它们同时生产和提供的是与旅行社相关的两个或多个行业的产品，又可统称为相关多元化经营战略，而整体多角化经营战略、混合式多角化经营战略或复合多角化经营战略，同时生产和提供的是与旅行社不相关的两个或多个行业的产品，故又称为不相关多元化经营战略。

2.3.1.2 以效益为中心的资本经营和财务管理战略

效益下降使越来越多的旅行社陷入经营困境，如何通过资本经营和财务管理提高旅行社的经营效益，已经被高度关注。

A 资本经营战略

所谓资本经营是指围绕资本保值增值进行经营管理，把资本收益作为管理的核心，从而实现资本盈利能力最大化。旅行社资本经营的手段主要有股票上市、资产重组和并购。

（1）股票上市。通过发行股票募集社会闲散资金，壮大企业经营规模的一种资本经营方式。它是最直接、最有效、最能筹集资金的手段，通过股票上市可以改变我国旅行社业

“小”的状态。到2008年为止，主营业务涉及旅行社的有6家，它们是中青旅、黄山旅游、首旅股份、桂林旅游、国旅联合、峨眉山A，见表2-2。

表2-2 旅行社上市公司主要经营地区及主要收入模式表

代码	简称	主要经营地区	主要收入模式
600138	中青旅	北京、香港等	旅行社+酒店+景区+房地产
600054	黄山旅游	安徽	酒店+索道+景区+旅行社
600258	首旅股份	北京、海南	酒店+景区+广告+旅行社
000978	桂林旅游	桂林	公路客运+景区+旅行社
600358	国旅联合	南京、宜昌、重庆	旅行社+旅游产业投资+运输业
000888	峨眉山A	峨眉山、成都	景区+酒店+旅行社

（2）资产重组。投入发起企业的全部资产并吸收其他权益作为共同发起人而设立股份有限公司。通过资产重组可以改变我国旅行社行业长期以来“乱”的状态。2001年6月，广东省中旅（集团）有限公司作为主要发起人，以旗下广东中旅、广东中旅汽车服务公司、广州华侨酒店的资产作为出资额，联合香港中旅、澳门中旅、深圳中旅、江门中旅、南海中旅、汕尾中旅等6家企业和一名私人投资者共同创立广东中旅股份有限公司正式挂牌交易。

（3）并购。并购是目前旅行社行业运用最多、最普遍的一种资本运营方式，包括兼并和收购。兼并是企业之间的吸收合并，它是在两个以上的企业之间，由一个企业合并入其他企业。收购则是一个企业通过一定的程序和渠道用现金、债券、股票购买另一个公司的股票，以获得对该公司的实际控股权。发达国家的并购活动是在资本经营市场中进行的，如美国的运通公司，在20世纪90年代收购法国的哈瓦斯旅行社，扩大在法国的经营业务。我国的国旅、中旅、青旅等兼并和收购了全国各地有经营潜力的中小旅行社，以最短的时间和利用最少的资金就形成了网络经营。通过并购可以改变我国旅行社行业长期以来“散”的状态。

我国旅行社业长期以来存在的主要问题是“小、散、弱、差”，即是规模小，经营分散、实力弱、管理水平低下。通过旅行社的资本经营战略可以改变这一问题。

B 财务管理战略

财务管理战略是指企业在分析理财环境的基础上，服从和服务于企业战略的前提下，对企业资源筹集和配置活动进行的全局性和长远性的谋划，它是战略理论在财务管理领域的应用与延伸。一般来说，财务战略有以下三种路径选择。

a 快速扩张型财务战略

它是指以实现企业资产规模的快速扩张为目的的一种财务战略。为了实施这种财务战略，企业往往需要在将绝大部分乃至全部利润留存的同时，大量地进行外部筹资，更多地利用负债，大量筹措外部资金，是为了弥补内部积累相对于企业扩张需要的不足；更多地利用负债而不是股权筹资，是因为负债筹资既能为企业带来财务杠杆效应，又能防止净资产收益率和每股收益的稀释。企业资产规模的快速扩张，也往往会使企业的资产收益率在一个较长时期内表现为相对的低水平，因为收益的增长相对于资产的增长总是具有一定的滞后性。总之，快速扩张型财务战略一般会表现出“高负债、低收益、少分配”的特征。

b　稳健发展型财务战略

它是指以实现企业财务绩效的稳定增长和资产规模的平稳扩张为目的的一种财务战略。实施稳健发展型财务战略的企业，一般将尽可能优化现有资源的配置和提高现有资源的使用效率及效益作为首要任务，将利润积累作为实现企业资产规模扩张的基本资金来源。为了防止过重的利息负担，这类企业对利用负债实现企业资产规模从而经营规模的扩张往往持十分谨慎的态度。所以，实施稳健发展型财务战略的企业的一般财务特征是“低负债、高收益、中分配”。当然，随着企业逐步走向成熟，内部利润积累就会越来越成为不必要，那么，“少分配”的特征也就随之而逐步消失。

c　防御收缩型财务战略

它是指以预防出现财务危机和求得生存及新的发展为目的的一种财务战略。实施防御收缩型财务战略的企业，一般将尽可能减少现金流出和尽可能增加现金流入作为首要任务，通过采取削减分部和精简机构等措施，盘活存量资产，节约成本支出，集中一切可以集中的人力，用于企业的主导业务，以增强企业主导业务的市场竞争力。由于这类企业多在以往的发展过程中曾经遭遇挫折，也很可能曾经实施过快速扩张的财务战略，因而历史上所形成的负债包袱和当前经营上所面临的困难，就成为迫使其采取防御收缩型财务战略的两个重要原因。“高负债、低收益、少分配”是实施这种财务战略的企业的基本财务特征。当旅行社陷入危机又还有值得挽救的经营事业时，可以采取修改现行战略、提高收入战略和降低成本等转变战略；当旅行社现金流量日趋紧张，为了保存企业实力时，可以采取出卖部分资产、削减支出、削减广告费用、催收应收账款、削减管理人员等撤退战略；当旅行社无力偿还债务时通过出售或转让企业的全部资产或停止全部业务而结束企业生命的清理战略。

2.3.2　旅行社竞争环境分析

19 世纪 80 年代，被誉为“竞争战略之父”的迈克尔·波特在其著作《竞争战略》中提出“五力分析模型”。他将产业组织分析法引入战略管理领域，形成其独特的企业竞争战略理论，把影响行业竞争的因素归结在一个简单的模型里，认为行业的竞争优势主要受五种市场力量的影响，即同行业的竞争者的力量、潜在进入者的威胁、潜在替代品的威胁、供应商的讨价议价能力、购买者的议价能力。

2.3.2.1　供应商的讨价还价能力

供方主要通过其提高投入要素价格与降低单位价值质量的能力，来影响行业中现有企业的盈利能力与产品竞争力。供方力量的强弱主要取决于他们所提供给买主的是什么投入要素，当供方所提供的投入要素其价值构成了买主产品总成本的较大比例、对买主产品生产过程非常重要，或者严重影响买主产品的质量时，供方对于买主的潜在讨价还价力量就大大增强。一般来说，满足如下条件的供方集团会具有比较强大的讨价还价力量：供方行业为一些具有比较稳固市场地位而不受市场激烈竞争的企业所控制，其产品的买主很多，导致每一单个买主都不可能成为供方的重要客户；供方各企业的产品各具有一定特色，导致买主难以转换或转换成本太高，或者很难找到可与供方企业产品相竞争的替代品；供方能够方便地实行前向联合或一体化，而买主难以进行后向联合或一体化。

供应商可以通过提高价格，降低所提供产品或服务的质量，来对行业内的竞争企业显示自己的力量。倘若企业无法通过价格消化的成本，其利润就会因为供应商的行为而降低。供应商在以下情况下更有讨价还价的能力：

(1) 供应商提供的产品对企业生产流程很重要；

(2) 供应商提供产品的成本低于企业自己生产的成本；

(3) 供应商提供的产品对企业产品质量的影响大；

(4) 供应商所在行业的集中化程度高；

(5) 供应商产品的标准化程度低；

(6) 供应商所提供的产品在企业整体产品成本中的比例低；

(7) 企业原材料采购的转换成本高；

(8) 供应商有前向一体化的战略意图。

旅行社行业是一个中介性的行业，其销售的产品几乎都来自旅游供应商，旅行社向旅游供应商低价采购，然后再加上本旅行社员工的创新组合、导游、咨询等服务，最后成为本社的产品销售给旅游者，因而对旅游供应商的依赖性很强。

2.3.2.2 购买者的讨价还价能力

购买者主要通过其压价与要求提供较高的产品或服务质量的能力，来影响行业中现有企业的盈利能力。一般来说，满足如下条件的购买者可能具有较强的讨价还价力量：(1) 购买者的总数较少，而每个购买者的购买量较大，占了卖方销售量的很大比例；(2) 卖方行业由大量相对来说规模较小的企业所组成；(3) 购买者所购买的基本上是一种标准化产品，同时向多个卖主购买产品在经济上也完全可行；(4) 购买者有能力实现后向一体化，而卖主不可能前向一体化。

企业总是追求更高的投资回报率，而买方也就是消费者总是期待用最小的支出获得最好的产品和最优质的服务。因此，购买者也能够成为行业营利性的威胁。购买者能够强行压低价格，要求更高的质量或更多的服务。为达到这一目的，他们可能使生产者互相竞争，或者不从任何单个生产者那里购买商品。购买者一般可以归为工业客户或个人客户，购买者的购买行为与这种分类方法是不相关的。研究表明，购买者在下列情况下更具讨价还价的能力：(1) 集体购买；(2) 产品的标准化程度高；(3) 购买者对产品质量的敏感性低；(4) 替代品的替代程度高；(5) 购买者充分掌握有关市场需求、市场价格、供应商制造本等详尽的信息资料；(6) 产品在购买者成本中占的比例大；(7) 购买者有后向一体化的战略意图。

我国旅行社国内游业务和出境游业务的购买者主要是旅游者和客源地的组团社，购买者参与竞争的方式往往是压低价格，要求更高的产品质量或索取更多的服务项目。对于旅游者和客源地组团社的讨价还价能力大小视以上具体情况具体分析。

2.3.2.3 新进入者威胁

新进入者在给行业带来新生产能力、新资源的同时，将希望在已被现有企业瓜分完毕的市场中赢得一席之地，这就有可能会与现有企业发生原材料与市场份额的竞争，最终导致行业中现有企业盈利水平降低，严重的话，还有可能危及这些企业的生存。新进入者进入威胁的严重程度取决于两方面的因素，即进入新领域的障碍大小与预期现有企业对于进入者的反应情况。

进入障碍主要包括规模经济、产品差异、资本需要、转换成本、销售渠道开拓、政府行为与政策等。一般情况下，在同一行业内的企业总是不欢迎那些新进入的企业，因此这些老企业就会想方设法给新进入的企业进入市场制造障碍。而潜在的进入者也会精心挑选那些进入障碍较少的行业。一般来说，比较显著的进入障碍包括以下七个方面。

A 规模经济

所谓规模经济，就是指当企业逐渐扩大规模时，企业的边际利润随之递增。从成本的角度看，也就是企业在生产经营过程中，在单位变动成本不变的情况下，产量越高单位产品对于固定成本的分摊越少，从而达到降低单位成本的目的。

通常来说，规模经济所制造的障碍可以通过各种经济活动来实现，包括生产、研发、营销、采购、服务等。在这种情况下，新进入者就会踌躇。倘若规模较大，可能会存在诸多风险，遭到竞争报复；倘若规模较小，又无法降低成本，使自己处于成本劣势。

规模经济所造成的规模障碍以微波炉制造商格兰仕最为显著。其全球最大的生产规模极大地降低了其生产成本，使格兰仕微波炉有足够的价格空间，从而使得新进入者无法与其抗衡，纷纷退出竞争。

B 产品差异化

产品是企业生存之根本，而只有差异化的产品才可能在激烈的市场竞争中存活下来。事实上，企业只有为消费者提供个性化的产品或服务，展现产品或服务的特性，才能够有机会赢得顾客，优先于其他企业向消费者提供产品或服务。众多知名品牌，如可口可乐、丰田、海尔、玉兰油等厂商投入如此巨大的广告费，也是为了宣传其产品区别于其他产品的特性，建立顾客对于自己产品的信任和忠诚。鉴于此，新进入者会花费大量的广告和宣传投入来消除消费者对于市场原有产品的忠诚，或者用更低的价格与之抗衡，这无疑会减少企业的利润。

C 资本要求

在新的行业，竞争意味着大量的投资。除了设备和厂房设施之外，库存、市场营销活动和企业的其他重要职能，都需要大量的资本。因此，即使新的行业有很好的发展前景，新进企业也可能无法负担大量的资本投入。

D 转换成本

转换成本是指由于顾客转向新供应商所引起的一次性成本，如购买新的辅助设备就属于转换成本。有时转换成本很低，如消费者从中式快餐改吃西式快餐，几乎没有转换成本；有时转换成本较高，制造商生产更新式或更有创意的产品，会给产品的最终消费者带来极高的转换成本，消费者实现这种转换所需的成本很高。新进入者要想进入就必须提供更好的产品和服务，或者给予消费者更加低廉的价格。一般情况下，当前各方之间的关系越稳固，转移到其他供应商的成本就越高。

E 进入分销渠道

产品进入市场后，必须通过良好而有效的分销渠道实现销售。企业一旦与分销商建立起经销关系，就会悉心培育市场，为新进入者的进入制造转换成本。分销渠道对于新进入者来说可能是一个很大的进入障碍。尤其在快速消费品行业，商场超市的货架空间有限，企业必须说服经销商经营自己的产品，否则就会被替代产品占领市场。能够吸引经销商做出上述决策的方法就是增加分销商的利润空间或者投放更多的广告宣传。这些无疑都会减少厂商的利润。

F 与规模无关的成本劣势

竞争对手们可能具有新进入者无法比拟的成本优势，例如熟练的工人、独有的产品技术、顺畅的采购渠道、政府的支持等。新进入者必须设法减少或消除这些因素的战略相关性。例如海尔在美国小镇建厂就是为博得地方政府的支持，事实上，当地政府给予了海尔极大的支持，甚至将一条路命名为海尔路。

G 政府政策

政府可以通过授权或特许经营对进入特定行业进行控制。例如，在烟草制造、酒类生产、烟酒零售、银行业务、证券交易等行业，政府的决定和法规都限制了企业的进入。

H 现有企业反应

想要进入某个行业的企业还要预料到市场上原有企业的反应。如果现有企业反应非常激烈，进入的成功可能性相对而言就会很小。如果一个企业与这个行业的利益相关，或者它有一定的资源，或者行业的增长缓慢或受到限制，原有企业采取激烈报复措施的可能性就会很大。这时新进入者可以寻找那些原有企业未提供服务的市场缝隙进入，避开进入障碍。小的创业企业一般是寻找并服务于那些被忽视的细分市场。

由于新成立旅行社所需求的资金不高、旅行社行业产品差异化程度较小、转行成本也不高、销售渠道的获得相对较容易，再加上现有企业的反应程度，由于我国旅行社数量庞大很难形成一致的行为，因而，旅行社行业的进入障碍相对较低。

2.3.2.4 替代品的威胁

两个处于同行业或不同行业中的企业，可能会由于所生产的产品是互为替代品，从而在它们之间产生相互竞争行为，这种源自替代品的竞争会以各种形式影响行业中现有企业的竞争战略。第一，现有企业产品售价及获利潜力的提高，将由于存在着能被用户方便接受的替代品而受到限制；第二，由于替代品生产者的侵入，使得现有企业必须提高产品质量，或者通过降低成本来降低售价，或者使其产品具有特色，否则其销量与利润增长的目标就有可能受挫；第三，源自替代品生产者的竞争强度，受产品买主转换成本高低的影响。总之，替代品价格越低、质量越好、用户转换成本越低，其所能产生的竞争压力就强；而这种来自替代品生产者的竞争压力的强度，可以具体通过考察替代品销售增长率、替代品厂家生产能力与盈利扩张情况来加以描述。

决定替代品压力大小的因素主要有替代品的赢利能力、替代品生产企业的经营策略、购买者的转换成本。

2.3.2.5 同业竞争程度

大部分行业中的企业，相互之间的利益都是紧密联系在一起的，作为企业整体战略一部分的各企业竞争战略，其目标都在于使得自己的企业获得相对于竞争对手的优势，所以，在实施中就必然会产生冲突与对抗现象，这些冲突与对抗就构成了现有企业之间的竞争。现有企业之间的竞争常常表现在价格、广告、产品介绍、售后服务等方面，其竞争强度与许多因素有关。

一般来说，出现下述情况将意味着行业中现有企业之间竞争的加剧，这就是行业进入障碍较低，势均力敌竞争对手较多，竞争参与者范围广泛；市场趋于成熟，产品需求增长缓慢；竞争者企图采用降价等手段促销；竞争者提供几乎相同的产品或服务，用户转换成本很低；一个战略行动如果取得成功，其收入相当可观；行业外部实力强大的公司在接收了行业中实力薄弱企业后，发起进攻性行动，结果使得刚被接收的企业成为市场的主要竞争者；退出障碍较高，即退出竞争要比继续参与竞争代价更高。在这里，退出障碍主要受经济、战略、感情及社会政治关系等方面考虑的影响，具体包括资产的专用性、退出的固定费用、战略上的相互牵制、情绪上的难以接受、政府和社会的各种限制等。

行业中的每一个企业或多或少都必须应付以上各种力量构成的威胁，而且尽量克服避免面对行业中的每一个竞争者的举动。除非认为正面交锋有必要而且有益处，例如要求得到很大的市场份额，否则客户可以通过设置进入壁垒，包括差异化和转换成本来保护自己。当一个客户确定了其优势和劣势时，客户必须进行定位，以便因势利导，而不是被预料到的环境因素变化所损害，如产品生命周期、行业增长速度等，然后保护自己并做好准备，以有效地对其他企业的举动做出反应。

目前，中国旅行社的数量极其庞大，而且行业分工不是很明确，在客源市场、供应服务、人力资源等方面存在激烈的竞争。根据上面对于五种竞争力量的讨论，企业可以采取尽可能地将自身的经营与竞争力量隔绝开来、努力从自身利益需要出发影响行业竞争规则、先占领有利的市场地位再发起进攻性竞争行动等手段来对付这五种竞争力量，以增强自己的市场地位与竞争实力。

案例 2-1

××国际旅行社撤销计调部

××国际旅行社是我国华北地区某省的一家中型旅行社，以组织和接待团体旅游为主营业务，兼营少量的单项委托服务业务。该社在成立之初，参照当时国内多数旅行社的运营体制，采取按照客源市场划分业务部门的方法，设立了日本部、欧美部、东南亚部、国内旅游部和出境旅游部。各个业务部门负责本部的市场开发、产品设计、客源招徕、旅游接待等项业务。旅行社将各个业务部门作为利润中心，实行部门利润核算制，将每个业务部门经理及其员工的收入与本部门完成的利润额直接挂钩。

为了加强旅游服务采购工作，旅行社专门成立了计调部，负责统一对外采购各种旅游服务项目。各个业务部门必须将其旅游产品中关于旅游服务方面的要求，以旅游接待计划的形式向计调部提出申请，由计调部按照旅游接待计划的具体内容，统一向相关的旅游服务企业采购旅游服务项目，以便达到保障采购质量、保证服务供给、降低采购成本和提高采购效率的目的。

××国际旅行社实行由计调部门统一对外采购各项旅游服务的制度后不久，各个业务部门的经理便接二连三地向甲总经理提出抱怨。其中，日本部乙经理反映，计调部没有针对日本游客的消费特点进行采购，所采购的住宿和餐饮服务不能满足日本游客的需要，引起了日本游客的不满；欧美部的丙经理则抱怨，计调部预定的一些饭店客房价格过高，使欧美部承担的住宿成本增加，影响了该部的经营利润；东南亚部的丁经理批评说，计调部为他们预定的一些餐馆，饭菜质量低劣，引起了游客的不满，个别游客还表示要投诉；国内旅游部的戊经理甚至怀疑计调部的采购人员在采购过程中舞弊受贿，因为计调部为他们采购的一些包机服务，不仅比乘坐民航班机还贵，而且飞机上的服务还很糟糕。他们纷纷要求甲总经理亲自过问此事，以便查个水落石出，扭转该社采购方面的不利局面。

为了尽快解决旅游采购工作中存在的问题，甲总经理召集全社的部门经理开会研究问题产生的原因和解决问题的途径。大家经过认真、客观、理性的分析，认为该社旅游采购工作中出现的问题，是由以下原因造成的：

首先，计调部的人员不直接从事旅游接待工作，不熟悉旅游者的消费特点和旅游者对旅游服务产品的期望。在采购工作中，他们往往根据旅游接待计划的要求采购各项服务产品，而没有根据旅游者在旅游活动中的具体要求和消费特点进行采购。所以，他们所采购的服务产品无法满足不同旅游者的实际消费需求，使旅游者实际感受到的价值远远低于他们的期望价值，由此，造成旅游者对旅行社接待服务不满。

其次，直接了解旅游服务产品质量的导游员因各种原因，只能将他们对旅游服务质量的评价反映给相关业务部门的负责人，而不是反映给计调部。因此，计调部的采购人员难以在第一时间掌握旅游服务质量的变化情况，更不可能采取相应的调整措施。所以，有些时候，计调部可能在某些旅游企业提供的服务产品质量已经出现问题时，仍然按照以往对其服务产品质量的印象进行采购，从而引起旅游者的不满，并给导游员的接待工作造成困难。

再次，××国际旅行社是一家中型旅行社，其组团能力和接待能力有限，难以像大型旅行社那样形成批量的采购能力，在同旅游供应服务企业的谈判中难以获得较好的价格优惠条件。另外，××国际旅行社的客源市场比较分散，旅游者的消费层次较多，使得计调部难以通过集中采购获得一般旅行社采取相同策略所能得到的价格优惠。这些客观因素造成了计调部采购的服务产品价格偏高，由此导致相关业务部门的营业成本相应增加。

最后，计调部人员的工作以保证供给为主要目的。由于旅游活动所需要的服务项目千差万别，要求计调部为每一项服务产品的采购价格制定最高限额的做法不具有可操作性，难以在实际工作中实施。因此，旅行社不可能把降低旅游采购价格水平同计调人员的经济收入挂钩。换言之，旅游服务采购价格的高低与计调部的经济利益不具有直接的关联性。所以，计调部必然会更加重视对旅游服务供给的保证，而把采购价格的高低放在次要地位。

针对以上原因，甲总经理经过反复斟酌，并多次召开旅行社领导层会议研究，最后，甲总经理代表旅行社领导层做出了一项重大决定：撤销计调部，将旅游服务采购功能下放到各个业务部门。经过一段时间运营，各个业务部门反映，旅游服务采购工作的效率和效益都得到了明显的提高。

案例分析与点评

本案例中的××国际旅行社不拘泥于被旅行社行业普遍认同的集中采购原则，撤销了计调部，将服务采购的权利下放到各个营业部门，是一种尊重实际、勇于创新的举措，为旅行社经营者探索更为有效的采购策略提供了宝贵的经验。此外，旅行社组织机构的设置要考虑自身实力和业务量的大小，不能照搬他人或行业模式。

案例 2-2

天津中国旅行社的经营战略

天津中国旅行社的前身，是成立于 1974 年的中国旅行社天津分社。1993 年，天津中国旅行社总经理周学伟先生在极端困难的条件下，受命重新组建天津中国旅行社。经过周总经理及其助手的不懈努力和多方奔走，克服了各种困难，使该旅行社于当年 7 月 18 日正式成立。由于历史原因，与其他旅行社相比，该旅行社在成立之初，其资金、人才、协作网络和客源渠道均十分匮乏，成为阻碍该旅行社经营和发展的严重障碍。

在困难面前，周总经理和他的同事们没有丝毫的气馁，而是坚定信心，通过对本旅行社所处的宏观环境、行业环境和内部环境的科学分析，发现自己的优势和劣势，认清所面临的机遇和挑战，采取了扬长避短的经营战略，以入境旅游和港澳游为重点，兼顾国内旅游，力争在较短的时间内成为天津市乃至国内的强社。创建初期，该旅行社充分利用中国旅行社系统长期以来在经营港澳游和入境游方面的优势，大力开发针对港澳同胞和海外旅游者的入境旅游产品和中国公民出境游产品，既满足入境旅游者和出境旅游者的需求，又为旅行社的发展提供了必要的资金来源。与此同时，周总经理及其同事们根据对国内旅游市场的准确判断，抓住刚刚兴起的国内旅游热潮所提供的机遇，迅速推出了一大批适合国内旅游者需要和支付能力的国内游产品，赢得了天津市国内游市场上的重要份额。经过数年的努力，天津中国旅行社发展成为天津市旅行社行业中一个重要的企业。

在企业的建设和发展过程中，周总经理和他的同事们充分认识到人力资源在旅行社生存和发展中所起到的关键作用，决心培养出一支高素质的员工队伍。为此，天津中国旅行社在 1995 年开办了天津中旅旅游职业学校，每年招生 300 人。一方面，学校为天津中国旅行社提供了大量优秀的员工，并为其发展准备了充实的人才库；另一方面，学校也向其他旅行社及相关行业输送了大量人才，为天津市的旅游人才建设做出了重要贡献。

尽管取得了显著成就，但是周总经理始终保持着清醒的头脑，不断探索企业在新形势下的发展方向。在坚持大力发展旅游业务的同时，天津中国旅行社确立了集团化发展的新战略，并将其付诸实施。天津中国旅行社与各地的合作伙伴建立起以旅游产品开发为主的经营多元化集团。天津中国旅行社与其合作伙伴互派管理人员，共同设计新的旅游产品，共同承担风险。另外，天津中国旅行社还建立了货物运输公司及其他房地产项目，对旅行社的经营和发展起到了分散风险和扩大收入来源的重要作用。

在我国加入世界贸易组织后，面对国外旅行社的激烈竞争，周总经理及其同事们审时度势，果断地采取走出去的发展战略，与德国的一家旅行社在当地合资建立了旅行社，并获得 51%的股份，实现了对该旅行社的控股。经过 20 年的艰苦奋斗，周学伟先生和他的同事们把一个白手起家的小型旅行社，建设成为天津市的一个享誉国内的旅行社集团，为天津市旅游业的发展做出了重要贡献。

案例分析与点评

天津中国旅行社取得的成绩，说明该旅行社负责人及其领导班子为企业制定的经营战略是切实可行的。该旅行社领导充分认识到自身的优势和劣势，面临的机遇与挑战，扬长避短，继续以经营入境游和港澳游为重点，兼顾国内游。当自身实力和外部环境发生改变时，及时调整发展战略，促成了旅行社不断发展壮大。

思考题

（1）旅行社的设立需要具备哪些条件？
（2）旅行社的组织机构类型有哪些，各自有哪些优缺点？
（3）旅行社竞争的外部因素有哪些，它们是如何影响竞争的？

实训模块

认知旅行社机构设置

实训目的：了解旅行社机构设置的基本情况，掌握旅行社机构设置的相关知识。

实训内容：选择本市一家大型国际旅行社作为调研对象，对旅行社的机构设置进行调研。

实训步骤：

第一步，由教师选择本市一家大型国际旅行社。

第二步，到旅行社进行实地调研。

第三步，邀请旅行社经理介绍旅行社机构设置的情况。

实训成果：归纳总结该旅行社机构设置的类型及优缺点。

3 旅行社旅游产品开发与设计

主要内容：
（1）旅行社产品的概念、特征及形态；
（2）旅行社产品市场细分、目标市场选择及市场定位；
（3）旅行社产品生命周期、旅游产品创新类型及创新策略；
（4）旅行社旅游线路类型、旅行社旅游线路设计的影响因素、旅行社旅游线路设计原则与旅游线路设计流程。

3.1 旅行社产品概述

3.1.1 旅行社产品的概念与特征

3.1.1.1 旅行社产品的概念

A 产品的概念

科特勒认为，产品是能够提供给市场以满足需要和欲望的任何东西。在市场上，产品包括实物、服务、体验、事件、人员、地点、财产、组织、信息和创意。

B 旅游产品的概念

雷姆和霍金斯认为，旅游产品是旅游者一次旅游活动的所有经历，包括住宿、交通、餐饮、娱乐和其他吸引物。泰勒认为，真正的旅游产品是令旅游者满意的旅游经历，旅游产品难以被看到和测量。波特·鲍威认为，旅游产品包括旅游目的地资源、设施和从家里到目的地的交通三部分。

林南枝、陶汉军等人认为，从旅游需求一方来说，旅游产品是旅游者为了获得物质和精神上的满足，通过花费一定的货币、时间和精力所获得的一次旅游经历。从旅游供应一方来说，旅游产品是指旅游经营者凭借一定的旅游资源和旅游设施，向旅行者提供的满足其在旅游过程中综合需求的服务。

C 旅行社产品的概念

产品是旅行社赖以生存的基础，没有产品，旅行社的经营管理便无从谈起。从旅游者看来，旅行社产品则是旅游者花费了一定时间、费用和精力后所换取的一种旅游经历。从经营者的角度来看，是指为满足旅游者在空间移动过程中的需要，在购买旅游供应商的产品并进行开发后，提供给旅游者的各种有偿服务，包括传统旅行社提供的旅游线路等和新型旅游代理商提供的各种旅游服务。简单的如代订客房、代订机票或火车票、代租小汽车、提供导游服务等单项旅游产品（或者单项委托服务），也包括复杂的综合包价旅游产品，后者是旅行社最主要的产品，是旅行社产品的集中体现。它是一种组合旅游产品，但旅行社在组合时并不是简单的叠加，而是凭借一定的旅游吸引物、旅游设施和旅游服务，有目的、按标准且受制于一定时空条件的再加工，最终以旅游线路的形式推出，如“凭祥友谊关—明仕田园—德天瀑布旅游线”“桂林—三江旅游线”“张家界—凤凰旅游线”等。因而，旅游线路是旅行社最主要的旅游产品。

3.1.1.2 旅行社产品的特征

旅游产品是旅行社的经营对象，是旅行社一切经营活动的出发点。当它具体到旅行社产品的组合中并成功交换之后，服务也就贯穿旅游活动的整个过程。因此，旅行社产品具有服务的共同属性，同时又具有自身的特征。主要表现在以下几个方面。

A 综合性

综合性是旅行社产品的基本特征。一般的产品构成与功能相对单一，而旅行社产品是由多种旅游吸引物、交通工具、酒店餐饮、娱乐场所及多项服务和社会公共产品组成的混合性产品，是满足旅游者在旅游活动中对食、住、行、游、购、娱等各方面需要的综合性产品。其次，旅行社产品所涉及的行业众多，既有以物质为载体的如交通运输、酒店客房服务，又有以景点、娱乐、导游、保险等满足精神和心理需求的服务。由于所涉及的行业多，且单项服务产品的主导权又不在自己的掌控中，因此，旅行社产品在其组合过程中只是部分地利用或暂时地利用，不排斥其他旅游行业和其他社会单位对其旅游产品和社会公共产品的利用。所以，旅行社产品的开发、设计、服务采购又必须依赖于其他旅游产品和社会公共产品。协调各行业的关系，是旅行社业务的重要工作之一。

B 不可感知性

不可感知性（或无形性）是旅行社产品作为服务型产品最主要的特征。它可以从两个不同层面来理解，首先，与一般消费品如电冰箱、空调等相比，服务型产品是人类非物化劳动的凝结，它不是一个实体，在旅游者购买之时无法得到实实在在的物品，得到的只是对人或物使用的权利。在旅游活动开始之前，让人无法真切地意识到它的存在。人的劳务活动不仅不会引起产品某些实物所有权的转移，并且，也不会导致产品实物形态的改变。对于旅游者来说，花费一定的时间、金钱、精力，最终得到的是一种经历和感受，而这种经历和感受是无形的，旅游者购买之前是无法感知的。所以，旅行社产品的不可感知性（或无形性），加大了旅游者购买风险，也增加了旅行社与旅游者交易的难度。当旅游者结束旅游活动后，旅行社的“这个产品”对于他们而言就不复存在了，留下的只是“回忆”。

C 不可分离性

不可分离性也称生产与消费的同一性。旅游业与其他产品生产行业有一定的区别，一般产品在从生产、流通到最终消费的过程中，往往要经过一系列的不同环节，其生产与消费的活动在时空上是分离的。假设，当购买一台空调的时候，我们对该产品的享受不会因为安装工人不太友好的态度而减少。在该安装工人离开之后，我们依然可以享受到空调机带来的舒适。而旅行社产品作为服务型产品则与之不同，它具有不可分离的特性，即产品的生产过程也就是消费过程。换言之，旅游生产者提供产品给旅游者之时，也就是旅游者消费产品之时，二者在时空上是不可分离的。由于旅行社产品最主要的形式是服务，并在一系列的服务过程中，旅游者与服务者必然直接发生联系，因而服务过程即生产过程，也就是消费的过程。也正是由于服务型产品具有不可分离性，使得旅游者只有而且必须到旅游目的地、在旅行社提供的服务和产品生产过程中才能最终消费到产品、享受服务。

D 不可贮存性

不可贮存性是一般产品区别服务型产品的又一重要特征。基于旅行社产品的不可感知及生产与消费的同时进行，使得旅行社产品不可能像一般消费产品一样被贮存起来，以备将来出售；而且旅游者在大多数情况下，也不能将旅游产品携带回家放置。旅游者购买旅行社产品，只能购买在特定时间和地点对旅行社产品的使用权，而不是占有该产品的所有权。旅游者在旅游活动结束后，留给自己的只是“回忆”。当然，提供服务的各种设备可能会提前准备好，但生产出来的产品，如不当时消费就会造成损失，如酒店的床位，飞机、车、船的空位等。只不过这种损失不像一般产品损失那样明显，它仅表现为机会的丧失和折旧的产生。所以，旅行社产品的不可贮存性的特征要求各旅行社企业必须解决由此而引起的旅游产品供求不平衡的矛盾。也就是在供给方面，在一定时期内呈刚性，既难以增加，也无法减少。因此，旅行社在协调和处理各个旅游产品生产单位的关系就显得非常迫切。

E 异质性

异质性也称之为“非均质性”。它是指服务的构成内容及其质量水平无法恒定且质量标准难以统一界定。旅行社产品从本质上讲就有可能是各不相同的。这是因为旅行社是以“人”为中心的服务产业，由于人类个性的存在，使得人们对于旅行社产品的质量评价很难采用统一的标准。一方面，服务者自身因素（如心理、生理状态）的影响，即使由同一服务者所提供的服务也可能会有不同的水准；另一方面，由于旅游者本身的因素如知识水平、兴趣和爱好等的不同，也会对旅行社产品和服务质量有着不同的理解。比如，同是参加某地一日游，有人乐而忘返，有人败兴而归；而对同一位导游的讲解，有人兴致勃勃，有人昏昏欲睡。再比如，同是游览九寨沟，如果是在“黄金周”，游客如织，熙熙攘攘，大概是一半看风景，一半看“人头”；如果是金秋十月，满山红叶辉映碧波，习习凉风中游客稀少，即使是入住同一酒店、乘坐同一汽车、同一位导游讲解，体验也许完全不同。

F 易波动性

旅行社的产品还具有易波动性的特征。旅行社提供产品和服务的过程和旅游者实现旅游活动的过程涉及众多的单位和因素。而且，这些单位和因素中的任何一个发生变化，都会直接或间接地影响到旅行社产品的生产和消费的顺利实现。旅行社不能自己掌握和控制提供给旅游者的诸多产品，如酒店、航空、餐饮及社会公共产品等，使得旅行社的经营变得十分脆弱。此外，旅行社产品的易波动性还表现在旅游活动涉及诸如自然灾害、战争危险、政治动荡、国际关系、政府政策、经济状况、汇率波动及地缘文化等关系，而这些因素的变数都会引起旅游需求的变化，使得旅行社产品的生产和经营具有很强的不稳定性。

G 质量的后效性

与其他一般产品的质量评价不同的是，旅行社产品质量的评价是在旅游者经历旅游活动的全部过程之后才能做出判断。旅游者在购买旅行社产品之前，并不知道这个产品质量如何，而仅仅是一种“期望质量”。这种期望质量是根据所获得的有关信息对旅行社产品的质量进行的预期质量的判断。只有当旅游者实现了旅游活动之后，而且通过实际获得的感受对旅行社产品质量做出评价，期望质量才变成了旅行社产品的真正质量。因此，旅游者对旅行社产品的质量的理解是“期望质量”和真正质量相互作用的结果。当然，旅行社的营销是个连续不断的过程，在旅游活动结束后，还必须进行市场跟踪调查，分析反馈信息，改进旅行社产品，把产品和服务做得更好。

3.1.2 旅行社产品形态

按照旅行社产品和所包含的内容，可以将旅行社产品的形态分为：单项服务、包价旅游、组合旅游。

3.1.2.1 单项旅游产品

单项旅游服务又称委托代办业务、零星代办业务是旅行社根据旅游者的具体要求而提供的各种有偿服务。旅行社的单项旅游服务种类繁多，其中常规性的产品有导游服务、交通集散地接送服务、代办交通票据和文娱票据、代订饭店客房、代客联系参观游览项目、代办签证、代办旅游保险等。单项旅游产品的主要对象是零散客人。

随着旅游业的发展和旅游者消费需求的变化，旅行社不断开发出新的单项旅游服务产品，以顺应全球性的散客旅游发展潮流。在传统的单项服务项目上，现代旅行社的单项服务内容更加丰富。以美国 Rosenbluth 旅行社为代表的旅游发达国家的一些旅行社，大力开发出诸如帮助企业制定最佳旅行方案、为企业制定旅游费用最节约和旅游服务最优的旅行管理计划、旅游信息管理等新型产品，受到旅游者和客户的欢迎。又如流行于日本、西欧一些国家的 home stay 形式，即学生在假期期间到其他国家的同龄学生的家中吃、住、学习在一起，体验一种生活。家长一般都是委托旅行社安排办理，参加这种活动的家庭也许只有一户，也许有几家不等。另外，现在十分盛行的修学旅游也只需要旅行社安排负责某一些项目，其他均由旅游者本人去实现活动。更加个性化、人性化和国际化的单项旅游服务已经成为旅行社经营的一个亮点而受到重视。为此，许多旅行社还成立了散客部或综合业务部，专门办理单项服务。

3.1.2.2 包价旅游产品

包价旅游是旅行社将各个旅游产品的单项要素（住宿、交通、餐饮、景点等）组合起来，添加旅行社自身提供的服务和附加价值，如咨询服务、导游服务、后勤保障、手续办理、保险购置等，并赋予品牌形成整体的旅行社产品。它就是旅行社将旅游者旅游过程中所需的住宿、饮食、交通、游览等内容全部或部分包揽集合，并以总价格形式向旅游者销售的一种产品形式。包价旅游是旅游者在旅游活动开始之前，将全部或部分旅游费用预付给旅行社，并签订旅游合同，由旅行社根据计划行程，安排食、住、行、游、购、娱等活动。包价旅游分为团体包价旅游、散客包价旅游、半包价旅游、小包价旅游和零包价旅游。

A 团体包价旅游

又称全包价旅游，指由 10 名或 10 名以上的旅游者组成的包价旅游产品。参加旅游团的旅游者采取一次性预付旅费的方式，将各种相关旅游服务全部委托一家旅行社办理。通常，团体包价旅游产品包含旅游目的地内的城际交通、住宿、饮食、游览用车、导游服务、交通集散地接送服务、每人 20 公斤的行李服务以及游览场所门票和文娱活动入场券、保险等内容。这是目前我国的国际旅行社经营入境旅游的主要产品形式。对于旅行社而言，团体包价旅游预定周期较长，易于操作，而且批量操作可以提高工作效率，降低成本，同时又能获得较高的批量采购折扣。对于旅游者而言，参加团体包价旅游可以获得较优惠的价格，预支旅游费用，一次性购买便可获得全部旅游安排和导游全陪服务，简便、安全，所有这些都是团体包价旅游的优势。但由于团体包价旅游的安排的同一性，即乘坐同一航班、同一游览车，入住同一酒店，共进相同的餐饮，游览相同的景点，观看相同的节目和时间上的准确性，旅游者必须放弃自己的个性需求而适应团体的共性。

B 散客包价旅游

散客包价旅游是指 10 人以下的包价旅游产品。旅游者采取一次性预付的方式将各种有关旅游服务全部委托旅行社办理。参加散客包价旅游的多为自愿结伴而行的亲友。这种旅游形式对于旅游者来说，自由灵活，能较多的照顾旅游者的个性需求。但是旅游者不能享受较低的房价和机票折扣，导游不爱接；对于旅行社来说，则成本高，麻烦较多。

C 半包价旅游产品

半包价旅游是一种以降低产品的直观价格，提高产品的竞争能力为目的的旅行社产品。它是在团体全包价旅游的基础上发展起来的一种包价旅游形式，即在团体包价旅游的基础上扣除中餐和晚餐的费用。这种形式的旅游产品既降低了旅游产品的直观价格，增强了市场竞争力，又可以满足旅游者对餐饮方面的个性化需求。

D 小包价旅游产品

又称可选择性旅游，是一种选择性很强的旅行社产品，一般在 10 人以下。小包价旅游由非选择性部分和可选择性部分构成。非选择性部分包括住房及早餐、机场（车站、码头）至饭店的接送和城市间的交通费用、景区内的交通。非选择性部分的费用由旅游者在旅行前预付。可选择性部分包括导游服务、午、晚餐、风味餐、文艺节目欣赏、游览参观等内容。可选择性部分的旅游费用既可以由旅游者预付，也可以由旅游者现付。旅游者可根据时间、兴趣和经济情况自由选择，费用既可预付，也可现付。小包价旅游的优势是在明码实价、经济实惠、手续简便、机动灵活、安心可靠等方面。最早由香港和海外的旅行商向我国旅行社提出建议，由于其独特的优势而逐步遍及到全国。

E 零包价旅游产品

又叫自由包价旅游，多见于旅游发达国家。参加这种旅游形式的旅游者必须随旅游团前往和离开旅游目的地，但在旅游目的地的活动是完全自由的，形同散客。旅游者通过参加零包价旅游可以享受到团体机票的优惠价格和由旅行社统一代办旅游签证手续的便利。

3.1.2.3 组合旅游产品

组合旅游是一种较为灵活的旅行社产品。又称之为“分散进出，团体旅游”。它产生于 20 世纪 80 年代，多流行于饭店、交通供应等旅游服务设施相对过剩和旅游景区相对集中的地区。产品的主要形式是旅游线路，经营这种产品的主要是旅游目的地旅行社。这些旅行社根据对旅游客源市场需求的调查了解，设计出一批固定的旅游线路，并将这些线路的具体内容广泛通知客源市场的旅行社，由后者负责向旅游者推销并按时将旅客送到目的地。

购买这种产品的旅游者在指定日期到达旅游线路的起始地点，由目的地旅行社将他们集中起来组团旅游，每团人数不限，只要语言相同即可。旅游者既可随团活动，也可自由活动。旅游活动结束后，旅游团在旅游活动结束的地点解散，各自返回居住地。

组合旅游的特点：一是组合旅游人数不限，改变了过去不足 10 人不成团的做法；二是组团时间短，旅游者只要办妥手续后，在交通工具许可的情况下即可成行；三是无需全陪跟随，节约成本；四是选择性强，参加旅游团灵活。旅游活动结束后，旅游团体在当地解散，旅游者可自由安排或返回住地。

组合旅游是一种灵活性较强的旅行社产品。旅行社把来自不同旅游客源地的零散旅客汇集起来，组成旅游团进行旅游，从而避免了一些客源地旅行社因当地旅游者人数较少，不能单独成团，而造成客源浪费的弊病。另外，组合旅游的组团时间较短，有利于旅行社在较短的时间内招徕到大量的旅游客源。

对于旅游目的地旅行社来说，旅游团的人数越多，边际成本越低，利润越大。因此，旅行社应该尽量扩大招徕网，以保证有足够的客源。另外，旅行社还必须做好旅游交通、住宿、餐饮等服务项目的采购工作，建立起一个高效低成本的采购网络，确保旅游服务的充分供应。

3.2 旅行社产品市场定位

3.2.1 旅游市场细分

3.2.1.1 旅游市场细分的概念

市场细分的概念最早由美国的市场营销学家温德尔·斯米斯（Wendell R. Smith）于 20 世纪中叶提出。我国多数学者关于市场细分概念观点趋于一致。赵西萍等人认为市场细分实际上是根据购买者的需要和欲望、购买态度、购买行为特征等不同因素划分市场的行为过程；王洪滨指出旅游者需求的差异性是市场细分的关键；张俐俐强调细分就是划分旅游者群的过程；苟自钧综合上面观点，指出市场细分的出发点是从区别消费者的不同需求，然后根据消费者购买行为的差异性，把整体旅游市场分成两个或两个以上具有类似需求和欲望的消费者群体。

3.2.1.2 旅游市场细分的意义

在现代市场经济条件下，旅行社必须对旅游市场进行细分。市场细分有利于识别和发掘旅游市场，开发旅游新产品，开拓旅游新市场；有利于针对性地制定和调整旅游市场营销组合策略；有利于旅行社优化资源配置和取得良好的经济效益。

3.2.1.3 旅游市场细分的方法

根据旅游经营需要，旅游市场可以按照地理变量因素、人口统计学特征、消费者行为特征、心理因素等多种分类标准进行细分，如按综合地理因素（洲别、国别、地区）、距离远近、气候与自然地理环境、聚落与人文地理环境因素、经济地理环境等地理因素划分旅游客源市场；按购买动机、购买时机、购买形式、购买频率、购买习惯等旅游消费者行为特征划分旅游客源市场；按年龄、性别、职业、受教育程度、收入水平、家庭规模、家庭生命周期等人口统计学特征划分旅游客源市场；按社会阶层、生活方式、个性心理特征等心理图式划分旅游客源市场。

需要注意两点：第一，虽然细分的标准很多，但在实践中，一般只选择其中一个或少数几个显著变量，作为细分的依据，依据的变量过多容易陷入过分细分的误区，从而失去市场细分的意义；第二，有时旅行社也会根据“顾客盈利能力”来进行市场细分，如把消费额高或经常消费的顾客细分为高端市场、VIP 客人，并为他们专门设计营销策略来满足他们的需求。这些客人可以为旅行社带来丰厚的利润或特殊的利益，因而旅行社有必要提供个性化的服务，甚至是“一对一营销”。

3.2.2 目标市场选择

3.2.2.1 目标市场选择策略

目标市场选择就是旅行社在市场细分的基础上根据各细分市场的特点和自身经营实力，从细分市场中选择一个或者若干个子市场作为自己的目标市场。旅行社选定目标市场之后要针对目标市场的特点展开营销活动，以期在满足顾客需求的同时，实现企业经营目标。旅行社选择目标市场时要讲求一定的策略，一般来讲，旅行社旅游目标市场选择策略有以下三种方式。

A 无差异目标市场策略

无差异目标市场策略又称为整体市场策略，它是指旅行社无视整体市场内部旅游者需求的差异性，而将所有细分出的子市场都作为自己的目标市场（或者不对市场进行细分），只推出一种旅游产品，制定一种价格，运用一种统一的旅游营销组合，为满足旅游者共同的需求服务。这种策略突出的优点在于，旅行社可以大规模销售，简化分销渠道，相应地节省市场调研和广告宣传的经费开支，使平均成本降低。另外，对于垄断性、吸引力大的旅游产品容易形成名牌产品的强大声势，创造规模效应。这种策略的缺点是不能完全满足旅游者的差异性需求。随着旅游者的社会经济情况、生活方式及个人兴趣的不断变化，对旅游多样化的需求日益增长，单一的市场策略不易吸引旅游者。此种策略主要适用于以下情况：旅行社能够进行大规模生产产品和大量销售产品；产品在消费者中有广泛的影响，且质量好，有独特的不易外泄或被模仿的生产诀窍；产品用于满足人们的基本需求，消费者的需求差异较小。此种策略主要适用于市场上供不应求或少数垄断性较强以及初上市的旅游产品市场，随着旅游市场竞争的加剧，旅行社采用这种策略的机会越来越少。

B 差异性目标市场策略

差异性目标市场策略是旅行社根据消费者的不同需求特点对整体市场进行细分，在此基础上选择整体市场中数个或全部细分市场作为自己的目标市场，针对不同细分市场的需求特点，提供不同的旅游产品及制定不同的营销组合。例如，旅行社推出经济等、标准等、豪华等不同规格的旅游产品，就是为了满足不同层次的旅游消费者的差异性需求。将旅游市场细分为观光、度假、会议、体育等不同的细分旅游市场，而观光旅游市场又可细分为丝绸之路、名胜古迹、田园生活、山水风光等不同内容。旅行社针对不同的需求，设计各种旅游路线、提供不同的服务设施和服务项目。与无差异性目标市场策略相比，这种策略更具有针对性，能更好地满足各类旅游者的不同需求，有利于提高旅游产品的竞争力、扩大旅行社产品的销售量和市场份额；如果能够同时在几个细分市场上占有优势，就会由于连带效应而树立起旅游者所信赖的、声誉很高的旅行社形象；由于同时经营数个细分市场，有助于降低经营风险。这种策略也有局限性：旅行社产品种类多，导致调研设计费用增多，要求具有多种销售渠道，会使广告费用、推销费用和管理费用等随之增加；由于经营分散，使旅行社的资源配置不能有效集中；由于目标市场数量众多，使旅行社管理难度加大。这种策略适合满足以下条件的旅行社：人力、物力、财力比较雄厚；技术力量较强，能够适应多品种生产的要求；营销人员的素质较高；客源市场存在明显的需求差异。随着旅游市场竞争越来越激烈，越来越多的旅行社采用此种策略。

C 密集性目标市场策略

密集性目标市场策略又称为集中性目标市场策略，是指旅行社在市场细分的基础上，选择一个或几个细分市场作为自己的目标市场，集中旅行社的全部精力，以某几种营销组合手段服务于该市场，实行高度的专业化经营。比如有的旅行社专门为探险旅游、农业旅游等特色旅游服务。这种策略往往适合资源能力有限的中小型旅行社。他们在较大的市场上难以取得竞争优势，因而力图在较小的市场范围内取得较高的市场占有率。采取这种策略的突出优点在于能充分发挥旅行社的优势，使之在特定市场上具有很强的竞争力。由于经营范围针对性强，容易形成产品与经营特色，因而有利于扩大旅行社在特定细分市场上的知名度和增加销售额，另外营销成本费用相对较低。这种策略的不利之处是旅行社过分依赖小部分市场，具有较大的风险性。由于市场面窄，一旦需求发生变化，旅行社就会出现危机。

3.2.2.2 影响目标市场选择策略的客观因素

三种目标市场策略各自有其优缺点，旅行社在选择自己的经营策略时必须考虑到自身的条件、产品和服务的特点以及市场的情况，加以权衡，慎重行事。一般来讲，影响目标市场策略选择的客观因素有以下几种。

A 旅行社自身实力条件

旅行社人员的素质、可支配的资金、管理水平、产品及营销组合设计能力及关系网络等自身实力条件，对于确定目标市场经营范围的大小起到决定性的作用。如果旅行社自身实力强，各种资源丰富，可以采取差异性目标市场策略。反之，如果实力不足，且规模不大，则应采取密集性目标市场策略。

B 旅游产品特点

不同的旅游产品在满足旅游者需求方面有很大的差异。对于特色旅游产品、旅游餐饮服务等性质差别较大的旅游产品，可能需要很多档次来满足不同旅游者的需求，则可采取差异性市场策略。而有些以单一的产品就能满足所有旅游者的需要，比如像航空客运服务、标准间客房服务这些性质接近、替代性强的旅游产品，则可采取无差异性市场策略。

C 旅游市场特点

当旅游产品市场需求异质程度很低、旅游者的兴趣爱好及其他特点很相近，可采用无差异目标市场策略。如一些名胜古迹、风土人情项目等可以采用此策略。相反，对于需求异质程度很高的旅游产品市场，则采用差异性或集中性目标市场策略。

D 旅游产品生命周期

应根据产品生命周期的不同阶段采取相应的目标市场策略。对处在投入期或成长期的旅游产品，应采用无差异目标市场策略，因为此时对市场需求不甚了解，并且没有竞争者或很少。当产品进入成熟期或衰退期后，应采用差异性目标市场策略，以利于开拓新的目标细分市场，尽力延长产品生命周期，或者采用集中性目标市场策略，使旅行社集中力量对少数有利可图的细分市场进行营销推广。

E 旅游市场竞争特点

如果旅行社的产品垄断性强，竞争者数量少或势力弱，可以采用无差异目标市场策略，反之则采用差异性或集中性目标市场策略。采取何种策略，往往视竞争对手的策略而定。比如，竞争者采用无差异目标市场策略，旅行社就应当针对细分市场采用差异性或集中性目标市场策略，争取占领几个有利市场。

3.2.2.3 旅行社目标市场入选的条件

A 有一定的规模和发展潜力

旅行社的目标市场必须有一定的规模，这样才能实现规模经济。旅行社进入某一市场是期望能够有利可图，如果市场规模狭小或者趋于萎缩状态，进入后难以获得发展，此时，应审慎考虑，不宜轻易进入。当然，旅行社也不宜以市场吸引力作为唯一取舍，特别是应力求避免“多数谬误”，即与竞争旅行社遵循同一思维逻辑，将规模最大、吸引力最大的市场作为目标市场。大家共同争夺同一个顾客群的结果是，造成过度竞争和社会资源的无端浪费，同时使消费者的一些本应得到满足的需求遭受冷落和忽视。

B 符合旅行社目标和能力

某些细分市场虽然有较大吸引力，但不能推动旅行社实现发展目标，甚至分散旅行社的精力，使之无法完成其主要目标，这样的市场应考虑放弃。另外，还应考虑旅行社的资源条件是否适合在某一细分市场经营。只有选择那些有条件进入、能充分发挥其资源优势的市场作为目标市场，旅行社才会立于不败之地。

C 细分市场结构的吸引力

细分市场可能具备理想的规模和发展特征，然而从赢利的观点来看，它未必有吸引力。波特认为有竞争五种力量决定整个市场或其中任何一个细分市场长期的内在吸引力。这五种力量分别是同行业竞争者、潜在的新参加的竞争者、替代产品、购买者和供应商。他们具有如下五种威胁性：

a 细分市场内激烈竞争的威胁

如果某个细分市场已经有了众多的、强大的或者竞争意识强烈的竞争者，那么该细分市场就会失去吸引力。如果出现该细分市场处于稳定或者衰退，生产能力不断大幅度扩大，固定成本过高，撤出市场的壁垒过高，竞争者投资很大，那么情况就会更糟。这些情况常常会导致价格战、广告争夺战，新产品推出，并使公司要参与竞争就必须付出高昂的代价。

b 新竞争者的威胁

如果某个细分市场可能吸引会增加新的生产能力和大量资源并争夺市场份额的新竞争者，那么该细分市场就会没有吸引力。问题的关键是新的竞争者能否轻易地进入这个细分市场。如果新的竞争者进入这个细分市场时遇到森严的壁垒，并且遭受到细分市场内原有公司的强烈报复，他们便很难进入。保护细分市场的壁垒越低，原来占领细分市场的公司的报复心理越弱，这个细分市场就越缺乏吸引力。某个细分市场的吸引力随其进退难易的程度而有所区别。根据行业利润的观点，最有吸引力的细分市场应该是进入的壁垒高、退出的壁垒低。在这样的细分市场里，新的公司很难打入，但经营不善的公司可以安然撤退。如果细分市场进入和退出的壁垒都高，那里的利润潜量就大，但也往往伴随较大的风险，因为经营不善的公司难以撤退，必须坚持到底。如果细分市场进入和退出的壁垒都较低，公司便可以进退自如，然而获得的报酬虽然稳定，但不高。最坏的情况是进入细分市场的壁垒较低，而退出的壁垒却很高。于是在经济良好时，大家蜂拥而入，但在经济萧条时，却很难退出。其结果是大家都生产能力过剩，收入下降。

c 替代产品的威胁

如果某个细分市场存在着替代产品或者有潜在替代产品，那么该细分市场就失去吸引力。替代产品会限制细分市场内价格和利润的增长，公司应密切注意替代产品的价格趋向。如果在这些替代产品行业中技术有所发展，或者竞争日趋激烈，这个细分市场的价格和利润就可能会下降。

d 购买者讨价还价能力加强的威胁

如果某个细分市场中购买者的讨价还价能力很强或正在加强，该细分市场就没有吸引力。购买者便会设法压低价格，对产品质量和服务提出更高的要求，并且使竞争者互相斗争，所有这些都会使销售商的利润受到损失。如果购买者比较集中或者有组织，或者该产品在购买者的成本中占较大比重，或者产品无法实行差别化，或者顾客的转换成本较低，或者由于购买者的利益较低而对价格敏感，或者顾客能够向后实行联合，购买者的讨价还价能力就会加强。销售商为了保护自己，可选择议价能力最弱或者转换销售商能力最弱的购买者。较好的防卫方法是提供顾客无法拒绝的优质产品供应市场。

e 供应商讨价还价能力加强的威胁

如果供应商能够提价或者降低产品和服务的质量，或减少供应数量，那么该细分市场就会没有吸引力。如果供应商集中或有组织，或者替代产品少，或者供应的产品是重要的投入要素，或转换成本高，或者供应商可以向前实行联合，那么供应商的讨价还价能力就会较强大。因此，与供应商建立良好关系和开拓多种供应渠道才是防御上策。

3.2.3 产品市场定位策略

旅行社确定目标市场之后就要对产品进行市场定位。产品市场定位是旅行社根据目标市场上的旅游者偏好及竞争者产品的经营状况，结合旅行社的条件，通过本企业产品特色与形象的营造和传递，使自己的产品在目标市场中形成区别于竞争对手的印象与认识。旅行社在进行市场定位时要讲求一定的策略，以便在目标市场中谋求一定的竞争优势。一般来说，旅行社产品市场定位策略有以下几种：

3.2.3.1 直接对抗定位策略

直接对抗定位也称为针锋相对定位，指旅行社采取与细分市场上最强大的竞争对手同样的定位策略。也就是旅行社把产品或服务定位在与竞争者相似或相同的位置上，同竞争者争夺同一细分市场。一般来说，当旅行社能够提供比竞争对手更令顾客满意的产品或服务、比竞争对手更具有竞争实力时，可以实行这种定位策略。由于竞争对手实力很强，且在消费者心目中处于强势地位，因此实施直接对抗定位策略有一定的市场风险，这不仅需要旅行社拥有足够的资源和能力，而且需要在知己知彼的基础上，实施差异化竞争，否则将很难化解市场风险，更别说取得市场竞争胜利了 。

3.2.3.2 市场补缺式定位策略

市场补缺式定位策略是旅行社把自己的市场定位在竞争者没有注意和占领的市场上的

策略。当旅行社对竞争者的市场位置、消费者的实际需求和自己经营的产品属性进行评价分析后，如果发现旅行社所面临的目标市场存在一定的市场缝隙和空间，而且自身所经营的产品又难以正面抗衡，这时旅行社应该把自己的位置定在目标市场的空当位置，与竞争者成鼎足之势。采用这种市场定位策略，必须具备以下条件：(1) 有满足这个市场所需要的货源；(2) 该市场有足够数量的潜在购买者；(3) 具有进入该市场的特殊条件和技能；(4) 经营必须盈利。

3.2.3.3 另辟蹊径式定位策略

另辟蹊径式定位策略又叫独坐一席定位策略。这种策略是指旅行社意识到很难与同行业竞争对手相抗衡从而获得绝对优势定位，也没有填补市场空白的机会或能力时，可根据自己的条件，通过营销创新，在目标市场上树立起一种明显区别于各竞争对手的新产品或新服务，突出宣传自己与众不同的特色，在某些有价值的产品属性上取得领先地位。

3.2.3.4 重新定位策略

重新定位策略是指旅行社通过努力发现最初选择的定位战略不科学、不合理、营销效果不明显，继续实施下去很难成功获得强势市场定位时，及时采取的更换品牌、更换包装、改变广告诉求策略等一系列重新定位方法的总称。重新定位的目的在于能够使旅行社获得新的、更大的市场活力。当然，市场定位并不是一劳永逸的，而是随着目标市场竞争者状况和旅行社内部条件变化而变化的。当目标市场发生下列变化时，就需要考虑重新调整定位的方向：(1) 当竞争者的销售额上升，使旅行社自身的市场占有率下降，出现困境时；(2) 旅行社经营的产品意外地扩大了销售范围，在新的市场上可以获得更大的市场占有率和较高的商品销售额时；(3) 新的消费趋势和消费者群的形成，使旅行社销售的商品失去吸引力时；(4) 旅行社自身经营战略和策略做出重大调整时。总之，当旅行社和市场情况发生变化时，都需要对目标市场定位的方向进行调整，使旅行社的市场定位策略符合发挥自身优势的原则，从而取得良好的营销利润。

3.2.3.5 市场跟随策略

市场跟随策略是指旅行社模仿市场主导者的产品，或者对其产品进行适度改良，从而占据一定市场份额的策略。该策略的优点：由于是模仿市场主导者的产品或者对其产品进行适度改良，不需要投入大量的人力物力财力进行产品市场的调研和设计开发等工作，因而不需要大量投资，就可以获得较高的市场利润；但是也有缺点，由于是模仿跟随，不能成为市场主导者。

3.3 旅行社产品生命周期及产品创新

3.3.1 旅游产品生命周期概述

旅游产品生命周期借用了有形产品生命周期的概念。所谓旅游产品生命周期就是指一个旅游产品从开发出来投放市场到最后被淘汰退出市场的整个过程。它实际上就是旅游产品的市场寿命。旅行社推出的一条旅游路线、一个旅游活动项目都将遵循一个从无到有、由弱至强、然后衰退、消失的时间过程。

旅行社旅游产品生命周期可以划分为导入期、成长期、成熟期、衰退期四个阶段，处于不同阶段的旅游产品在市场需求、竞争、价格和利润等方面有着明显不同的特点，也决定着供给者的不同营销策略。

3.3.1.1 导入期

旅游产品的导入期是指旅行社将刚开发出来的旅游产品投放市场，销售缓慢增加的阶段。新产品的导入期表现为新的旅游路线开通，新的旅游项目、旅游服务首次向市场推出。由于旅游产品刚投放市场，还未被广大消费者所认识，因此旅游新产品在市场上知晓度很低。在导入阶段，由于旅游产品刚刚面世，旅游产品还有待完善，消费也有一定的风险，更谈不上了解和接受。而旅行社通过加强宣传促销，一部分求新和好奇的游客开始出现，而更多游客往往持观望态度，因此导入期的旅游新产品需求量很少，销售量增长缓慢而无规律。由于前期投资大，市场开发费用高，旅游产品的单位成本较高，因而价格较高，也是致使旅游新产品销售增长缓慢的重要原因；旅行社为了使旅游者了解和认识产品，需要做大量的广告和促销工作，产品的销售费用较大。在这个阶段内，旅游者的购买很多是尝试性的，重复购买尚未出现，旅游中间商也通常采取试销态度。由于旅游新产品的销量小，利润低甚至亏损，成功与否前景莫测，竞争对手往往还持观望态度，市场还未出现竞争。

3.3.1.2 成长期

由于旅行社的宣传促销和先锋型游客的示范作用，旅行社产品开始被广泛接受，游客稳定增加，就会进入旅游产品的成长期。在成长阶段，旅游产品克服了前期暴露的缺点，逐步基本完善定型并形成一定的特色，开发阶段的宣传促销开始收效，在旅游市场上知名度逐步提高，游客对产品更加熟悉，越来越多的游客进入购买体验，同时还有部分“回头”游客也开始出现。与此同时，旅游产品的开发投资也逐步减少，尽管对旅游产品促销总费用还在继续增加，但分摊到单个游客的促销费用迅速下降。由于旅游产品需求的大幅度增加和成本大幅度下降，导致该旅游产品的利润迅速上升，由导入期的亏损出现净利润额。在成长期，旅游产品表现出良好的市场前景，在旅游产品利润和良好市场前景的吸引下，竞争对手开始开发类似的替代旅游产品推向市场，市场上出现竞争。此阶段市场营销的重点是扩大市场占有率。

3.3.1.3 成熟期

旅游产品到了成长期后期，游客和销售量的增长势头必然放慢，于是进入了旅游产品的成熟期。在成熟期，旅游产品的市场需求量已达饱和状态，销售量达到最高点；产品单位成本降到最低水平；由于销量和成本共同作用的结果，旅游产品的利润也将达到最高点，并开始下降。在旅游市场，竞争者开发了很多同类旅游产品，扩大了旅游者对旅游产品的选择范围，市场竞争十分激烈，更为严重的是，出现了更好的替代性旅游产品，前期游客已开始转移到新的替代性旅游产品的消费市场中去。旅行社经营的重点是稳固目标市场，同时通过产品差别化寻找新市场、改善产品质量如增加服务内容、采取竞争性的随行就市的价格策略等。

3.3.1.4 衰退期

旅游产品的衰退期一般是指产品的更新换代阶段。在这一阶段，新的旅游产品已进入市场，正在逐渐代替老产品。旅游者或丧失了对老产品的兴趣，或由新产品的兴趣所取代。原来的产品中，除少数名牌产品外，市场销售量日益下降。市场竞争突出地表现为价格竞争，价格被迫不断下跌，利润迅速减少，甚至出现亏损。由于衰退期的游客数量急剧下降，不能容纳更多的旅行社在此市场的生存，因此不少旅行社逐渐退出衰退期的市场。

任何旅游产品都有一个有限的生命，大部分旅游产品都经过一个类似S形的生命周期；每个产品生命周期阶段的时间长短因旅游产品不同而异；对处于不同生命周期阶段的旅游产品，需采取不同的营销组合策略。旅行社产品最终退出市场不可避免，但是可以采取措施缩短导入期、延长成长期和成熟期、推迟衰退期的到来乃至使产品再生。不过，延长了旅行社产品的生命周期，但是销售利润不一定会在原有的基础上增加，有时为了延长产品的生命周期甚至导致利润下降。因而，适时淘汰滞销的产品是必要的。

3.3.2 旅行社产品创新

要实现旅行社的可持续发展，有必要针对市场需求及时进行旅游产品的创新，并采取一定的创新策略。

3.3.2.1 旅行社新产品类型

A 全新型产品

全新型产品又称创新型新产品，它是能够满足消费者一种新的需求的全新产品。全新产品是指在市场上从未出现过的，由于新的发明创造，采用新的原理、新的结构、新的技术和新的材料而生产出来的产品。全新型产品往往会在短期内取得独占该产品市场的优势，为旅行社获取丰厚的利润。然而，开发全新型产品需耗费大量人力、物力、财力。如果该产品投放市场后不能立即被广大旅游者认可和购买，旅行社则会丧失赢利的机会，甚至有可能亏本。此外，其他旅行社也会很快仿制出同类产品，形成竞争，影响新产品开发投资的回收，如美国旅行商1999年推出全新的旅游产品：“相约世纪行”，去“追逐新世纪第一束曙光”。

B 改良型产品

改良型产品是指旅行社在原有旅游产品的基础上，进行局部形式上改进的旅游产品。这种旅游产品可能是在其配套设施或者服务方面的改进，也可能是旅游项目的增减或服务的增减，但旅游产品的实质在整体上没有多大的改变。原有产品经过改良后变成新的产品，增强了吸引力，能够招徕更多的旅游者。改良产品还能节省时间，使产品能够尽早投放市场。此外，由于改良型产品只是在原有产品的基础上进行调整和改造，所以在线路考察、通信联络等产品开发费用方面低于全新型产品，从而降低了产品开发的成本。改良型产品的缺点在于难以像全新型产品那样使开发这种产品的旅行社在短期内独占该产品市场并获取丰厚的利润。

C 仿制型产品

对于多数中小型旅行社来说，经常性地开发新产品往往在财力和人力方面成为一个沉重的负担。有的旅行社就采取仿制别的旅行社已经投放市场的新产品的办法来开发自己的新产品。这种做法的优点是投资少，见效快，省时省力；缺点是采用这种方法的旅行社总是步其他旅行社之后尘，难以创造出本旅行社的特色形象。

D 换代型新产品

换代型新产品是对现有旅游产品进行较大改革后生成的产品。在原有产品的基础上，注入新的资源要素，开发新的旅游功能，实现旅行社产品的升级换代。例如，我国在原有观光型旅游产品的基础上，推出了红色旅游、乡村旅游和民族风情游等主题观光旅游产品。之后，又陆续推出了主题旅游年，如2007年的旅游主题是“2007中国和谐城乡游”，2008年是“2008中国奥运旅游年”。

3.3.2.2 旅行社产品创新策略

A 旅行社服务产品的个性化

随着人们收入水平的提高和消费的日益成熟，顾客需求之间的趋同性将趋于减少，而异质性会不断增强。因此，个性化需求将逐渐成为旅游市场需求的主流走向。由于顾客需求的不同，只有经过不断的市场细分，直至细分至旅游者个体，并为其专门定制旅游产品和服务，才能真正满足每个旅游者的个性化需求。例如，旅行社可以根据旅游者的不同需求，让顾客参与到产品设计，将食、住、行、游、购、娱六大要素进行重新组合，设计提供相应的旅游定制化产品，从而增强顾客的满意度。

B 旅游服务产品内涵差异化

由于现代服务消费的个性化趋势和服务行业的特殊性，旅行社应该针对顾客有特殊需求，努力开发特殊的服务项目，实行差异化服务，确立服务特色，树立企业的服务优势。旅行社企业应认真研究市场需求，做好市场调研，根据旅游者消费行为的变化趋势设计新的主题线路。在提供服务的同时不断推出新的服务，不断地追求服务内容的丰富和服务层次的提升。比如，在旅游线路差不多的情况下，在旅行途中提供一些有意义的主题娱乐活动，提供增值服务，推出一些体贴入微的温情服务和人文关怀，就有可能收到差异化的效果，使游客有不同的感受和体验。

C 旅行社服务产品品种多样化

旅行社是“旅行服务提供的企业”，因此旅行社是“旅行服务”提供者，而不只是包价旅游的组织者或是观光旅游服务的提供者。旅行社应按照顾客需求推出多元化的产品，不断推出新的服务。散客旅游作为21世纪国际旅游的一个新趋势，对旅行社的要求越来越高，它不仅要求有灵活的旅游路线和产品组合，更要有合理的时间安排，多样化的服务和多品种的荐举方案，这样才能满足旅游者多样化的需求。

D 旅游线路设计主题化

随着社会的发展和旅游市场的成熟，更多的主题线路应运而生，创新主题线路是旅行社生存、竞争和发展之根本所在。旅游线路是旅游产品的重要表现形式，好的旅游线路往往给游人留下深刻的印象，并产生巨大的经济效益和社会效益。例如，有旅行社抓住中国人崇尚亲情、友善的传统，推出了充满温情的“亲子团”“孝顺团”“蜜月团”等旅游系列，被市场认为是亲情旅游产品的典范。

E 旅行社服务产品模块化

旅行社模块化生产是以满足旅游者的个性化需求为前提，它要求对旅行社产品的各构成要素进行分类，并设计成标准模块，然后根据各个旅游者的需求特点将各个要素的不同模块进行组合。我国旅行社行业正处在产品同质化严重、价格战为主要竞争方式的现状，对旅行社产品的生产实施模块化组织，它是一种既能够保证市场份额又能够有效满足旅游者个性化需求的最佳选择。如对旅游设施中的住宿、餐饮部分可按档次、价位、场所等进行模块设计，对旅游设施中的交通部分则可按交通工具种类、运输方式等进行设计。

3.4　旅行社旅游线路设计

3.4.1　旅行社旅游线路概念与类型

3.4.1.1　旅游线路概念

旅游线路是指在一定地域空间，旅游经营者针对旅游客源市场的需求，凭借交通路线和交通工具，遵循一定原则，将若干旅游地的旅游吸引物、旅游设施和旅游服务等合理地贯穿起来，专为旅游者开展旅游活动而设计的游览路线。旅游线路是旅游供给和旅游需求联结的纽带，是实现旅游者旅游欲望的重要手段。

旅游线路，在时间上是从旅游者接受旅游经营者提供的服务开始，直至脱离这种服务为止，在内容上包括旅游过程中旅游者利用和享用的一切因素，涉及食、住、行、游、购、娱等诸多要素。从旅游服务贯穿整个旅游过程这一角度看，旅游线路又是旅游产品销售的实际形式，旅游线路是旅行社产品的主要构成部分。

3.4.1.2　旅游线路的类型

按照各种不同的分类标准，旅游线路有不同的类型，主要介绍以下分类：

A　按旅游者活动行为划分

a　周游观光性旅游线路

游客的目的主要在于观赏，旅游过程中游览速度快，在旅游目的地停留时间较短，线路中包括多个旅游目的地，同一旅游者重复利用同一路线的可能性小，其成本相对较高，在设计周游性旅游线路时应从单纯的周游性向线性化转移。

b　度假逗留性旅游线路

此种线路主要为度假旅游者设计。度假旅游者的目的在于休息或娱乐，不很在乎景观的多样性变化，因此，度假逗留性线路所串联的旅游目的地相对较少，有时甚至可以是一两个旅游点，同一旅游者重复利用同一线路的可能性大。

B　按旅游线路的结构划分

a　环状旅游线路

该线路一般适用于大、中尺度的旅游活动。例如，我国以北京（入境）为起点的东线和西线串联合并而成旅游环状线路：东线主要有北京—南京、苏州—上海、杭州—广州、香港（出境）；西线主要有北京（入境）—西安—成都、昆明—桂林—广州、香港（出境）。这类旅游线路的特点：一是跨度大，主要由航空交通联结，铁路或公路交通主要用于连接站点相对密集的区段；二是所选各点均为知名度较高的精华旅游城市或风景旅游地；三是基本不走“回头路”，对境外游客的出入境地点一般安排在不同口岸。

b　节点状旅游线路

该线路是一种小尺度的旅游线路。旅游者选择一个中心城市或自己的常居地为“节点”，然后以此为中心向四周旅游点作往返性的短途旅游。这类旅游线路在国内游客出游中较为常见。原因在于：节点多为旅游地或旅游点的依托城市，游客对中心城市有归属感，食、宿、行、购等条件较好；其二，节点的交通联系更为方便；其三，游览游程短，可以在短期内往返；其四，经济适用，多种因素促使游客宁愿走回头路，而不选择环线。

C　按旅游活动的内容划分

a　综合性旅游线路

综合性旅游线路所串联的各点旅游资源性质各不相同，整条线路表现为综合性特色。1995 年推出的“95 中国民俗风情游”依托风格独特的民俗节庆活动逐月展开，贯穿全年，并按照历史上形成的地方传统习俗和民族风情，推出了北方风情卷、中原民俗画廊、大漠丝路情怀、江南水乡风物集锦、西南民族风情、一江两湖漫游和南国风景窗七大旅游区。这七大旅游风情区域，民俗风情异彩纷呈，基本涵盖了我国各个各族传统文化的特点，其产品具有大众化的鲜明特点。

b　专题性旅游线路

专题性旅游线路是一种以某一主题内容为基本思想串联各点而成的旅游路线。全线各点的旅游景物或活动有比较专一的内容和属性，因而具有较强的文化性、知识性和趣味性，受到兴趣爱好不同游客的欢迎。1997 年“中国旅游年”国家旅游局推出 16 条中国旅游专线中，有 15 条属于专题性旅游线路，这些线路把我国大部分精华旅游点、旅游地用各种“专题”串联，供兴趣爱好不同的游客选择。

D　按照旅游组织的形式划分

a　传统的包价旅游

旅游线路全程所需的所有行程及所需的服务都由旅行社负责安排。

b　灵便式包价旅游

“灵便式”旅游线路又可分为：拼合选择式旅游线路和跳跃式旅游线路。拼合选择式旅游线路的整个旅程有几种分段组合线路，游客可以自己选择拼合，并可在旅游过程中改变原有选择；跳跃式旅游线由旅游部门提供旅程中几小段路线或大段服务，其余皆由旅游者自己设计。

E　按旅游者旅游目的划分

这类旅游线路可以划分为观光旅游线、探险考察旅游线、文化旅游线、宗教旅游线、度假休闲旅游线、民族风情旅游线、节庆活动旅游线等。

a　观光旅游线路

观光旅游线路是利用旅游目的地的自然旅游资源和人文旅游资源，组织旅游者参观游览及考察。观光旅游线路的内容包括文化观光、自然观光、民俗观光、生态观光、艺术观光、都市观光、农业观光、工业观光、科技观光、修学观光、军事观光等。观光旅游线路一般具有资源丰富、可进入性大、服务设施齐全、安全保障强等条件。观光旅游线路开发难度小，操作程序简易，使旅游者能在较短的时间内领略旅游目的地的特色，缺点是旅游者参与的项目少，旅游者对旅游目的地感受不深。

b　度假旅游线路

度假旅游线路是指组织旅游者前往度假地区短期居住，进行包括娱乐、休憩、健身、疗养等消遣性活动。度假旅游线路内容包括海滨度假、山地度假、湖滨度假、温泉度假、滑雪度假、海岛度假、森林度假、乡村度假等。度假旅游线路要求度假地（区）具备四个条件：环境质量好、区位条件优越、高标准的住宿设施和健身娱乐设施、服务功能强。度假旅游线路所含的项目都是参与性很强的户外休闲、健身、娱乐运动等。度假旅游线路中的旅游者在旅游目的地的停留时间较长、消费水平较高且大多以散客的形式出行。度假旅游产品适应了散客旅游、自助旅游日益增多的潮流，是值得开发的旅游产品。

c　专项旅游线路

专项旅游线路又称特种旅游线路，具有主题繁多、特色鲜明的特点。专项旅游线路包括：探险旅游、烹饪旅游、保健旅游、考古旅游、漂流旅游、登山旅游、自驾车旅游、品茶旅游、书画旅游、朝圣与祭祀旅游等。专项旅游线路适应了旅游者个性化、多样化的需求特点，广受旅游者的青睐，是今后旅行社产品的开发趋势。专项旅游线路的缺点是开发难度大，操作程序多，需要多个政府部门、社会组织的协作，成本一般较高。

此外，按照旅游目的划分为公务旅游、休闲旅游（含观光和度假）、探亲游和专项旅游（奖励、农业、工业、会议、会展、修学、文化、考察、生态、宗教、康复、新婚、购物、探险、体育、特殊兴趣等）；按旅游活动的时间可分为一日游线、多日游线；按照产品的档次划分为豪华旅游、标准等旅游和经济等旅游；按旅游线路跨越的空间尺度可分为洲际游线、周边国家旅游线、国内旅游线、邻近省际旅游线及区内旅游线等。无论设计何种旅游线路，都是为了增强旅游活动组合的科学性，提高旅游组织的效能，方便游客，使其达到满意的旅游效果。

3.4.2　影响旅行社旅游线路产品开发的因素

影响旅行社旅游线路产品开发的因素很多，但是归结起来，包括旅行社外部和内部两方面因素。外部影响因素中，有许多因素是旅行社自身无法控制的，但是，这些因素会影响到国家或地区旅游业的发展程度，从而影响到旅行社线路产品的开发。如旅游资源禀赋、旅游设施配置、旅游需求等。内部影响因素就是旅行社自身的条件，包括旅行社经营目标、人力资源状况、财力状况、旅行社的接待能力、商业信誉等，也就是旅行社的综合实力。

3.4.2.1　影响旅行社产品开发的外部因素

A　旅游资源禀赋

旅游资源禀赋是一个国家或地区拥有旅游资源的状况。主要包括自然旅游资源、人文旅游资源、社会旅游资源等。地质地貌、名山大川、动植物、气象气候、天然疗养条件等自然旅游资源。自然旅游资源越是具有垄断性、独特性，吸引力越强，就越有可能选择成为旅游线路中的点，其开发成功的可能性就越大。遗址遗迹、建筑与设施、传统文化、民族风情、现代节事等人文旅游资源，越是具有原汁原味、独一无二性，越是具有特色，据此开发的旅游线路越是具有较强的竞争力。

此外，居民对旅游者的态度、政府对旅游业的重视度、出入境手续办理的便捷度、社会经济发展水平、治安状况等因素也可以看成是旅游资源。

B　旅游设施配置

旅游设施配置是指与旅游者旅游生活密切相关的服务设施和服务网络的配置情况，主要包括住宿、餐饮、交通、娱乐、购物等，是旅游者外出旅游期间离不开的设施及服务。旅游设施配置完善程度反映目的地的旅游接待能力，影响到旅游者对旅游目的地的选择，从而影响到旅行社对旅游线路产品的开发。

C 旅游需求

从经济学的角度看，旅游需求是旅游者在一定时间内，愿意以一定价格购买旅游产品的数量。从营销学角度看，需求是购买欲望与支付能力的统一。所以，旅游需求可以表述为旅游者在一定时间内购买旅游产品的欲望与支付能力的统一。旅游需求不仅决定了旅游产品是否有市场、市场规模大小，而且影响旅游产品的市场走向。旅游需求决定了旅游产品开发的类型，旅游需求规模决定了旅游产品的销售量，旅游需求变化及其发展趋势决定着旅游产品开发的方向。

旅行社在开发旅游线路产品之前，应该进行市场调查，了解各类旅游消费者的消费心理、闲暇时间、消费水平或支付能力、消费时尚、消费变化趋势等，从而发现旅游需求类型、旅游需求规模等，开发适合旅游者需求的旅游线路。

D 竞争对手的产品

同行既是竞争对手也是合作者。商场如战场，知己知彼，百战不殆。竞争对手产品的类型、受市场欢迎程度、发展与变化状态、市场策略等会影响到旅行社旅游线路开发。如果竞争对手旅行社线路产品受欢迎程度高，则在开发旅游线路产品时可以采取模仿其产品的策略，而如果竞争对手旅行社线路产品受欢迎程度较低，则在开发旅游线路产品时只能采取不断创新、改进改良等策略。关注竞争对手产品的品种、数量、价格、利润水平、市场占有率等，才能开发具有竞争力的产品。

E 可进入性

从狭义角度，可进入性是旅游目的地交通设施条件，即包括旅游客源地与旅游目的地的交通，也包括旅游目的地内部的交通，旅游交通是否达到“进得来，出得去，散得开”的要求。从广义角度，可进入性还包括居民对旅游者的态度、政府对旅游业的重视度、出入境手续办理的便捷度、治安状况等因素。可进入性在很大程度上决定着旅行社线路产品开发的成败。

此外，政府的政策与法律法规对旅游产品开发也有着重要影响，政府的政策对旅游产品开发起着导向性作用，而法律法规对旅游产品开发有着约束性作用。

3.4.2.2 影响旅行社产品开发的内部因素

影响旅行社产品开发的内部因素包括经营目标、人力资源、财力、接待能力、商业信誉、采购协作网络广度和稳定程度等，所有表现为旅行社的综合实力。旅行社实力的强弱，影响到能否设计出受欢迎程度高的旅游线路，并且不断创新。旅行社从业人员的服务质量特别是导游人员的服务质量决定旅行社产品开发成功与否的重要因素。由于旅行社是服务性的企业，在旅游者一次旅游活动过程中提供服务最多的就是导游，而且导游是直接面对客人服务的，因而，导游人员的素质直接决定了旅游服务质量的高低，进而影响到旅行社线路开发成功的可能性大小。

3.4.3 旅游线路设计的原则

3.4.3.1 市场需求原则

旅行社的企业性质，决定了其营利性的性质。旅行社开发设计的旅游线路只有通过销售，才有可能获得经济效益。如果设计的旅游线路不能满足旅游者的需求，旅游线路卖不出去，旅行社就无利可图，因而，开发设计人员在设计旅游线路时必须最大限度地满足市场的需求。要达到这一要求，开发设计人员在设计旅游线路之前必须对市场进行充分的调查研究，预测市场需求的数量和需求趋势，分析旅游者的旅游动机，并针对不同目标市场旅游者的需求，设计出适销对路的旅游线路，最大限度满足旅游者的需求，提高旅游线路的使用价值，才能实现其盈利的目的。旅游线路设计的市场需求原则，表现在以下三方面：

A　根据具有代表性和稳定性的市场需求设计旅游线路

旅游市场的构成非常复杂，旅游市场需求是千差万别、千变万化的。但是，其需求具有一定的共同性和稳定性。从实现规模经济的角度来看，旅行社根据具有代表性和稳定性的旅游需求，再结合消费时尚和潮流，设计符合多数旅游者需求的旅游线路。随着 21 世纪旅游消费时尚：上山、下乡、飞天、入海、观文化、走沙漠、游森林、进工厂等，旅行社可以推出多条旅游线路。如："桂林（两江四湖等）—阳朔（西街等）—龙胜（梯田等）—三江（侗寨等）四日游""花山—明仕田园—德天—友谊关"两日游。旅游者对旅游线路选择的基本出发点是：时间最省、路径最短、价格最低、景点内容最丰富，最有价值。

旅行社在设计旅游线路时须考虑以下几点：

（1）去未曾到过的地方增广见闻并有多姿的旅程；

（2）变换环境，从日常紧张生活中短暂的解脱，提高情趣，舒畅身心；

（3）尽量有效地利用时间而又不太劳累；

（4）尽量有效地利用预算，不虚此行；

（5）购买廉价而又新奇的东西；

（6）旅游线路不宜过长，避免旅游者产生疲劳；

（7）追求时尚；

（8）保证旅途安全舒适。

B　根据旅游者或中间商的要求设计旅游线路

中国旅游业的特殊性决定了我国入境旅游产品主要采取间接销售的方式通过旅游中间商销售出去，也就是通过客源国或客源地区的旅游中间商在客源地进行旅游线路产品的推介和销售。因而，旅游中间商对客源市场的消费需求和消费特征是最了解的，听取旅游中间商的意见和建议对旅游线路产品开发能否成功也是至关重要的。在个性化需求越加强烈的今天，除了满足旅游市场共同性和稳定性的旅游需求以外，旅行社还必须兼顾个性化的旅游需求，根据旅游者和旅行社等旅行中间商的要求，设计具有针对性的旅游线路。如：西安某旅行社推出一条张家界—凤凰双飞 6 日游的旅游线路产品，价格为 2580 元/人，在试销过程中，发现该地区同行推出的张家界—凤凰双飞 6 日游的产品中，行程和服务标准基本一样，出现同质化的削价竞争。于是，旅行社通过游客意见反馈表和对潜在游客进行调查获取的信息，得知游客认为行程不够丰富，安排的景点都是传统景点，而对新开发的景点没有安排，而且价格偏高，大多数客人能够接受的价格是 2200 元左右。旅行社根据游客的意见增加了张家界大峡谷、凤凰苗寨两个景点，又通过调整往返飞机的乘坐时间，并和地接社谈判，终于将价格降低到 2200 元/人，最终推出大家受欢迎的线路。

C　创新和引导旅游消费

旅行社在明确目标市场需求和自身条件的基础上，不仅可以创新旅游消费，还可以引导旅游消费，设计出受旅游消费者青睐、符合社会经济发展和旅行社利益的旅游线路。旅行社可以通过构思创新，创造性的开发出新产品，以引导旅游消费。例如，云南丽江旅游线原来在深圳一直不温不火，深圳某旅行社经过周密策划，推出“丽江假期”系列产品后，却使云南丽江旅游线立马火了起来。如主题为“深呼吸一次，足足回味一辈子”“在丽江适合发呆”，极具创意，对白领、小资阶层产生了巨大的吸引力。该旅行社还进一步对市场进行细分，把丽江游做成一个有多种选择的线路套餐，策划构想了一系列特色旅行团：针对白领阶层“周末偷闲白领度假团”；针对喜欢特种旅游发烧友的“徒步虎跳峡”“壮观三江并流”“寻源中甸香格里拉”“攀越哈巴雪山”“迪庆生存挑战”“版纳雨林历险”等系列探险线路；针对英语爱好者的“English talk in Li Jiang!”纯英语情境对话团、纯自助的丽江游等线路。

3.4.3.2 经济原则

旅行社的旅游线路产品同其他产品一样，也有各种成本支出，如交通费、住宿费、餐饮费、景区门票费等，这就要求旅行社在设计旅游线路时要充分考虑成本问题，并在旅游线路设计和旅游服务采购过程中加强对成本的控制，以降低消耗获得较高的效益。旅游线路设计的经济原则体现在两方面：一是在旅游线路设计时科学分配旅游六大服务要素的费用比例并充分发挥旅游服务采购协作网络的作用，降低采购价格，降低各种消耗，加强成本控制，这样不仅可以降低旅游线路的直观价格，利于旅游线路的销售，而且有利于旅行社利益最大化。二是旅游线路设计还要实现游客效益最大化，实现旅行社和游客利益双赢。实现游客效益最大化，可以在设计旅游线路时以最小的行游时间比和最大的信息获取量或最高的满意度来体现。

3.4.3.3 特色原则

世界上旅游资源极其丰富，其中，某些旅游资源还是独一无二的，如埃及的金字塔、中国的万里长城、秦始皇兵马俑、缅甸的吴哥窟、世居少数民族或原始部落风情等，这就是特色。由于人类求新求异的心理，功能单一的观光类景区和旅游线路难以吸引游客回头，即使是一些著名景区和旅游线路，游客通常观点也是“不可不来，不可再来”。因此，在产品设计上应尽量突出自己的特色，做到“人无我有，人有我特”，唯此旅游线路才能具有较强的吸引力，也才有持久的生命力。在确定旅游线路时，尽量使用带有“最”字的旅游资源，以此提高旅游线路的吸引力和竞争力。比如，在某一定地理区域内属于最高、最大、最美、最古、最奇、最绝、最原始等旅游资源，只有具有独特性，才能提高提高旅游线路的吸引力和竞争力。此外，在确定旅游线路时，还应突出当地的民族文化，尽量安排游客体验民俗风情的环节，如民居、服饰、歌舞、生活习惯习俗、传统节日庆典等，最大限度满足游客观新赏异体验异乡风情等需求。

国内一次抽样调查表明，来华美国游客中主要目标是欣赏名胜古迹的占26%，而对中国人的生活方式、风土人情感兴趣的却达56.7%，而民俗旅游正是一项颇具特色的旅游线路，它以深刻的文化内涵而具有深入肺腑，震撼心灵的力量。如云南的少数民族风情旅游线路：昆明—大理—丽江—西双版纳旅游线路展现了我国26个少数民族绚丽的自然风光，浓郁的民俗文化和宗教特色。如昆明云南民俗村、丽江纳西族古老的东巴文化；大理白族迎客的“三道茶”；泸沽湖以母系氏族生活形态闻名于世的摩梭人风情；高原上“家家流水、户户垂柳”美丽而淳朴的丽江古城；纳西族妇女奇特的“披星戴月”服饰等。这些都以其绚丽多姿的魅力深深吸引着广大的中外游客流连忘返。这些旅游线路和旅游项目在世界上都是独一无二的，具有不可替代性，这也即人们常说的“人无我有，人有我特”。

3.4.3.4 主题鲜明，紧扣热点原则

主题突出、内容丰富的旅游线路能够对游客产生强烈的吸引力。因此。旅行社在设计旅游线路时，应该尽力强化和突出主题。主题的形成主要依靠对市场热点和消费趋向的把握，依赖有共同主题趋向的旅游资源的组合，并选择相应的食、住、行、游、购、娱等内容，渲染气氛，营造主题。如红色旅游、地震遗迹游、边境探秘游等主题鲜明的旅游线路。此外，还要善于发现当前社会的热点信息，把握机会，迅速推新产品，抢占市场先机，并获得市场。如2012年纪录片《舌尖上的中国》热播，8月，中国国际旅行社总社为喜爱美食的游客设计了以“舌尖上的旅行”为主题的8条美食旅游线路，这8条美食旅游线路是“滇西盛宴”“麻辣美食”“楚汉美味”“淮扬佳肴”“闽南特色”“晋味美食”“桂林佳宴”“关中美味”。当湖南卫视明星亲子户外真人秀节目《爸爸去哪儿》宁夏站热播之后，有旅行社马上推出“观百年梨园、赏峡谷风光、寻党夏之根”5日宁夏银川中卫沙坡头亲子游。

3.4.3.5 布局合理原则

A 旅游点结构合理的原则

（1）尽可能避免重复经过同一旅游点重复同一旅游景点，走回头路会使游客失去游兴，因而，旅行社在旅游线路安排时，尽可能避免重复经过同 ·旅游景点，尽可能安排环形、放射状、流线型等形状的旅游线路。

1）环形旅游线路：当旅游依托地周围的旅游点距离较近时，可将它们分组安排在同一天游览，如果各组旅游点与依托地距离在一天行程以上的，旅游者没有必要回到依托地过夜，而是就近过夜，然后再往下一组旅游地，这就形成环形旅游线，如图3-1所示。以“海南岛—三亚七日游”为例，旅游线路就可以设计成环形旅游线路，从海口出发去三亚可以走东线：海口—文昌—琼海—兴隆—陵水猴岛—三亚；返回可以走西线：三亚—通什—琼中—儋州—海口，整个日程的安排就是环岛一圈。

2）放射形旅游线路：当旅游依托地周围的旅游点距离较远时，而它们与依托地的距离都在一天行程以内，为了减少变换住宿设施地点的麻烦，增加游客的安全感，一般都回到原住宿地过夜，然后前往其他旅游点，这就形成了放射形旅游线路，如图3-2所示。

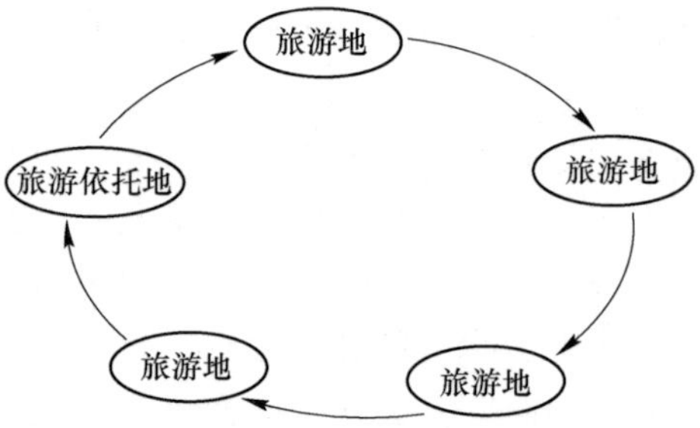

图3-1 环形旅游线路

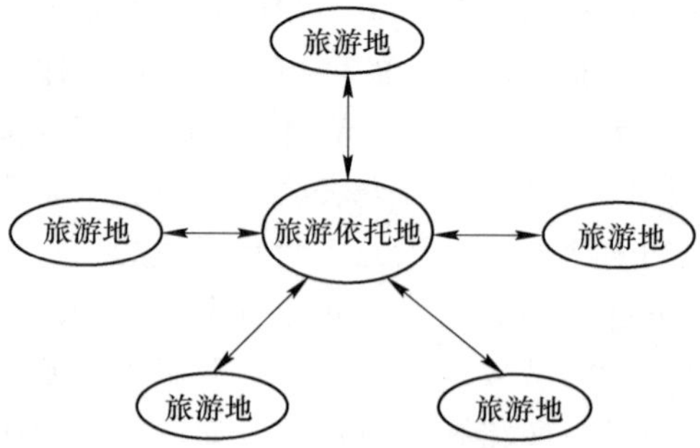

图3-2 放射形旅游线路

此外，如果实在无法避免走回头路，也应当考虑变更交通方式，比如乘缆车上、步行下，或乘船去、坐车回等。北京市旅游线路就是放射形旅游线路，北京市所辖的旅游景区以北京城市为依托，北京各市县的景区离中心城市的距离都在一天以内，因而，游客旅游所需住宿设施都可以在城内订购。

3）流线型旅游线路：“一头进，另一头出”。如入境游旅游线路，北京—西安—上海—桂林—广州，如图 3-3 所示。如果实在无法避免走回头路，也尽量变换交通工具，如云南的“昆明—大理—丽江”。又如游览名山时，可以采用“缆车上，步行下”或“步行上，缆车下”。

图 3-3　流线型旅游线路

（2）择点适量，劳逸结合。有许多旅游目的地旅游资源非常丰富和旅游景点众多，而旅游者一次出游的时间和精力都是有限的，因而，旅行社在旅游线路中对旅游景点的选择多少，要根据各旅游景点的容时量及旅游线路针对的顾客群体的体力等情况进行适量选择。旅游景点安排过多，容易使旅游者疲劳紧张，达不到旅游放松身心审美愉悦的真正目的。旅游景点安排过少，又会使旅游者产生浪费时间等想法。

（3）点间距离适中，旅速游缓。在旅游线路中时间的安排应该是旅行途中的时间少，旅行速度快，而游览时间多，游览速度较慢，以使旅游者可以细细品味欣赏风景，体验民俗风情。要做到旅行速度快，花时间少，就要使各旅游点的距离不能太远，或者尽量安排快捷的旅游交通工具，特别是城市间的交通工具上耗费的时间不超过全部行程时间的三分之一。

（4）旅游点的特色各异，内容丰富。一般来说，除非是学术考察类旅游者，在为其他所有类旅游者设计旅游线路时应尽量安排性质不同，景色迥异的旅游景点，否则会使旅游者产生审美疲劳，从而影响旅游者的游兴。比如张家界作为国内外知名的旅游目的地，旅游资源非常丰富而不乏品质极高的旅游景区，自然类景区有以石英砂岩峰林地貌出名的“世界自然遗产”“世界地质公园”的武陵源风景名胜区、有以喀斯特岩溶地貌出名的天门山国家森林公园、黄龙洞、九天洞、龙王洞等景区，还有张家界大峡谷、茅岩河漂流、溇水漂流、宝峰湖；人文类景区有土家风情园、魅力湘西、天门狐仙、张家界千古情等，在安排张家界旅游线路时，可以选择武陵源风景名胜区，也可选择天门山国家森林公园，但最好是二者只选其一，再可选择张家界大峡谷，安排黄龙洞，还可安排一处漂流，茅岩河漂流或溇水漂流均可，在行程中还可根据住宿地点安排观看“魅力湘西”或“天门狐仙”“张家界千古情”文娱表演。

（5）顺序科学，渐入佳境。在合理安排旅游交通的前提下，旅游线路上旅游景点的游览顺序应该是由一般的旅游点过渡到知名度较大的旅游点，由吸引力较弱的旅游点过渡到吸引力较强的旅游点，使旅游者游览时渐入佳境，旅游者的游兴逐渐提高，即使是旅游者身体已感疲惫，但依然能保持旅游者的兴奋点，游兴依然不减，甚至可以使旅游者忘却身体的疲劳。如果是旅游点顺序安排相反，则会使旅游者游兴大减，甚感索然无味。

B　交通安排合理的原则

交通工具的选择应该以通畅、迅速、舒适、安全、方便为基本标准。长距离旅行应该安排乘坐飞机以节省旅游者的时间，在有限的时间内尽可能多的游览；尽量避免乘坐长途火车，若不可避免，最好是安排夜间行车旅行，尽量安排不需要安排用餐的车次，以节省住宿餐饮的费用；不安排长途汽车，省内短途旅行普遍使用豪华游缆车，这样更加方便、速度更快。具体工具的安排应该与游览内容相适宜，与主题结合，并且要注意上下站交通工具乘坐时间的衔接，包括城市间交通的组接、线路景点的组接等，是产品具备可操作性的重要体现。总之，交通工具的安排，要扬长避短，合理运用。

3.4.3.6　服务设施有保障，吃、住、购、娱合理原则

旅游者外出旅游，离不开吃住购物娱乐，因而在推出的旅游线路中服务设施必须要有保障，而且安排要合理。吃住应该经济实惠、环境舒适、安全卫生、交通方便；除非纯玩团，大多数客人都有购物的需求，因而在线路中要适当安排购物活动，但进店购物次数和时间不可太多，而且尽量把购物时间安排在行程中的最后一天，便于游客大量采购和携带方便；娱乐既要做到丰富多彩、雅俗共赏、健康文明，又要能体现地方特色和民族特色。

3.4.3.7　时效性原则

旅游者在选择一条旅游线路、选定一个旅游目的地时，主要想看旅游目的地最美的自然景观、最原真的民俗活动、特殊的气象气候。为了满足旅游者这种意愿，在设计旅游线路时应尽量注意旅游景观的时效性，尽可能展现最美的旅游景观给旅游者。在设计旅游线路时应该：

A　根据自然景观的季节性变化设计旅游线路

自然景观受季节影响一年四季呈现不同的景象，而且某些特殊的景观只有在特别的时间才能呈现或最为好看。如大理蝴蝶泉，每年农历三四月间，云弄峰山上各种奇花异草竞

相开放，泉边的合欢树散发出一种淡雅的清香，诱使成千上万的蝴蝶前来聚会，成为一道自然奇观。尤其是4月15日，蝴蝶泉蝴蝶最多，这一天也成为当地白族青年男女在这里对歌选意中人的日子。去大理蝴蝶泉旅游最佳时节就在于此段时间，旅游者在其他时间去蝴蝶泉将很难见蝴蝶踪影。亚洲最大的跨国瀑布——德天瀑布，每年6月到11月，由于进入降雨季节故水量大且水质清，是欣赏瀑布万马奔腾般咆哮的最好时节。因而，德天瀑布最佳游览时间是每年6月到11月。12月到次年5月为枯水期，这期间瀑布水量小，瀑布周遍的土石裸露的较多，观赏效果将大打折扣。又如香山红叶只有在深秋最美，吉林雾凇只有在隆冬时节才会出现。旅行社在设计旅游线路时应该熟悉各个旅游地自然景观的季节变化，及时掌握景观的动态变化，推出相应的旅游线路，否则，容易引起与旅游者不必要的纠纷。

B 围绕节庆活动设计旅游线路

世界各地各国各民族节庆活动繁多，其中不乏世界知名的节庆活动，如巴西里约热内卢的狂欢节（每年二月的中旬或下旬举行三天）、德国慕尼黑的啤酒节（每年九月末到十月初举行，持续两周）、傣族的泼水节（公历4月13~16日）、彝族的火把节（农历六月二十四或二十五日）、佤族的新米节（农历八月十四）、蒙古族的那达慕大会（每年七八月份牲畜肥壮的季节）等。这些节庆活动精彩纷呈，对旅游者的吸引力很强，然而，这样的节庆活动只在特殊的时间才有。要设计节庆旅游线路，设计人员必须掌握大量节庆活动的正确信息。

C 紧扣社会热点推出适应性旅游线路

善于及时采撷社会信息，能够迅速把握机会，果断决策，即刻推出适应性产品，抢占先机，赢得市场。可以紧扣社会热点推出适应性旅游线路。

a 国内外以及地方性重大事件

第三十届夏季奥林匹克运动会，即伦敦奥运会在2012年7月27日至8月12日举行。北京的凯撒国际旅行社联合新浪网、英国国家旅游局独家推出2012伦敦奥运会观赛之旅。其推出的2012伦敦奥运会观赛之旅如下：从广州出发，去看2012伦敦奥运会男篮预赛；从上海出发，为男子110米栏决赛选手加油助威；从北京出发，观赏网球男单、女单半决赛。7月27日，作为伦敦奥运门票中国奥委会辖区独家官方代理机构，凯撒旅游在北京、上海、广州三大口岸城市同时推出伦敦奥运观赛之旅系列产品，首批奥运观赛产品将满足69位游客赴伦敦观战奥运会的需求。

b 广受关注的电视节目或电影、电视剧外景拍摄地

2001年，华语电影《卧虎藏龙》一举拿下第73届奥斯卡“最佳外语片”“最佳电影配乐”“最佳服装奖”“最佳艺术指导奖”四项大奖，广东“国旅假期”借此东风，在全国率先推出一条“卧虎藏龙”徽州古民居旅游线路，让更多的游客步入“中国画里的乡村”，观赏被称为“徽州三绝”的牌坊、古祠、民居。皖南徽州古村落的民居群，虽时有所闻，但与黄山的盛名相比，所知者却不多。但联合国专家大河直躬博士，建筑大师贝聿铭，作家琼瑶，导演张艺谋、李安等有识之士不远千里到黄山脚下寻找“中国画里的乡村”，对他们而言，徽州古民居是世界文化的遗产、建筑的立体史书、梦中的世外桃源、《菊豆》的拍摄地、《卧虎藏龙》的梦工场。也正因为此，这条旅游线路一经推出便成为旅游热线，为当地旅行社创下了不菲的经济效益。

3.4.4 旅游线路设计流程

旅游线路是旅游资源、旅游设施和旅游时间的统一。一条受市场欢迎的旅游线路，必定是旅游资源吸引力强、旅游设施完善有保障、旅游行程有张有弛、时间安排合理、价格合理。要达到这一点，在设计旅游线路时应该遵循以下流程，其流程如图 3-4 所示。

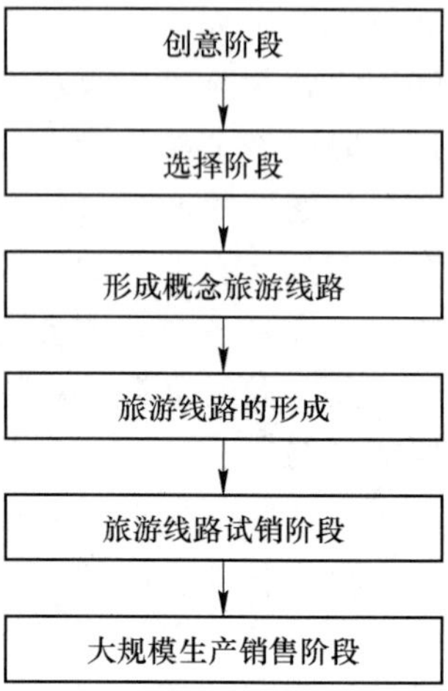

图 3-4 旅游线路设计流程

3.4.4.1 创意阶段

好的旅游线路，要有好的创意，创意在旅行社旅游线路设计中有着重要的地位。旅游线路创意来源很多，主要来源于：(1) 旅游者对旅游市场展开调查，了解旅游市场需求，包括市场规模、市场结构、旅游者对旅游线路类型和价格的要求、旅游者消费爱好、旅游者消费时尚及其变化等，并对旅游市场进行预测，确定目标市场。根据目标市场的旅游需求状况和对未来旅游市场预测，确定旅游线路的性质和类型；(2) 旅行社销售人员和旅游中间商旅行社销售人员和旅游中间商经常与旅游者打交道，对旅游者旅游需求了解最深入，也最了解竞争对手的产品情况。(3) 了解竞争对手旅游线路的情况，往往会给我们带来启发，也可以供我们借鉴。旅行社要随时关注竞争对手的旅游线路销售运行情况，包括旅游线路的类型及特点、受市场欢迎程度情况，各旅游线路价格及利润等情况；(4) 旅行社自身已有旅游产品销售情况及盈利情况；(5) 旅游目的地的各项旅游服务供应及政策支持等信息。总体而言，旅游线路创意来源如图 3-5 所示。

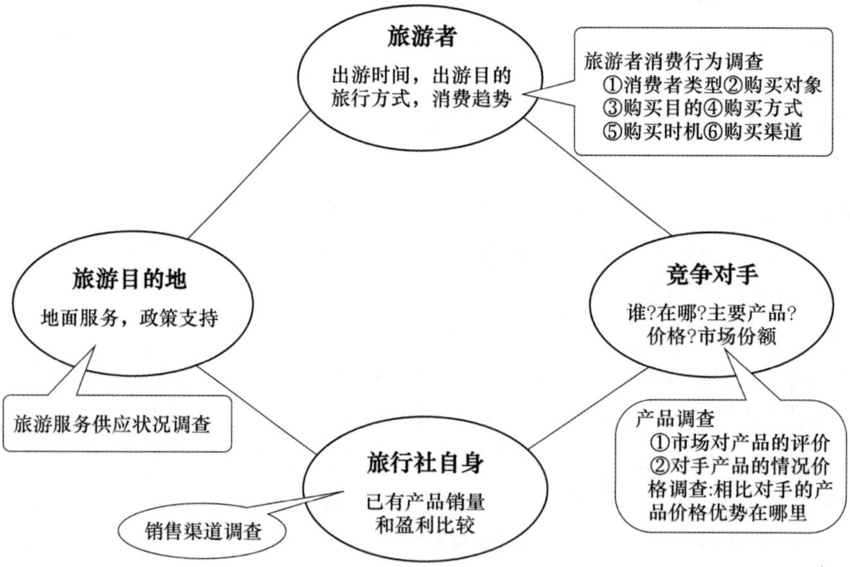

图 3-5 旅游产品创意来源途径

3.4.4.2 选择阶段

根据从市场调查获取的有关旅游者的爱好、消费时尚、消费水平等市场信息、旅行社销售人员和旅游中间商征求的意见和建议、竞争对手旅游线路的相关信息等，结合旅行社发展目标和财力人力状况等，对旅游线路设计创意进行筛选，挑出可行性高的创意，淘汰不可行或可行性不高的创意。

3.4.4.3 形成概念旅游线路

经过筛选后保留的旅游线路构思，还要进一步思维加工才能成为概念旅游线路。概念旅游线路，一般是指具备独特消费观念与独特市场前景的原创性全新旅游线路，它是一种线路设计，如“舌尖上的旅行”“塞外风情游” 等。

3.4.4.4 旅游线路的形成

结合前三个阶段的背景材料，确定概念旅游线路中旅游吸引物的类型，再确定旅游目的地，然后对旅游目的地进行实地考察，考察旅游景区景点、旅游住宿、旅游餐饮、旅游娱乐、旅游购物、旅游交通等状况，并根据考察获取的信息对这些旅游基础设施和专用设施进行选择和配置，并以一定的交通方式把各景点合理串联，组成一条旅游线路产品，如舌尖上的旅行之滇西盛宴“芒市、瑞丽、腾冲五星纯玩团六日游”。

3.4.4.5 旅游线路试销阶段

把新设计的旅游线路投放旅游市场进行试销，如果市场反应好，就进行商业化运作阶段，如果市场反应不好，旅行社要根据旅游者或旅游中间商反馈的意见和建议对旅游线路中景点、住宿、交通等做相应调整，改进旅游线路，以使更加符合旅游消费者的需求。

3.4.4.6 大规模生产销售阶段

旅游线路试销成功后，接下来的工作就是进行旅游线路商业化运作。旅行社根据已经确定的目标市场，做大规模的宣传促销活动，大量销售旅游线路产品，大规模接待旅游者开展本条线路的活动。

案例 3-1

乘坐旅游大巴从北京到香港

2003 年北京某旅游公司等推出了北京至香港的旅游直通班车，首班车计划于 9 月 20 日出发，以后每月的 20 日都固定发车。游客将从北京军事博物馆上车出发，途经河北、河南、湖北、湖南、广东等省，最后到达香港，在香港停留两天后返回。全程往返共需 10 天。游客除了在香港游览世界上著名的维多利亚湾、香港回归会展中心紫荆花广场、太平山顶、黄大仙庙等景点外，还将在沿途游览少林寺、黄鹤楼、长江大桥、毛泽东故居、南华寺等众多景点。为防止途中出现伤病等意外，京港旅游班车全程还配备了随团医生。但是，信息发布后，无人问津，未及成行就先行夭折。

案例分析与点评

“乘坐旅游大巴从北京到香港”，想法固然浪漫，但事实上无法回避的问题很多。首先是旅程的辛苦，每日十几个小时的车程，普通人难以忍受，除非是特种旅游团，客人有相应的心理准备和体力准备。该公司在开发设计旅游线路产品没有遵循交通合理安排的原则，没有考虑到旅途的舒适性，因而导致它的失败。

（案例资料摘自搜狐旅游频道）

案例 3-2

没有红叶的“红叶谷”

我国东北地区某市的郊区有一条山谷，每到秋季，在9月20日至10月10日的这段时间里，山谷中的一些树木的叶子就会变红，成为层林尽染的“红叶谷”。通过当地摄影爱好者的镜头，“红叶谷”被越来越多的人所知晓和喜爱。××旅行社于2004年推出“红叶谷一日游”线路产品并获得成功。2005年秋，当红叶谷的旅游旺季即将来临时，该旅行社打算在“十一”黄金周期间，挖掘潜力，大力促销，争取获得比2004年更好的效益。但是，因为推出该路线的旅行社比较多，加上有很多人选择了自助游的方式，××旅行社的组团情况不尽如人意。10月4日、5日，连续两天都没有发团。这时，外联人员联系到某单位的一个30人的旅游团。接待计划定于10月6日发团。旅行社从上到下都很高兴，决定做好这个“红叶谷一日游”的最后一团。

2005年10月6日7：30，旅游团出发了。途中，导游员小李向游客们介绍了红叶的成因，并特别提到，因多种自然条件的影响，“红叶谷”的红叶与北京香山的红叶特点不同。游客是某研究所的工程技术人员，有较高的文化修养，听到了导游员的讲解，更增添了对“红叶谷”的向往。导游员小李组织游客唱歌，其中，有位老年游客还给大家唱了一首英语歌曲，有人还吟出了一些与红叶有关的诗句，车内的气氛热烈而友好。

上午10：00许，旅游团抵达红叶谷。当汽车驶入景区大门时，游客就发现，两边山上的树叶很多已经脱落，尤其是红叶脱落得差不多了。有人问小李：“怎么没有红叶呢?”导游员小李看到这个情景，也觉得很意外。她安慰游客说：“每年这个时候都是有红叶的，我们现在所在的是景区入口处。到了山谷中，大家会看到红叶的。”游客们将信将疑。

旅游车在停车场刚一停稳，游客就在导游员小李的带领下，迫不及待地向谷中走去。这时，令游客们大失所望的情形出现了。整条山谷中，红叶大部分脱落，满山红叶、层林尽染的景色已经看不到了。游客们看到的只是铺满地上的厚厚一层红叶。有的游客不甘心，想捡几片红叶留作纪念，但是却被告知，此处是自然保护区，一草一木都不能带出。大家的情绪更低落了。本来计划在此地游览两个小时。可是，半个小时后，游客就都回到车上。导游员小李也很着急。她一边安慰大家，一边和旅行社联系。经请示旅行社有关领导，小李对游客们说：“各位游客，非常抱歉，因事先没有及时沟通联系，红叶脱落的情况我们没有及时掌握，给大家的游览造成了损失。附近还有一个南湖瀑布景点，那条山谷被称为天然氧吧，空气清新，鸟语花香，泉水清澈，也是一个不错的景点。我带大家去游览好吗?”游客接受了小李的建议，也没有过多地责怪她。游览了南湖瀑布景点后，中午吃饭时，导游员代表旅行社，给游客加了一道地方特色菜，以表歉意。导游员和旅行社的诚意，取得了游客的谅解和好评。

事后，旅行社的有关部门和管理人员，认真总结了此次“红叶谷一日游”失败的教训，更加注重从多方面及时了解景区景点的信息，掌握景区景点变化，确保线路产品的质量，尽量避免类似事故的再次发生。

案例分析与点评

从上面的介绍中可以看出，“红叶谷一日游”产品以红叶谷为依托，而红叶谷的红叶景色是否优美，主要依赖当地的气候条件。因此，该产品具有很强的时令性，其质量在很大程度上受到气候条件的约束。××旅行社在2005年秋季推销该产品时，没有注意到当地天气情况的变化及其对红叶谷景色的影响，忽视了由此可能导致旅游产品整体质量的下降。结果，导游员越是按照接待规范努力向游客介绍红叶谷的景色，越可能导致旅游者在见到迥然不同的景色时的极大失望。由此可见，旅行社在提供时令性较强的观光旅游产品时，必须时刻关注季节因素对产品质量乃至旅行社接待质量可能产生的不利影响，未雨绸缪，采取适当的预防措施，以便当不利情况真的发生时，能够加以妥善处理。

（摘自梁智、刘春梅、张杰主编《旅行社经营管理精选案例解析》）

案例 3-3

新产品夭折的教训

近年来，随着人们环境保护意识和回归自然的心理的不断增强，不少旅行社开始设计和开发具有探索自然生态环境内容的新型旅游产品。此类产品不仅满足了一部分旅游者要求回归大自然的旅游需求，而且给经营此类旅游产品的旅行社带来了数量可观的旅游客源和不菲的经营收入。2000年，×市的××旅行社总经理甲某发现，当时各家媒体正在炒作青海省可可西里无人区，对青年人及关注生态保护和可持续发展问题的人们产生了很大的影响。许多网友在互联网上发布信息和评论，希望到这片净土亲自走一遭，领略青藏高原的雄伟壮观景色。甲某认为，开发可可西里无人区的生态旅游探险旅游产品，将能够吸引较多的旅游客源，给旅行社带来丰厚的经济效益，提高旅行社在旅游市场上的知名度和美誉度。

为此，甲某决定立即前往青海省进行考察。抵达青海后，甲某重点考察了当地的基础设施和旅游接待设施，接触了当地多家旅行社的负责人，并拜访了当地旅游行政管理部门及其他相关政府部门。从青海归来，甲某立即着手设计旅游线路，并将其命名为“可可西里神秘之旅”。根据甲某的设计思路，该产品为团体包价旅游，包括内容：

（1）这个旅程中，向游客提供带有独立卫生间的双人标准房；

（2）提供往返青海省的飞机经济舱机票；

（3）提供每日三餐，午晚餐均为十菜一汤；

（4）由××旅行社全程陪同导游，并由当地的旅行社提供地方导游向导和负责讲解工作；

（5）在可可西里无人区停留7天，其间乘坐吉普车；

（6）××旅行社向每位参加旅游团的游客赠送一份旅游意外保险；

（7）每一名旅游者缴纳旅游费用4500元人民币。

甲某在新产品设计完成后，再次飞往青海省，具体落实旅游团的住宿、餐饮、地接、交通等项事宜。从青海归来后，甲某立即同当地主要报纸的广告部联系，着手准备刊登关于新产品的广告，以招徕旅游者报名参加旅游团。然而，正当甲某积极准备组织旅游团前往青海省可可西里无人区旅游时，青海省的地接社发来传真称，可可西里无人区属于国家自然保护区，未经国家和省的环保部门批准，任何人或组织不得组织游客前往。因此，该社不能承担接待任务，并建议××旅行社不要在得到批准前组织旅游者前往该区。

接到地接社的通知后，甲某决定取消原定在报纸上刊登广告的计划，并放弃组织旅游者前往可可西里无人区的活动。至此，甲某设计的新产品还未投入市场就夭折了。

案例分析与点评

本案例中××旅行社及其总经理甲某敏锐地觉察到了人们希望回归自然的旅游新需求，并设计开发出“可可西里神秘之旅”，其初衷是好的。其创意颇具新意，旅游线路的设计也可圈可点。然而，××旅行社和甲某并没有取得预想的成功，教训发人深省。从此案例的过程及结局，可以看出，旅行社在开发新产品时，不仅需要对市场上需求变化的察觉，而且需要对新产品开发过程中的每一个细节加以认真的考虑。本案例的失败不在于他们缺乏对旅游市场变化的敏感和洞察力，也不在于他们缺少行动的信心和能力，而是由于他们忽略了看起来一个微不足道的因素——没有得到环保部门的事先批准。然而，正是这个看起来微不足道的小问题，却最终导致了新产品的夭折。由此可见，旅行社在开发新产品时，绝不能忽略任何一个细节。只有这样，旅行社开发产品的努力才有可能获得成功。

（摘自梁智、刘春梅、张杰主编《旅行社经营管理精选案例解析》）

案例 3-4

如此绕路不可取

长白山国家自然保护区的北坡风景区，其“一山有四季，十里不同天”的亚寒带垂直森林景观，独具魅力。长白山天池瀑布飞流直下，为我国海拔最高的瀑布。另外，地下森林、温泉也为游客所青睐。镜泊湖位于黑龙江宁安市内，其湖光山色及吊水楼瀑布，每年都吸引着大量的游客。

××旅行社是一个组建不久的新社。在经过对长白山北坡、镜泊湖两个风景区考察后，该旅行社于 2005 年夏季推出了“长白山—镜泊湖四日游”线路产品。这条线路的行程安排是：第一天从 A 市出发，乘坐豪华空调汽车，当日 16:00 抵达长白山脚下的明月镇，18:00 用晚餐，餐后游客自由活动。第二天游览长白山，当晚在明月镇的旅馆住宿。第三天早餐后，从明月镇出发，当天下午抵达镜泊湖，游览吊水楼瀑布景点，然后乘坐游船游览镜泊湖，晚餐后在镜泊湖畔的民俗村下榻。第 4 天早餐后返回 A 市。

该线路推出后，在运行中，全陪发现行程安排存在一些问题。原来，在第 3 天的行程中，从明月镇出发后，当日抵达镜泊湖时已经是 15:00，游客匆匆游览了吊水楼瀑布景点后，已经到晚餐时间，游湖的轮船已经停止运营了。游客站在湖边，在暮色中远眺湖光山色，却不能游湖，感到十分遗憾，他们找到全陪，请她解释行程安排，并一致商定待返回 A 市后，要求××旅行社赔偿损失。否则，就到消费者协会投诉旅行社的欺诈行为。××旅行社推出该线路产品的本意，并不是存心欺诈旅游者。

可是，线路产品营运后，为什么出现了以上问题呢？该旅行社请教了有关专家，经认真研究考察后，找出了问题的症结所在。原来，在第 3 天的行程中，从明月镇出发，经牡丹江抵达镜泊湖，是绕道了，因而耽误了时间。实际上，从明月镇出发，可经敦化走国道抵达镜泊湖，路途仅需 4 小时。如果当初这样安排行程，就可以有效利用时间，比较充裕地安排游湖了。

听取了全程陪同的情况汇报后，××旅行社决策者认识到缺乏充分论证考察、没有认认真真地检查线路产品的可行性与合理性，是线路设计不合理，给游客造成损失的重要原因。旅行社决定，首先，向每位游客发出道歉信，诚恳地请求游客的谅解。其次，为补偿游客未能乘船游湖的损失，承诺退还游客三分之一的团费。这件事发生后，该旅行社意识到线路产品科学设计开发的重要性，对所有线路产品都进行了实地勘察和重新论证，避免类似事情再次发生。

案例分析与点评

××旅行社设计的“长白山—镜泊湖四日游”产品，其创意是好的，颇具东北地方特色，符合旅行社产品开发的独特性原则。由于旅行社产品设计的失误，最终造成游客无法及时赶到镜泊湖，从而使原定的游湖项目被迫取消，由此引发旅游者的不满，招致旅游者投诉。由此可见，旅行社产品开发人员在设计和开发产品时，不仅需要有新颖的创意，还要对产品的每一项内容进行认真仔细的考察，特别是对景点和旅游路线，更是要亲自进行实地考察，以免出现差错，给旅游者带来不便，给旅行社带来损失。

（摘自梁智、刘春梅、张杰主编《旅行社经营管理精选案例解析》）

思考题

（1）什么是旅行社产品，它有哪些特征？

（2）旅行社线路产品有哪些类型，旅行社线路产品设计应该遵循哪些原则？

（3）旅行社线路产品设计的影响因素有哪些？

（4）旅行社产品新产品类型有哪些，旅行社产品怎样创新？

实训　设计一款旅游线路产品

实训目的：

（1）掌握旅行社旅游线路产品设计的原则、影响因素等；

（2）熟悉旅行社旅游线路产品包含的要素；

（3）熟悉旅行社旅游线路产品开发设计全过程。

实训内容：

（1）确定产品的目标市场；

（2）查阅客源地至目的地的交通路线、公里数及其价格，从而确定交通方式；

（3）查阅沿途的景点及门票价格，确定产品的空间布局；

（4）查阅沿途住宿和餐饮情况。

实训要求：

（1）以小组为单位进行；

（2）注重团队的分工合作；

（3）要求结合本地实际，设计一项符合市场需求，对游客有吸引力的新产品；

（4）要求写出新产品设计方案。（产品应包含抵离时间、所乘交通工具、食、住、行、游、购、娱等要素）。

实训地点：

实训室

考核形式：

课堂成果展示

4 旅行社旅游产品定价

主要内容：

（1）旅行社产品价格类型及构成、旅行社产品价格的特点等；

（2）旅行社产品价格制定的影响因素；

（3）旅行社产品定价方法和定价策略；

（4）旅行社产品定价的程序。

价格策略是旅行社经营者最重要的决策之一，是市场营销组合中唯一为旅行社提供收益的因素，是市场竞争的一种重要手段。旅行社产品价格是指旅行社向旅游消费者提供的产品和服务价值的货币表现。在大多数情况下，价格是购买者选择的主要决定因素。旅游者不但通过旅游产品价格来对旅游产品的价值进行评估，而且通过旅游产品价格对旅游产品的质量和象征价值进行评判，因而，定价是否得当，将直接关系到旅游产品的销售量和旅行社的利润额。确定合理的定价和价格政策，是各旅行社经营者面临的具有现实意义的重大策划课题。

4.1 旅行社产品价格概述

4.1.1 旅行社产品价格的构成与类型

旅行社产品的价格主要由成本、利润和税金三部分组成。从不同角度，可对旅行社产品价格进行不同的划分。

4.1.1.1 从旅游者对产品的需求程度上分类

（1）基本旅游价格，如游览交通、食宿等必选服务。

（2）非基本旅游价格，如旅游购物、娱乐服务、参加保险等可选项服务。

4.1.1.2 从旅游者购买方式上分类

可分为单项服务费、全包价、半包价、小包价和零包价。

A 单项服务费

单项服务费是指旅行社针对散客要求提供的单项服务的收费价格，包括代收代付费、代办服务费、导游服务费、机场接送游客服务费、行李服务收费。

代收代付费用是指旅行社收取的委托服务中代为支付的或组团行程中统一支付的餐饮、住宿、交通、门票、办理证照、旅客购买非强制性保险等所约定的直接费用。

代办服务费是指旅行社为单个或团体游客提供代办机票、车船票、代订酒店、代订餐饮、代订旅游车、代订门票以及代办游客其他委托事项等服务而收取的劳务报酬费用。

导游服务费是指旅游行程中导游人员为游客提供某质量档次服务的劳务报酬费用。

B 全包价的形式

全包价的形式有两种：全包价形式一和全包价形式二。

a 全包价形式一

它是指旅行社组织客人旅游期间，安排各项旅游活动项目价格的总和。它包括旅行社安排活动代付的“食、住、行、游、购、娱”费用，也包括旅行社的综合服务费，即：

全包价=代收代付费用+导游服务费+旅行社综合服务费

旅行社综合服务费 它是指旅行社在接待成本上附加的毛利率。由组团旅行社和地接旅行社手续费构成。这部分费用要按照旅行团人数等级和质量标准进行计算。通常它与旅行团的人数成反比，与旅行团的服务规格标准成正比。

b 全包价形式二

全包价形式二的构成：

全包价=房费+综合服务费+城市间交通费+专项附加费

综合服务费主要包括：餐饮费+景点门票费+市内交通费+翻译导游费（全陪费+地陪费）+组团费+接团手续费+杂费（含地方收取的特别费用、税、宣传费等）+领队减免费，也有在综合服务费中不含一般景点门票费而将其单列的。

地接社对于全陪的综合服务费减免没有统一规定，有收半价的，有全免的，视各社关系的不同而不同。综合服务费对儿童实行优惠：不足 2 岁全免；2~12 岁（不含 12 岁）半价（不占床位）。

专项附加费是指上述计划费用以外的，旅行团在游览期间临时发生的费用，包括汽车超公里费、游船（游艇）临时加收的服务费（游江游湖费）、特殊游览点门票费、风味餐费、专业活动费、加收文娱费、不可预见费、旅游保险费。这部分费用也应按照一定的标准进行计算，并按每人每天平均计入成本。

C 半包价

半包价是在全包价的基础上扣除中晚餐的费用。即：

半包价=全包价-正餐费（中、晚餐费）

其目的在于降低旅游线路的直观价格水平，提高旅游产品的竞争能力，同时也可以更好地满足旅游者在用餐方面的不同要求。

D 小包价

小包价旅游由非选择性部分和可选择性部分构成。非选择性部分包括住房及早餐、机场（车站、码头）至饭店的接送和城市间的交通费用、景区内的交通。非选择性部分的费用由旅游者在旅行前预付。可选择性部分包括导游服务、午、晚餐、风味餐、文艺节目欣赏、游览参观等内容。可选择性部分的旅游费用既可以由旅游者预付，也可以由旅游者现付。小包价的价格只核算非选择性部分的服务费用，即：

小包价=房费+早餐+接送服务费+城市间交通费+手续费

E 零包价

零包价是一种独特的旅游形态价格，多见于发达国家。参加这种旅游的游客必须随团前往和离开旅游目的地，但在旅游目的地的活动完全由旅游者自己安排。旅游者参加零包价旅游的好处在于可以获得团体机票价格的优惠和享受旅行社代办签证的便利。零包价的价格核算相对灵活。零包价与我国目前有的旅行社推出的零团费是两个不同的概念。

4.1.2 旅行社产品价格特点

4.1.2.1 相关性强

旅行社的产品是由旅游景区、旅游交通、旅游餐饮、旅游住宿、旅游购物、旅游娱乐等不同旅游服务供应商提供，然后再由旅行社加工组合而成。因此，旅行社制定合理的产品价格，不仅是实现旅行社自身价值的方法，也是其他相关旅游企业实现经营目标的途径。只有旅行社产品价格制定合理，才有可能销售更多的旅游产品，接待更多的旅游消费者，为旅行社带来更多的旅游收入和利润，同时也会为旅游服务供应商销售更多的产品，带来更多的旅游收入和利润。

4.1.2.2 不易控制

由于旅行社产品是由旅游景区、旅游交通、旅游餐饮、旅游住宿、旅游购物、旅游娱乐等不同旅游服务供应商提供，并经过旅行社加工组合而成，具有较强的综合性，旅游业中其他部门和其他相关行业产品价格的调整都会直接或间接作用于旅行社产品价格。因此，旅行社产品的价格决策在很大程度上受到旅游业中其他部门和其他相关行业产品价格调整的束缚，往往随其涨价而提高旅行社产品价格，随其降价而降低旅行社产品价格，这是旅行社自身无法控制的。

4.1.2.3 时间波动性大

时间波动性大的原因在于一方面，旅行社的产品具有不可储存性，如果不能在特定时间内销售出去，就无法实现其价值。如果预订了房间，客人达不到预订数，就要承受退房的损失。因此，旅行社在需求较少的情况下会采取降价刺激需求；另一方面，旅游需求的季节性明显，造成价格的季节性波动，在旅游旺季和黄金周期间，各项旅游供应企业的服务和产品因需求量大而价格高，在旅游淡季，各项旅游供应企业的服务和产品因需求量小而价格低，因而旅行社产品价格在淡季和旺季波动较大。就景区门票而言，很多旅游景区都实行淡旺季价格政策。如世界自然遗产地湖南张家界核心景区武陵源，旅游旺季（3 月 1 日至 11 月 30 日），普通门票全票票价为 245 元/人，优惠票价为 160 元/人，旅游淡季（12 月 1 日至次年 2 月 28 日），普通票价全票价为 136 元/人，优惠票价为 80 元。门票价格淡旺季的差异也会使得旅行社推出的相应产品价格的波动。

4.2 旅行社产品定价的影响因素

旅游产品价格就是旅游者为满足自身旅游活动的需要而购买的旅游产品的价值形式，它是由生产同类旅游产品的社会必要劳动时间决定的。旅行社旅游产品价格表现为旅游包价和旅游单价两种形式。旅游产品价格是旅游供给与需求关系的反映。影响市场供求关系的因素也是影响旅行社旅游产品价格的因素。影响旅游产品价格制定的因素很多，但总体上来看，可以分为旅行社外部和旅行社内部两类，外部因素一般来说是旅行社不可控制的，而内部因素大多是旅行社可控制的。

4.2.1 影响旅行社产品价格制定的内部因素

4.2.1.1 营销目标

旅游企业在市场营销中总是根据不断变化的旅游市场需求和自身实力状况，并出于短期或长期的发展考虑，确定旅游企业的营销目标和旅游产品的价格。旅行社的营销目标具体表现有旅游营业收入、旅游营业利润、接待旅游者人次、接待接待旅游者人天数等指标。旅行社旅游产品的定价要遵循市场经济规律，讲究定价策略，而定价策略又是以旅行社的营销目标为转移的，不同的营销目标决定了不同的价格策略和不同的定价方法和技巧。同时，价格策略作为旅行社实现经营目标的手段，直接影响旅行社的经营成效，具体表现在不同的价格水平会对旅行社的利润、销售额（也即旅游营业收入、接待旅游者人次、接待接待旅游者人天数）和市场占有率产生不同的影响，因此，旅行社在实施定价策略时，要结合旅行社内部情况、目标市场的经济、人文情况及竞争对手情况，根据对旅行社的生存和发展影响最大的战略因素来选择定价目标。

A 以扩大市场占有率为营销目标

市场占有率是指旅游企业某种旅游产品的销售额（或销售量）占旅游市场同类旅游产品的销售额（或销售量）的比例。

旅行社以提高市场占有率为定价目标，主要目的是为了维持和扩大旅游产品的市场销售量，并为提高旅行社利润提供可靠的保证。事实证明旅游产品市场占有率高，可以取得规模效应，降低成本，增加利润。因此，提高市场占有率往往是旅行社选用的定价目标。在这种定价目标下，旅行社一般通过制定较低的旅游产品价格来吸引旅游者，尽快占领旅游目标市场，以提高市场占有率。

B 以获得最大利润为营销目标

旅行社期望通过制定较高的价格，迅速获取最大利润。这种定价目标适用于旅行社的旅游产品在旅游市场上享有很高的声誉，在旅游市场竞争中处于绝对有利的地位，旅行社可选用以取得最大利润为定价目标。

旅行社选用这种定价目标，必须对旅游产品成本与市场需求做出精确的预测，并据此制定适当的价格，以吸引旅游者、扩大销售规模，从而获取最大的利润。在通常情况下，旅行社以取得最大利润为定价目标制定旅游产品价格，应着眼于旅游企业取得长期的最大利润，而不是短期的最大利润。

C 以求维持生存为营销目标

旅行社当面临竞争非常激烈、客源大减、资金周转不灵、产品卖不出去等困难时，为避免破产倒闭或关门歇业，度过经营困境，以保本价格甚至亏本价格出售产品争取客源维持营业，让本社的员工有业务做，有工资可发。这种定价目标往往只是在困难时期的过渡目标，一旦形势好转，将会采用其他的营销目标。

总之，旅行社在制定旅游产品价格时往往要结合自身特定时期的营销目标。若旅行社为了尽早收回投资，则往往把获取利润作为营销的首要目标，因而所确定的旅游产品的价格就远远高于成本；若旅行社为了在旅游市场上有较大的市场份额，则往往又会把提高市场占有率作为营销的首要目标，因而所确定旅游产品价格对旅游者要有吸引力，甚至表现为优惠价等特殊价格形式。

4.2.1.2　旅行社经营管理战略

商场如战场，要想在竞争越来越激烈的行业内有一席之地，旅行社在经营过程中必须采用一定的战略，旅行社可以采用发展战略和营销组合战略。

A　旅行社发展战略

旅行社发展战略包括密集型发展战略、一体化发展战略、多元化发展战略、稳定战略和紧缩战略等发展战略。若采取密集型发展战略，则旅行社可能通过降价来进一步占领现有的市场，或通过改进原有产品，相应地提高产品价格，从而增加在现有市场及新开发市场上的销售；若采取一体化发展战略来提高盈利能力和控制能力，则旅行社企业会采取优惠价的形式，加强与供应商、销售渠道或生产同类产品的旅行社同行的联系；若实行多元化发展战略，则旅行社往往在实施战略的初期，保持旅游产品价格的相对稳定，在实施战略较为成功后才可能对旅游产品实施降价等政策调整。

B　旅行社营销组合战略

由于价格是市场营销组合因素之一，产品定价时要注意价格策略与产品的整体设计、分销和促销策略相匹配，形成一个协调的营销组合。如果产品是根据非价格图表来定位的，那么有关质量、促销和销售的决策就会极大地影响价格；如果价格是一个重要的定位因素，那么价格就会极大地影响其他营销组合因素的决策。因此，旅行社在定价时必须考虑到整个营销组合，不能脱离其他营销组合而单独决定。

4.2.1.3　旅行社产品的成本

产品从原材料到成品要经过一系列复杂的过程，在这个过程中必定要耗费一定的资金和劳动，这种在产品的生产经营中所产生的实际耗费的货币表现就是成本，它是产品价值的基础，也是制定产品价格的最低经济界限，是维持简单再生产和经营活动的基本前提。产品的成本也是影响旅游定价的最直接因素，产品的价格必须能够补偿产品生产、分销和促销的所有支出，并能补偿企业为产品承担风险所付出的代价。低成本的企业能设定较低的价格，从而取得较高的销售量和利润额。因此，企业想扩大销售或增加利润，就必须降低成本，从而降低价格，提高产品在市场上的竞争力。如果企业生产和销售产品的成本大于竞争对手，那么企业将不得不设定较高的价格或减少利润，从而使自己处于竞争劣势。此外，产品的成本构成也影响着旅游定价及价格调整。产品的成本包括固定成本和变动成本。产品的成本构成及固定成本和变动成本之间的比例关系，成本构成不同，其价格策略也不同。

旅行社旅游产品的成本和其他旅游企业一样，也包括固定成本和变动成本。旅行社旅游产品的固定成本包括旅行社经营场所的租金或有产权的房屋折旧、办公用电脑等其他固定资产折旧、宣传促销费用、销售费用（电话、传真、往来信函的邮寄等费用）、旅行社员工工资等。旅行社旅游产品的变动成本包括旅游者的交通费、餐饮费、住宿费、导游费、门票费、保险费、旅游团队陪同人员的交通和住宿等项开支、旅行社缴纳的营业税金等。变动成本是旅行社产品价格的主要成分，是决定旅游产品价格的主要因素。

4.2.1.4　旅游产品的特点

旅行社旅游产品包括单项旅游产品和线路包价旅游产品。旅行社单项旅游产品包括为游客代订机票和火车票、代订住宿、包租汽车、导游服务等，其配套设施发展程度的高低、替代性服务的发展多寡、旅游者的购买时间等都会直接影响其定价。而线路包价旅游产品则会由其包括的单项旅游产品的多少、产品的新颖程度、产品是否有特色、产品品质的高低、产品的市场认知形象等直接影响着旅行社对价格控制的能力。同一条线路包价旅游产品，接待标准相同的全包价、半包价、小包价旅游产品因为包含的单项旅游产品数量不同而价格有差异；旅游产品越是新颖、特色越是鲜明、品质越高、市场认知程度越高，其产品定价就越高；旅游产品陈旧、特色不鲜明、品质一般、市场认知程度较低的旅游产品，则只能制定中低价。

4.2.1.5　非价格竞争策略

非价格竞争策略是企业常用的竞争手段，企业为了使企业避免卷入削价竞争，运用价格以外的营销手段，使本企业产品与竞争产品相区别，并使之具备差别优势，以推动产品销售，保持良好的利润水平和市场优势的竞争方式。一般而言，旅行社非价格竞争策略，有如下几个方面可供参考：

A　产品差异化策略

我国旅行社产品比较单一，长期以来形成了团体全包价观光旅游一统天下的局面，各旅行社挤在团体观光业务的独木桥上大打价格战，甚至一度出现零团费、负团费等现象，整个旅行社行业利润微薄、利益严重受损。而且，随着人们旅游需求的多元化变化，观光旅游比重已经在下降，度假旅游、特种旅游的比重在上升。即便是观光旅游，那种半军事化、拉练式的旅游也将会受到排斥，旅游追求舒适性、文化性的趋势将会越来越突出。旅行社要想有所发展，必须要加大创新力度，对休憩性度假旅游、商务旅游、购物旅游、农业旅游、修学旅游、探险旅游等市场前景广阔的旅游产品加快开发节奏，不断推出新产品。此外，在旅游目的地开展深度体验游也是一个重要的发展趋势，而且目前深度体验游主要是游客自助游，旅行社必须改变这一现状，开发适合游客需求的深度游产品。旅行社必须要在竞争中不与同行挤一条独木桥，而是另辟蹊径，以异制胜。

B　服务个性化策略

游客出门旅游都希望有个性化、特色化、形象化服务。同一时间地点不同的客人有不同的服务需求，如在同一餐厅，客人对背景音乐的选择各有偏爱；不同时间地点，同一客人的服务需求侧重点也有所不同，如旅游者白天需要新奇刺激的活动项目，夜间则需要舒适安静的环境。越是档次高的旅行社，越是把个性服务归入规范化的内容。在为顾客提供个性化服务的同时，旅行社应利用信息优势为游客提供便利，使游客迅速了解正常的竞争价格，了解各公司以往的信誉，从而使那种靠非正常价格进行不正常竞争的公司很难瞒天过海。

C　网络营销策略

“不能上网的企业将面临倒闭的危险”，这是前英国首相布莱尔巡视剑桥科技企业时发出的警告。也许这些话现在看来还有些危言耸听，但在以信息技术为基础的21世纪将成为一个不争的事实。尤其旅行社行业这样远距离、多批次的小额交易，特别需要借助电子商务高速度、高精确度和低运行成本的优势。新世纪到来之后，我国许多旅行社仍固守一部传真、两部电话做生意，仍然在翻着商情广告，发着传真报价，其管理层还没有完全意识到网络对旅行社所产生的巨大影响，所以没有花太多的精力去做网络建设。而新世纪的中国旅游市场需要旅行社高效、准确地满足中国以至世界各地游客的需求，旅行社要在很短的几分钟内就能为散居千里、万里之外的游客提供咨询、售票、组团、出游等服务，没有电脑和网络，旅行社的运作就将成为一句空话。旅行社经营手段的电脑化、网络化已提到重要议事日程上来，不管食、住、行、游、购、娱，也不管大、中、小型旅行社，以至两三人的小型代售处都必须将电脑化、网络化作为刻不容缓的一种基本设施建设。如果将网络营销策略运用于旅行社业，必将节约促销费用，减少销售中介，扩大市场覆盖面，提升品牌的深度和影响力，提高工作效率，扩大利润空间。

进入21世纪，上海春秋国际旅行社国内旅游业绩连续4年居全国同业第一位，这是和其建立全国性的电脑网络分不开的。到2006年为止，春秋国旅已在全国140多个城市电脑联网、联合经营，其中有产权联系的已达到了20多家。我国旅行社将凭借互联网技术得以更快地发展。

D 品牌营销策略

我国旅行社业经过多年发展，已经出现中旅、国旅、中青旅、春秋、康辉等一批知名旅行社，但与美国运通、日本交通会社、英国托马斯库克等国际名牌旅行社相比，尚存在明显差距。在市场供过于求的条件下，市场表现为买方市场，顾客处于主动地位，有了更多的选择机会。当产品之间的差异性越来越小时，顾客是否购买某种商品，关键取决于顾客对这种商品的信赖程度，重要的是，顾客有品牌“偏好”心理，即品牌的忠诚度。在新的形势下，竞争的激烈程度和复杂程度越来越高，世界名牌旅行社将会纷纷涌入国门，对中国旅行社业造成很大威胁，形成了新的挑战。品牌是一种资源，谁抢在前面，谁就能占有和运用这份资源，从而占领市场。

E 关系营销策略

旅行社经营过程中具有明显的“关系特征”，引入关系营销策略将使旅行社重视与关系方的接触和联系，致力于长期对企业形象的不断完善，并在引入企业形象识别（CI）的基础上，导入顾客满意（CS）。广州著名的国际旅行社“广之旅”于1994年5月在全国旅行社中率先引入CI，加上以顾客满意为指针的CS，切实健全各项规章制度，统一标准化管理，狠抓旅游服务的关键环节——导游，为顾客提供高质量的服务，大获成功，被媒介称为“广之旅”效应。1998年9月“广之旅”进一步将顾客组织化，成立“广之旅长者旅游俱乐部”，不到两年，因其优秀的旅游线路和体贴的服务迅速被广大老年同志认同，俱乐部会员人数不断增加，使旅行社步入成功之路。国家旅游局指出，“为激活旅游市场开展优惠价格促销活动是必要的，但必须优质优价，质价相符，不能搞低于成本价的恶意削价。各类协会应组织旅行社、饭店和景点等骨干企业共同约定和遵守合理的市场价格，形成整体促销，并向社会公开，接受舆论和行风评议部门的监督”。

总之，非价格竞争在现代旅行社竞争中的作用已经十分突出，我们必须摆脱削价竞争的困境，在提高营销者竞争经验的基础上，建立和健全市场机制，利用非价格竞争的优势，把握现代旅行社营销竞争发展的趋势，制定出旅行社非价格竞争策略，这样才能在激烈的市场竞争中保证我国旅行社业健康、顺利的发展。

相关链接 4-1

深度游的概念和内涵

西方旅游界把这种一次外出只选择一个地方、而不是在一个相对有限的时段内跑数个景点的旅游叫深度旅游。简言之，“深度游”是指不同于传统的观光性旅游，它必须以足够的时间和精力，深入到某项主题旅游之中去，对某项专题或某一目的地进行深入的观察与了解。目前深度游的形式还是主要以自助游的形式进行展开，旅行社提供的几日游，囿于很多方面的限制，和深度游差距较远，不能称之为深度游。

在深度游里，旅游者杜绝“走马观花、浮光掠影”式的旅游方式；杜绝“上车睡觉，下车看庙，对着镜头笑一笑”的初级观光模式；杜绝“匆匆到此一游，大量进店购物”的一般旅游程序。在深度游里，旅游者需要寻找对文化遗韵和民俗渊源的深刻感受，追求对自然美景和艺术风格的切身体验或对生存方式和生命本质的大胆探索。

当然深度旅游不只是时间长短的问题，更重要的是有机会自觉、自主地与当地社会和民众进行接触和交流，而不需要或者尽可能少地让导游介入。深度旅游的特点是，对旅游目的地情况比较了解，其主要目的是为了增长知识，缅怀历史，了解异地的风土人情。深度旅游有助于提高游客的道德情操、人文关怀和人道情怀，可以避免“知其然不知其所以然”的“走马观花”式状况。同时，深度旅游对旅游中介机构提出一系列的挑战，旅游公司、旅行社必须对现在“大包大揽”的习惯做法进行改革，向“信息中介”模式发展。

（摘自大众点评网×××发表的《旅游发展——深度游》）

相关链接 4-2

开启深度游模式——目的地多元化，深度游受青睐

在出境游热度不减的情况下，出现了一些新的趋势，中新网梳理相关报告发现，出境度假游和“深度体验游”的人越来越多，出境目的地也呈现多元化。

比如某年双十一期间，俄罗斯突然成为中国出境游目的地的“黑马”，携程旅游给中新网提供的数据显示，赴俄旅游的中国游客数量比去年增加50%以上，接近200万人次，在俄消费也达到200亿元。

东兴证券的研究报告也指出，受免签开放政策利好，出境游目的地选择越来越多元化，例如，某年十一周期间，摩洛哥、汤加、突尼斯等小众目的地中国游客同比增长400%左右。

魏长仁说道，中国出境游目的地选择越来越多元化，和旅游服务商提供的旅游产品有密切关系，一些在线旅游平台提供产品越来越丰富。

旅游专家刘思敏此前接受中新网采访时表示，在出境游市场快速增长的同时，中国游客旅游方式也发生了改变，不少游客不再是“走马观花”式旅游，有经验的游客都开始“深度体验游”，同一个地方可能会去两三次，品味当地民俗风情。

（摘自中国新闻网）

4.2.2 影响旅游产品价格决策的外部因素

影响旅游产品价格决策的外部因素包括旅游产品供求关系、旅游者对旅游产品价值的认知、旅游市场竞争因素、社会经济环境、政府的宏观调控等，分别介绍如下。

4.2.2.1　旅游产品供求关系

旅游市场政策性垄断经营的情况几乎不存在，出入境旅游业务尚须得到特许经营但经营者数量已大大增加，基本上是竞争性市场。一般来讲，旅游产品供不应求时价格可定高些，供过于求时价格可定低些。供求关系的变化，要求旅游产品价格要有一定的灵活性。旅游产品是非生活必需品，需求弹性大，因此旅游产品价格决策一定要考虑市场需求因素。一般来讲，供给不变，需求上升会推动价格上涨；需求下降，价格有下调的压力。一定时期旅游产品供给是个既定的量，各项旅游产品很难在短期内有大幅增加，而旅游产品需求的季节性特点又很明显，当旺季来临时，一些旅游产品价格会随之上涨。如海南岛在每年 12 月到次年 2 月是旅游旺季，酒店客房价格往往会上涨 50%左右，使得旅行社推出的海南旅游线路产品在此期间也会相应上涨；又如旅游黄金周期间，需求十分旺盛，旅行社推出的包价旅游线路产品价格上涨 20%~30%。然而，在旅游淡季，旅游者对各项旅游产品的需求量大幅下降，旅行社推出的包价旅游线路产品价格下调，同样的包价线路旅游产品价格下降幅度达 30%~50% 。

4.2.2.2　旅游者对旅游产品价值的认知

旅游产品到底值多少钱最终取决于旅游者的认知。因而，旅游者对旅游产品价值的认知对价格决策有重要影响，决策者在定价时也必须以旅游者为导向，如同样是用餐，在大排档就餐和去五星级酒店用餐，从生理上都是为了填饱肚子，而环境的不同、氛围的差异，吸引某些游客愿付高价去五星级酒店用餐。决策者要了解旅游者所认知的价值，根据不同的价值认知找到最佳卖点，进而制定对不同细分市场有吸引力的价格。

4.2.2.3　旅游市场竞争因素

旅游市场竞争状况是影响旅游产品定价的重要因素。旅游市场的竞争越激烈，对旅游产品定价的影响就越大。在完全竞争的市场中，旅游企业没有定价的主动权，只能被动地接受市场竞争中形成的价格，旅游企业依靠提高管理水平与服务质量去扩大市场占有率；在完全垄断的市场中，某种旅游产品只是独家经营，没有竞争对手，所以就完全控制了市场价格。虽然，我国完全竞争旅游市场和完全垄断旅游市场都不存在。但是，旅行社在制定自身产品价格时必须考虑价格竞争因素。价格竞争因素对定价的影响主要表现为通过价格竞争对产品价格水平的约束。价格竞争是企业运用价格手段，通过价格的提高、维持或降低，以及对竞争者定价或变价的灵活反应等，来与竞争者争夺市场份额的一种竞争方式。旅行社同类产品的竞争最直接表现为价格竞争。如果某一家旅行社采取高价格、高利润的战略，就会引来同行旅行社竞争；而低价格、低利润的战略可以阻止同行旅行社进入市场或者把他们赶出同一市场。如果某一旅行社试图通过适当的价格和及时的价格调整来争取更多客源，这就意味着其他拥有同类旅游产品的旅行社将失去部分市场，或维持原有市场份额要付出更多的营销努力，因而在竞争激烈的市场上，旅行社都会认真分析竞争对手的价格策略，密切关注其价格动向并及时做出反应。

4.2.2.4　社会经济环境

社会经济环境包括宏观经济状况、物价水平、汇率变动情况等对旅游产品价格有一定影响。

A　宏观经济状况

如果一个国家和地区经济发展速度较快，宏观经济处于景气状态，作为客源地，人们经济收入水平较高，组团旅行社旅游产品较为畅销，其价格也有上升的空间；如果一个国家和地区经济发展速度迟缓，宏观经济处于不景气状态，作为客源地，人们经济收入水平不高，组团旅行社旅游产品销路不畅，其价格就得下调。

B　通货膨胀

通货膨胀是指流通领域中的货币供应量超过了货币需求量引起的货币贬值、物价上涨等现象。旅游目的地的通货膨胀会造成单位货币的购买力下降，使旅游企业产品的生产成本、经营费用增加，从而迫使旅游企业提高旅游产品的价格，并使价格的提升幅度大于通货膨胀率，这样才能保证旅游企业不致亏损。

C　汇率变动

汇率变动是指国际间货币比价的变动状况。汇率变动对出入境旅游产品价格有着一定的影响。入境旅游是海外旅游者流入旅游目的地消费旅游产品的“出口贸易”，因而汇率变动对旅游产品价格的变动有着明显的影响。汇率变动的影响主要通过旅游产品的报价形式反映出来。对于一个国家和地区而言，若作为目的地国家和地区，其货币贬值，而其客源国家和地区货币升值，目的地国家和地区的旅行社要考虑适当降低旅游报价，则对海外入境旅游有利，有利于促进海外旅游者人数的增加，入境旅游快速增长，但是对该目的地国家和地区而言，该国同样有出境旅游，由于该国货币贬值，对该国出境旅游不利，若该国出境旅游者要开展出境旅游，则要花更多的钱才可以买到贬值前的旅游产品。对于一个国家和地区而言，若作为目的地国家和地区，其货币升值，目的地国家和地区的旅行社要考虑适当提高旅游报价，则对海外入境旅游不利，有可能造成入境旅游者减少，但是对该目的地国家和地区而言，该国同样有出境旅游，由于该国货币升值，该国出境旅游适当降低价格，对该国出境旅游有利，有利于促进出境旅游者人数的增加。

4.2.2.5　政府的宏观调控

政府对旅游产品价格的宏观管理，主要通过行政、法律手段来进行调节。为维护市场秩序、规范市场行为，限制旅游企业不正当竞争或牟取暴利，政府以行政、法律手段制定旅游产品的最高和最低限价，维护旅游企业和旅游者的利益。各国政府对价格都有一定的法律法规约束，如《价格法》等相关法律法规对旅游产品定价具有约束力，不论是通过价格欺诈行为获得暴利，还是低价倾销，都要受到法律法规的制裁。如一些旅游企业在暴利心态驱使下的价格欺诈行为就受到了法律的惩处。地方政府也出台有对旅游企业旅游产品价格制定指导的法规，如《湖南省旅行社价格行为规则（2011）》规定：湖南旅游精品线路组团报价政府指导价应按照当地某档次餐饮、住宿、交通、门票等经优惠后的费用、导游服务费以及旅行社综合服务费之和制定，并明确上下浮动幅度。

在旅游市场日益国际化的时代，旅游产品定价还应遵守有关国际法和国际惯例。由此可见，有关法律、法规是影响旅游进行价格决策的重要因素。

相关链接 4-3

2013 年出台的《中华人民共和国旅游法》对旅行社旅游产品价格的相关规定

对旅行团的购物安排做了严格的限定《中华人民共和国旅游法》（以下简称《旅游

法》）第三十五条规定：旅行社不得以不合理的低价组织旅游活动，诱导、欺骗消费者，并通过安排购物或者另行付费旅游项目获取回扣等不正当利益。旅行社组织、接待旅游者，不得指定具体购物场所，不得安排另行付费旅游项目，但是经双方协商一致或旅游者要求，且不影响其他旅游者行程安排的除外。一旦有违反的情况发生，旅游者有权在旅游行程结束之后，要求旅行社退货或者退还另行付费旅游项目的费用，同时旅行社和直接责任人分别还要按照第九十八条处 30 万元以下和 2 万元以下的处罚。

对旅行社支付导游服务费做了严格的规定《旅游法》第三十八条规定：旅行社，应当全额向导游支付导游服务费用；不得要求导游垫付或者向导游收取任何费用。第六十条第三款规定，包价旅游合同中必须载明导游服务费用。这样又增加了旅行社旅游产品价格中的成本。这样，旅行社就不能通过要求带团扎店、安排付费旅游景点、旅游娱乐项目等获取额外收益弥补因为零负团费、低成本报价带来的亏损，也不能通过不给导游支付导游服务费来降低旅游产品成本，可以有效遏制产生零负团费、低成本报价的根源。

赋予旅游者退货权或退费权《旅游法》通过赋予旅游者以退货权或退费权，强化了旅行社的法律责任，可以有效地扼制旅行社以不合理的低价组团的行为。为了阻止“零负团费”的现象继续蔓延，并从根本上解决这一问题，《旅游法》第三十五条对此做出比《旅行社条例》第二十七条更为准确、详细、周密、严厉的规定。《旅游法》第三十五条规定，旅行社不得以不合理的低价组织旅游活动，诱骗旅游者，并通过安排购物或者另行付费旅游项目获取回扣等不正当利益。旅行社组织、接待旅游者，不得指定具体购物场所，不得安排另行付费旅游项目。如果发生违反上述规定的情形，旅游者有权在旅游行程结束后 30 日内，要求旅行社为其办理退货并先行垫付退货货款，或者退还另行付费旅游项目的费用。

随着《旅游法》的实施，会导致旅游费用涨价，但业内人士表示，旅游涨价的原因主要是，《旅游法》实施后，游客出行过程中的隐性消费、购物、小费等将摆在明处，旅行社不得指定购物店后，原本的购物环节就可能转变为“纯玩”或自由活动，这样，游客的游玩行程和费用支出将更透明。另外，新旅游法将促使旅行社更多地关注旅游过程中游客的体验，想方设法提高旅游产品的品质和服务质量，通过质优价更高来获胜，过去旅行社行业“拼低价”“零负团费”的模式受到很大冲击。

（摘自孟迎迎的《从新旅游法来看政府对旅行社的监管》）

4.3 旅行社产品定价方法

由于产品价格最低主要受成本费用、市场需求和竞争状况等因素影响，旅行社产品价格制定的方法主要有以下几种。

4.3.1 成本加成定价法

成本加成定价法是国内外常用的一种定价方法。它是在产品成本的基础上，加入一定加成率便形成企业的产品价格，销售价格与成本之间的差额即为利润。企业采用完全成本定价法，有三大优点：

（1）简化定价工作。这种定价方法着眼于单位成本，使定价工作大大简化，不需要依据需求的变化而随时改变；

(2) 减少价格竞争。只要同行业均采用成本定价方法，则在成本和加成相似的情况下，价格大致相同，便可使彼此间的价格竞争减到最低程度；

(3) 价格较为公平。成本加成定价法对购买者和销售者都比较公平。这是因为，企业既不可能利用消费者需求的增加而乘机提价，企业又可靠固定的加成获得较为稳定的利润。

企业使用成本加成定价法也存在着两大问题：

(1) 从营销学的观点看，任何忽视市场需求弹性的定价，不论从短期还是长期看，都不可能获得最高利润；

(2) 由于季节影响、周期性变化，以及产品生命周期的阶段不同，加成比例理应再进行相应调整。成本加成定价法在具体应用中可以分为变动成本加成定价法、目标利润加成定价法和总成本加成定价法等方法，介绍如下。

4.3.1.1 变动成本加成定价法

计算公式为：

单位产品价格=单位产品变动成本+单位产品变动成本×加成率（利润率）

=单位产品变动成本总额×（1+利润率）

=（综合服务费+房费+餐费+城市间交通费+专项附加费）×（1+利润率）

或单位产品价格=（门票+住宿+用餐+交通+导游服务费）×（1+利润率）

综合服务费包含餐饮费、基本汽车费、杂费、翻译导游费、领队减免费、全程陪同费、接团手续费、宣传费等。

[例 4-1] 某旅行社设计一种“北京—天津—秦皇岛五日游”的团体包价旅游产品，其中，接待每人天的综合服务成本总额 30 元，每人每天房费 80 元，每人每天餐费 30 元，城市间交通费每人次 150 元，专项附加费每人次 180 元，利润率为 12%。那么，这个旅游产品的价格是多少？

(30×5+80×4+30×5+150+180)×（1+12%）= 1064（元）

按招徕和接待客源来看，我国旅行社包括组团社和地方接待社，由于组团社和地方接待社在旅游者接待过程中扮演的角色不一样，二者对外报价所包含的变动成本项目有所不同。组团社的对外报价是根据地接社的地接价格加上组团社的往返交通费用、接送费用、全陪费用等计价；地接社的对外报价是根据目的地食、住、行、游分项进行计价。

[例 4-2] 某旅游团乘飞机第一天晚上抵达武汉，住宿两晚，每晚 80 元/人，第二天游览东湖（40 元）、黄鹤楼（50 元）、归元寺（10 元），第三天乘公交车去宜昌，用餐 50 元/人（含 2 早 2 正），旅游用车市内交通 30 元/人、长途 70 元/人、接飞机 20 元/人、导游服务费 30 元/人，假设加成率为 10%，作为武汉地接社旅游报价如下所示。

门票：东湖（40 元）+黄鹤楼（50 元）+归元寺（10 元）= 100 元/人

住宿：80 元/人 · 天×2 天 = 160 元/人

用餐：50 元/人（2 早 2 正）

交通：市内 30 元/人+长途 70 元/人+接飞机 20 元/人 = 120 元/人

导游服务费：30 元/人

单位产品变动成本：门票+住宿+用餐+交通+导游服务费 = 460 元/人

武汉地接社旅游报价：460 元/人+460 元/人×10%＝506 元/人

［**例 4-3**］ 南宁某旅游团一行 30 人准备走云南昆明、大理、丽江、香格里拉 6 日游一线，需要一份报价。该团由昆明某旅行社接团，昆明接团社的报价为 1230 元/人，南宁组团社负责旅游者南宁至昆明往返机票预订，旅游大巴到南宁吴圩机场接送客人，派全陪一人，为每位旅游者赠送旅行包和旅行帽，购买旅游意外保险费。具体费用如下：南宁至昆明机票单程全价 990 元（4 折折扣出票），全陪费用是 50 元/人，南宁吴圩机场接送飞机费用为 20 元/人，赠送旅游者旅行包和旅行帽 23 元/人，旅游意外保险费为 5 元/人，假定旅行社的加成率（利润率）为 10%，请计算组团社对外报价是多少？

南宁某组团社的变动成本如下所示。

南宁昆明往返交通费：990×0.4×2＝792 元/人

接送飞机费：20 元/人

云南地接报价：1230 元/人

全陪费用：50 元/人

旅行包、帽：23 元/人

保险：5 元/人，加成率为 10%

南宁组团社单位产品变动成本：792+1230+50+20+23+5＝2120（元）

南宁组团社对外报价：

单位产品变动成本+单位产品变动成本×加成率＝2120+2120×10%＝2332（元）

注意，一般情况下，价格低的团队可以达到 10%的毛利；而价格高的团队则很难达到 10%的毛利。

4.3.1.2　目标利润定价法

目标利润定价法与成本加成定价的计算公式大致相同，即在成本的基础上，确定在某一时期内的目标利润，然后制定价格。旅行社在促销之前首先明确了目标利润，而目标利润就是旅行社在销售谈判中的利润底线。适用于客源广泛或经济实力雄厚的旅行社，当旅行社获得的实际利润大于目标利润，则完成交易；当旅行社获得的实际利润小于目标利润，则放弃交易。计算公式如下：

目标收益价格＝（总成本+目标利润）/预计销售量

［**例 4-4**］ 武昌某旅游团 20 人去山东胶州半岛旅游，游览景点包括八仙渡、博览园、刘公岛、太清宫、崂山。需要一份报价，项目包括门票、住宿、用餐、交通、地陪服务费、全陪服务费、保险、帽子和包。假定接该团的目标总利润定为 2000 元。请根据以下内容给出一个报价。

门票：八仙渡 40 元、博览园 25 元、刘公岛 40 元、太清宫 15 元、崂山 50 元

住宿：140 元/人

用餐：120 元/人（3 早 7 正）

交通：旅游车 2400 元/辆

往返空调火车卧铺：中铺 312 元/人×2+订票费 30 元＝ 654 元/人

火车站接送 20 元/人

导游服务：20 元/人

全陪费用：70 元/人

保险：5 元/人

帽、包：10 元/人

武昌某旅游团去山东胶州半岛旅游的成本价为 1329 元/人

旅行社报价为：（1329 元/人×20 人+2000 元）÷20 人＝1429 元/人

4.3.1.3 总成本加成定价法

少数旅行社为了尽快把投入的资金回收回来，在计算成本时不仅计算单位产品的变动成本，还将投入的固定成本分摊进去。事先计算出某一时期的固定成本，并预测这一时期的产品销售量（即为游客接待量），制定这一时期要实现的目标利润总额。计算公式如下：

$$单位产品价格=\frac{固定成本}{预测销售量}+单位产品变动成本+\frac{目标利润总额}{预测销售量}$$

能够保证实现既定的目标利润和目标收益率，但是这种方法计算出来的产品价格难以确保预测的销售量得以实现，而且只关注旅行社自身的利益，没有考虑到旅游消费者的需求，脱离旅游市场价格行情，最终导致容易丢失市场。

［**例 4-5**］ 某旅行社以接待国内旅游团队为主营业务，该旅行社 2007 年的目标利润总额是 5700 万元，固定成本 760 万元，根据预测，该旅行社 2007 年将接待 380000 人/天的国内团体包价旅游者。据调查，该旅行社所在地区适宜接待国内旅游团体的饭店平均房价标准间是 180 元/间・天；旅行社接待每人/天的综合可变成本为 25 元。那么，该旅行社接待国内旅游者的每人/天收费是多少？

7600000/380000+180/2+25+57000000/380000＝285（元）

4.3.1.4 其他

实力不强的旅行社或者在旅行社行业激烈的削价竞争中出现的零团费负团费低成本报价，旅行社也采用目标利润定价法。旅行社对外报价时制定了目标利润，但是其成本不是吃、住、行、游的成本，而是拿吃、住、行、游的成本减去计划内进店购物人头费和计划外增加旅游景点所获取的额外收益，在此基础上增加目标利润和税金，就是这项旅游产品旅行社的对外报价。旅行社的对外报价为，吃住行游的成本-计划内进定点店人头费-计划外景点佣金+目标利润+税金。

［**例 4-6**］ 南方某旅行社推出三天两晚的旅游产品，吃、住、行、游的成本是 420 元，计划内要进玉店、珍珠店、药店，每店可得人头费 5 元，三店共得 15 元，旅行社要求导游至少要加一个指定景点，该景点门票门市价 60 元，旅行社内部价为 25 元，加上计划外车费、服务费等因素，当地旅游局允许导游对该景点的加景点费最高可收 90 元，旅行社规定导游要从收益中给全陪 5 元佣金，剩下的收益由旅行社、地陪、司机按 4∶3∶3 比例分成。这样如果加点成功，旅行社可以从加点收益中（90-25-5）×0.4＝24 元，目标利润定位 60 元，这样，该产品的税前定价为多少？因此，这家旅行社推出这款三天两晚的旅游产品税前定价：420-15-24+60＝441 元。

在这里需要说明的是，还存在这样几种情况：导游进的购物店可能不止行程内旅行社规定的 3 个，加的旅游景点也可能不止规定的一个；导游也可能根据旅游团的消费能力降低加点费用；游客进购物店后大多都会购物消费，按照行规旅行社可以从中分得一部分佣金。当然，并不是所有的导游所有的旅游团都能完成旅行社规定的行程内的购物进店和加景点任务，而且不能强迫旅游者购物，旅游者购物能力也不尽相同，所有这些都是变数，存在不确定性。旅行社通过这样的定价方法来制定旅游产品的价格，通过零团费负团费低成本报价吸引旅游者报名参团，这实际上在赌团，赌者就有胜有败。旅行社通过这种零团费负团费低成本报价组织的旅游团，其旅游质量往往会打折扣，投诉纠纷的居多。旅行社组织这样的旅游团，有的在报价外另有强制附加收费；有的擅自增加自费项目、变更原定旅游线路；有的包含很多购物项目并强制购物。其共同特点是背离价值规律，低于经营成本，以不实价格招揽游客，不签署或签署条款模糊的旅游合同。这些做法扰乱了旅游市场秩序，降低了旅游质量和旅游者的旅游体验。零团费负团费低成本报价现象，理应受到严厉打击和制裁。

4.3.2 需求导向定价法

需求导向定价方法在珠宝首饰定价中也很常用，它与成本导向定价法恰恰相反，它不是以成本状况来定价，而是根据旅游消费者的市场需求强度、旅游消费者对旅游产品价格的承受能力、旅游消费者对旅游产品的感觉差异来定价。这种定价方法包括理解价值定价法和需求差异定价法。

4.3.2.1 理解价值定价法

根据消费者对商品价值的理解和需求程度来定价的方法，企业通过运用非价格因素对消费者形成的产品价值观念，是消费者在观念上理解的价值，而不是产品的实际价值。这种定价方法认为，某一产品在市场上的价格和该产品的性能、质量、服务水平及消费者的消费观念等因素在消费者心目中都有一定的认识和评价。当价格水平与消费者对商品价格的理解和认识水平大体一致时，消费者就会接受这种价格。反之，顾客就不会接受这种价格。

4.3.2.2 需求差异定价方法

需求差异定价法又称差别定价法，是指根据不同的时间、地点及不同旅游消费者的需求强度差异为定价依据，根据每种差异决定在基础价格上是加价还是减价。在旅游旺季、旅游淡季、黄金周期间，由于人们对食住行游购娱等旅游产品的需求程度不同，各旅游供应企业针对同一旅游产品，制定了不同的旅游价格，如旅游景区门票价格有淡季和旺季旅游价格政策，旅游住宿有黄金周、旅游旺季和旅游淡季价格。因而，旅行社对同一旅游线路产品，食住行游购娱等服务标准相同，在黄金周、旅游旺季和旅游淡季，旅游线路产品价格相差比较大。针对经济支付能力不同的客人，外出旅游对食住行游购娱等服务的要求不同，旅行社将同一条旅游线路分成豪华等、标准等、经济等三种不同标准和价位。

4.3.3 竞争导向定价法

竞争导向定价法是以旅游市场上相互竞争的同类旅游产品价格作为定价的基本依据。即通过研究竞争对手的生产条件、服务状况、价格水平等因素，依据自身竞争实力、声誉、参考成本和供求状况来确定旅游产品价格，这种定价方法即为竞争导向定价法。

4.3.3.1 随行就市定价法

以行业的一般价格水平或同行业的主要竞争者或行业内最大的企业价格为定价标准来定价。在许多同行相互竞争的情况下，每个旅行社都经营着类似的产品，若价格高于别人，就可能失去大量销售额；若价格低于别人，就必须增加销售额来弥补降低了的单位产品利润，而这样做又可能迫使竞争者随之降低价格，从而失去价格优势。因而，旅行社可以根据本社具体情况，通过对市场竞争、市场需求及旅游者的反应的不断监测，以随机的方式对产品价格进行相应调整，或与之一样，或比它稍高稍低，你升我也升，你降我也降。

采用这种定价方法，旅行社可以减少风险，并能与竞争对手和平共处。这种定价方法适合比较成熟的大众化的旅游线路，比如：国内游的观光旅游线路、出境的新马泰旅游等。

4.3.3.2　率先定价法

与随行就市定价法相反，率先定价法是根据本旅行社产品的实际情况以及竞争对手产品的差异状况来确定价格，因而价格有可能高于、低于或与市场价格一致。它是一种主动竞争的定价方法，一般为实力雄厚或产品独具特色的旅游企业所采用。这种方法所确定的旅游产品的价格若能符合市场的实际需要，率先定价的旅游企业会在竞争激烈的市场环境中获得较大的收益，居于主动地位。

4.3.3.3　排他性定价法

排他性定价法是指以较低的旅游价格排挤竞争对手，争夺市场份额的定价方法。如果说随行就市定价法是防御性的，那么排他性定价法则是进攻性的。这种定价方法又可以分为绝对低价法和相对低价法两种。

A　绝对低价法

绝对低价法是本旅行社制定的旅游产品价格绝对低于其他旅行社同种旅游产品的价格，这样，可以争取更多的旅游者，排挤竞争对手；还可以使一些参与竞争的旅行社望而生畏，放弃参与竞争的念头。

B　相对低价法

对某些名牌旅游产品，适当降低价格，缩小名牌旅游产品与一般旅游产品的价格差异，以促使某些低质的同类旅游产品降低价格，直至使推出这些旅游产品的旅行社无利可图，最终把这些低质量的旅游产品退出旅游市场。

4.3.3.4　差异定价法

与随行就市定价法相反，差异定价法就是旅行社不管竞争对手旅游产品价格是高还是低，而是有意将价格定得高于或低于竞争对手的价格，以寻求市场地位或者市场形象的提升。

竞争导向定价法是指企业以竞争对手的同质产品为依据来制定本企业产品价格的方法。这种定价方法在目前中国珠宝市场的激烈竞争中采用得比较普遍，因为珠宝的文化内涵很深，其价格也不是消费者所能轻而易举地掌握其底价的，而黄金、珠宝首饰的价格相对来说比较直观，于是，为了尽可能地抢占市场份额，争取客户，商家将黄金的价格降低到利润几乎为零，以此吸引顾客。

由此可以看出，竞争导向定价法涉及的定价策略并不是以成本和需求为定价依据，而是以竞争者的价格水平为依据，以提高市场占有率为目的而不惜牺牲某部分产品的利润，这是一种理智的、战略的定价方法。还有一种无序的市场价格竞争方法是全面调整产品价格，或者所有产品全面实行折扣销售，这种定价行为在短期内可能会取得一定的效益，抢占一部分市场份额，但消费者是不可能了解珠宝首饰的价格底限的，无限的打折和让价会让消费者也对其价格、产品质量产生怀疑，不利于企业形象的建立，更不利于企业的长远发展，会对整个市场造成严重的不利后果。

4.3.4 逆向定价法

逆向定价法指旅行社通过对旅游市场的需求、市场竞争状况及竞争对手的同类产品销售价格等方面的调查之后，先确定产品价格然后相应调整产品的内容和成本的方法。这种定价方法充分考虑竞争对手的产品价格和旅游者对产品价格的承受能力及对产品的需求状况，因而，采用这种定价方法的旅行社能够制定出针对性强，能为旅游者所接受又能与竞争对手抗衡的产品价格，有利于加强与中间商的良好关系，保证中间商的正常利润，使产品迅速向市场渗透，并可根据市场供求情况及时调整，定价比较灵活。但是明显的不足之处就是容易造成产品质量的下降和旅游者的不满，并导致客源减少。我国旅行社在传统的大众观光旅游线路价格的制定，往往采用了这种方法。

4.4 旅行社产品定价策略

旅行社根据适当的方法确定基本的价格以后，还要针对不同旅游者的消费心理、销售条件、销售数量及销售方式等，运用灵活的定价策略，在基本价格的基础上，做出最后的价格。旅行社产品的定价策略有新产品定价策略、心理定价策略、招徕价格策略、差异定价策略、折扣定价策略等，分别如下所述。

4.4.1 新产品定价策略

旅行社开发的新产品，能否顺利、快速地进入旅游市场被旅游消费者和旅游中间商接受，抢占旅游市场并获得良好的经济效益，制定新产品价格时采用的策略非常重要。新产品定价有撇脂定价策略、渗透定价策略和满意定价策略三种可选择。

4.4.1.1 撇脂定价策略

撇脂定价策略又叫撇油定价策略或取脂定价策略，它是一种高价格策略，即在旅游新产品投放市场时制定大大高于产品成本的价格，目的在于在短时间内获取高额利润，犹如从鲜奶中撇取奶油。

该种定价策略的优点在于：旅游新产品定价大大高于成本价，旅行社在短期内就可获得高额利润，能够比较快速地收回旅游产品成本；旅游新产品在一开始定价高，也为今后降低价格留有较大的空间。

缺点在于：在旅游新产品投放市场的初期阶段，定价太高不利于开拓旅游市场，难以受到大众旅游消费者的青睐；虽然在短期内定价高而获得了高额回报，但是也会因为利润过高引起同行争相模仿，从而引起旅游市场激烈的竞争，最终导致旅游新产品被迫降价。

该种定价策略的适用条件：目前旅游市场需求较高；制定高价不会刺激更多竞争者进入到本旅游市场，而且高价有助于形成旅游新产品优质的形象；虽然有可能销售量不大，而且单位成本较高，但企业仍能获得高额利润；市场上存在高消费或时尚性的要求，对旅游产品价格不敏感，或旅游者购买能力强，有较多的可自由支配收入。

适用产品：具有独特的技术、不易仿制、生产能力不太可能迅速扩大等特点的旅游新产品。

4.4.1.2 渗透定价策略

渗透定价策略是一种低价格策略，指旅行社在旅游新产品投入市场时价格定得相对较低，以吸引消费者，提高市场占有率，从而很快打开市场，然后随着市场占有率的提高调整价格，降低成本，实现赢利目标。

该种定价策略的优点在于：旅游新产品价格相对较低，容易被大众消费者接受，能够迅速占领和扩大市场；旅游新产品价格相对较低，单位旅游产品利润空间小，利于排斥竞争对手模仿新开发的旅游产品，从而可以降低竞争程度。

缺点在于：旅游新产品价格相对较低，利润也低，投资回收期长；当同行进入同一市场竞争时，由于旅游新产品价格相对较低，自身价格降低的余地小。

该种定价策略的适用条件：旅游市场对价格高度敏感，低价有助于市场扩张或者迅速占用大量的市场份额；随着旅游产品销售量增加和接待经验积累，旅行社能降低旅游产品单位成本，也就是接待每位旅游者的价格；旅游产品价格低能阻止竞争者进入同一市场。

适用产品：能尽快大批量生产、特点不突出、易仿制、技术简单的新产品，如我国众多旅行社推出常规的大众化的观光类旅游线路产品等。

4.4.1.3 满意定价策略

满意定价策略又叫适宜定价策略，这是一种折中价格策略，吸取撇脂定价和渗透定价两种策略的长处，采取比撇脂定价策略价格低但比渗透定价策略价格高的适中价格。这种策略确定的价格对旅行社和旅游者都比较公平，既能保证旅行社在一定的时期内收回成本，还能获取一定的初期利润，又能为大多数旅游消费者所接受。这种策略制定的价格有时也称为“温和价格”或“君子价格”。

该种定价策略的优点在于：价格比较适中，兼顾了旅游者和旅行社双方的利益，既能使旅行社在一段时期内收回成本，又能使多数旅游者接受新产品这一价格，实现双赢。

缺点在于：不能适应变化多端的或者激烈竞争的旅游市场环境。

4.4.2 心理定价策略

心理定价策略是通过对消费者的购买心理进行调研分析，依据消费者心理对价格数字的敏感程度和不同联想而采取的定价技巧。心理定价策略包括尾数定价策略、整数定价策略、声望定价策略、分等级定价策略、品质定价策略等。

4.4.2.1 尾数定价策略

尾数定价策略也称非整数定价或零头定价，即给旅游产品定一个零头数结尾的非整数价格。例如，本可以定价 10 元的商品，商家往往定价 9.9 元，而不是定价 10 元，虽然相差只有 0.1 元，但是给某些消费者的感觉却不一样。在中国，商家常利用中国人对“6”“8”“9”这些数字的良好寓意和特别喜爱，常常在定价除了使用零头数字，还常使用这些吉祥寓意的数字，给旅游者以享受优惠折扣的心理错觉，又满足部分游客追求吉祥吉利的心理。如对于新婚的小夫妻“蜜月游”旅游产品，旅行社本可以定价为 1000 元/人，但是“9”象征“长长久久”“天长地久”，于是旅行社将新婚蜜月游定价为 999 元/人；而对于做生意的商人，常常在旅游产品定价时使用 168 元、1688 元、888 元、8888 元等寓意

“发大财”的吉祥数字。

使用该种定价策略的原因：旅游者认为非整数定价是经过精确计算的最低价格，让人觉得这种旅游产品价格便宜，而且由于“6”“8”“9”这些数字的良好寓意对其特别喜爱。

该种定价策略的适用条件与产品：适用于价值较低，且消费者对价格较为敏感的旅游产品；适用于旅行社散客门市价和单项旅游服务产品。

4.4.2.2 整数定价策略

整数定价策略是指旅行社在定价时，为了满足消费者显示自己地位、声望、富有等心理需要而采用合零凑整的方法，制定整数价格。如旅游购物品店，将一件首饰定价为992元，如果将其改为1000元，则对于有支付能力的旅游者来说，多付8元是不在乎的，但价格高8元却能给旅游者更大的心理满足，满足其炫耀富有、显示地位、追求名牌等心理需求。因而，旅游企业有意识地将旅游产品价格凑成整数，给旅游者“一分钱一分货”的购买心理。

使用该种定价策略的原因：不仅可以针对旅游者“一分钱一分货”的购买心理，还可满足旅游者通过购买价格高的旅游产品炫耀富有、显示地位、追求名牌等心理需求。

该种定价策略的适用条件与产品：适用于旅游工艺品、字画以及高档次、高品质的旅游产品。旅行社的豪华旅游、度假旅游等产品。

4.4.2.3 声望定价策略

声望定价策略是指旅行社利用自身在同行中享有较高的声望和地位，以及在旅游消费者中良好的口碑，将自身产品的价格定得高于多数旅行社，这样，不仅能够显示产品特色，增强吸引力，而且能够达到扩大销路的效果。

使用该种定价策略的原因：利用旅游者崇尚名牌的心理，往往以价格判断旅游产品的质量，认为“价高质必优”，对在旅游者心目中有信誉的产品制定较高价格。

该种定价策略的适用条件与产品：价值较高或具有品牌效应的旅行社产品，如豪华旅游、团体包价旅游等；声誉较高的旅行社，比如同一线路旅游产品，接待标准相同，但是国际社要比国内小社定价高。使用该种定价策略应该注意价格不能超出旅游者的心理和经济上的承受能力。

4.4.2.4 分等级定价策略

旅行社将旅游产品分为几个档次，每个档次定一个价格。旅行社常常将同一旅游线路产品分成豪华团、标准团、经济团三个档次，如大理丽江香格里拉六日游，豪华团2188元，标准团1588元，经济团1288元。

使用该种定价策略的原因：使消费者觉得各种价格反映了质量的差别，并可简化其选购过程。

使用该种定价策略的注意事项：

对旅游产品的分级中，级数不宜过多，并且要使不同等级的产品在质量、性能、额外利益等方面有明显的区别，使旅游者确信价格等级的差别是合理的，但是档次的差别不宜过大或过小。

4.4.2.5 品质定价策略

在我国旅行社的发展过程中，由于旅行社的数量偏多，特别是各大旅游目的地旅行社数量多，甚至是通过变相承包挂靠等方式，使得各大旅游目的地旅行社数量更多，而客源量有限，致使各地方接待旅行社为了获取更多的客源，在接外地组团社的游客团队时不惜降低价格，分文不赚只收成本价，甚至低于成本价收客。在零负团费这种模式中，游客的基本旅游消费，以及地接社的折旧费、利润、税金、导游服务费等都来自导游所交的“高人头费”和旅游服务供应商的“签单”；地接社的运营费用以购物和自费活动佣金为主，导游人头费为辅。因而，地方接待社在安排旅游行程时必须安排几个购物店，甚至要求导游必须至少增加一个自费景点。由于过多的进店购物以及加自费景点需要大量的时间，而总行程时间是既定的，从而必然会加快游览速度缩短旅游者游览时间，甚至出现导游强迫游客购物，而对于不购物或购物少的游客恶语相向，更有甚者规定游客购物消费金额，对于达不到基本消费额度则将其扣留。过多的进店购物及加自费景点，降低了游客旅游的质量，越来越多的游客希望在旅游的过程中避免被强迫进店加点。在此情况下，一些旅行社推出不进店不加景点的“纯玩”品质团产品，但定价高于同类非纯玩品质团，拒绝零利润、负利润，从综合服务费获取正当利润，以品质定价。

4.4.3 招徕价格策略

招徕价格策略是指旅游企业暂时将少数几种产品减价，以达到吸引旅游者、招徕客源的目的。招徕价格策略包括亏损价格、特殊事件价格、产品捆绑价格、产品分别价格等策略。

4.4.3.1 亏损价格策略

亏损价格策略是指旅行社在自己的产品或服务结构中，把某些产品或服务的价格定得很低，以迎合旅游消费者“求廉”的心态而招来顾客，借机带动和扩大其他产品的销售。例如，旅行社的零负团费、旅行社低成本报价等。我国的旅行社行业在进入 21 世纪后，由于受外界经济不景气等各种负面因素的影响，旅行社数量庞大面临着激烈的竞争，旅行社竞相降低价格，最终不惜低成本报价，出现零团费、负团费组织游客外出旅游。旅行社通过低成本报价、零团费、负团费招徕了大量客源，但是这种定价策略是不提倡的。它既会影响旅行社行业的平均利润水平，也会引起旅行社提供的旅游产品质量下降，容易出现质量纠纷投诉等问题。

4.4.3.2 特殊事件价格策略

特殊事件价格策略是指旅行社在某些节日或季节或周年庆典在本地举行特殊活动的时候，适度降低旅游产品价格或服务的价格以刺激旅游消费者，招徕生意，增加销售，如旅行社在寒暑假，针对教师和学生群体推出的旅游专列产品。某旅行社在暑假推出多条旅游专列线路，见表 4-1。一般来说，要采取这种策略，必须要有配合相应的广告宣传配合，才有可能将这一特殊时间和信息传递给旅游者。又如××旅游公司借周年到来之际，开展了一系列庆典活动，其中利用特殊事件价格策略，降低产品价格，并做了一系列的宣传促销活动。

表 4-1 某旅行社暑假旅游专列开行时间表

专列方向	开车时间	团费价格/元
承德专列	7 月 30 日/8 月 7 日	880~1500
秦皇岛专列	8 月 3 日/11 日	680~1100

续表 4-1

专列方向	开车时间	团费价格/元
神农架空调旅游专列	8 月 15 日	1780~2800
呼伦贝尔+东北三省专列	7 月 27 日	3000~3500
漠河+扎龙专列	7 月 22 日/25 日/28 日	2280~2900
银川+九寨+黄龙专列	7 月 19 日/20 日/26 日	2280~2700
银川+兰州+青海专列	7 月 22 日/29 日	2280~2700
甘肃+青海+新疆专列	7 月 29 日	4000~5900
黑龙江虎林专列	8 月 6 日/13 日	3500~3900

注：以上信息仅供参考，具体信息以所报名旅行社的发车时间及价格为准。

相关链接 4-1

全世界一起嗨！××旅游上市 1 周年庆典活动火爆开启

作为出境旅游服务商，××旅游自去年 10 月上市以来，在旅游市场频频发力，业绩持续攀升。今年 10 月，××旅游上市 1 周年庆典活动即将开启，为回馈消费者的支持与厚爱，××旅游特别推出多种庆祝活动，线上线下全面覆盖，10 月 21 日至 11 月 1 日，全世界一起嗨！

线上线下全覆盖　全网产品大回馈

还有未休完的年假？还有想去而囿于价格没完成的旅程？现在机会来了。据透露，××旅游上市 1 周年庆典活动线上线下一同开启，覆盖全网多种类型的产品，涉及××旅游官方网站、App 及全国各门店和活动现场。10 月 21 日开始，连续每日签到赢取好礼；10 月 22 日，××旅游文化品牌联展落地开幕；10 月 26 日，爆款和优惠产品开始线上××旅游官网和 App 中超前抢购；10 月 29 日，××旅游会员回馈日全国启动；11 月 1 日，上市周年庆大红包再次惊艳来袭！

据介绍，消费者可提前 5 天（10 月 21~26 日）在××旅游 App 上签到，每日签到即可赢得好礼，更有覆盖不同产品类型的优惠券供大家选择，涉及团队游、接送机专车券、自由行等多种产品。

10 月 26 日，××旅游上市周年庆线上抢购在××旅游官网及 App 全面开启，想要省心省力的团队游？众多经典线路优惠直降，部分爆款产品可以最高 5 折抢购，其他经典产品也将有 7~8 折特惠专区。喜欢自由自在的度假游？××旅游推出超值打包产品，以更优惠价格、更体贴的服务，让自由行更放心。热衷邮轮旅游？部分包船航次邮轮产品买一赠一再减 600 元。

品牌联展+会员回馈日　连嗨 7 天

“旅游文化品牌联展”和“2016××旅游会员回馈日”，作为××旅游上市 1 周年庆典活动中线下的重头戏，将于 10 月 22 日持续到 30 日，全国多地消费者可在活动现场嗨够 7 天。

其中，“旅游文化品牌联展”将从 10 月 22 日持续到 10 月 28 日，集合品牌历程、核心竞争力、产品展示、目的地展示、互动区，全方位的展现××旅游自成立并上市以来的发展历程，现场不仅有××定制的周年生日蛋糕，更有代表性国家的歌舞表演，来自旅游局、政府、合作方的代表，以及全国各地的××老会员们，将齐聚一堂，共同分享××上市1周年的喜悦。现场领取联展活动品牌产品手册还有机会赢取精美奖品。

“2016××旅游会员回馈日”将从10月29日持续到10月30日，覆盖参团游、自由行、邮轮、商品、卡产品、签证等业务，推出让人惊喜的价格优惠。现场，××旅游还将展示新近出版的××旅游纪实传记《美丽新世界》，消费者将有机会获得现场赠书。

7.96元办签证　79.6元抢商品

周年庆期间（10月26日至11月1日0：00至24：00），可在××旅游官方网站、App及任意门店，以7.96元尊享“季度签证服务特权”（签证全场免服务费且不限次数）；申根签证通兑套餐降价升级，仅售796元，并赠送一次10天以内的保险一份或欧洲32国电话卡一张（通话300分钟，上网750M，有效期30天）；五洲签证打包套餐，可享活动价7960元！数量有限，先抢先得！

××旅游的旅游商品同样以诱人价格亮相，只需79.6元，即可抢购出境旅游必备品——彩色转换插头；179.6元即可买到色彩缤纷的欧洲六国冰箱贴组合；279.6元即可将××旅游联合密扇推出的密扇三件套收入囊中。

（摘自中国旅游新闻网）

4.4.4 差异定价策略

差异定价策略就是相同的旅游产品以不同的价格出售的策略，其目的是通过形成若干个局部的旅游市场而扩大销售，增加旅游企业的盈利来源。差异定价策略包括批零差价策略、地理差价策略、时间差价策略、对象差价策略、质量差价策略、年龄差价策略等。

4.4.4.1 批零差价策略

批零差价是指同一商品在同一市场同一时间批发价格与零售价格之间的差额。它是商品在整个流通中的最后一个差价，是零售价格的基本依据。它不仅涉及批发商与零售商的利益，而且直接影响到市场物价水平。

4.4.4.2 地理差价策略

地理差价是由于旅游产品的不可转移性决定了不同位置的产品所体现出的产品价值是不相同的，同样星级的酒店，接近交通线路或者旅游景区或商业中心，其价格可以定得高些。

4.4.4.3 时间差价策略

时间差价是指旅游企业对相同的旅游产品，按旅游者需求的时间不同而制定不同的价格，如旅行社推出的同一条旅游线路，接待标准相同，但是在旅游淡季、旅游旺季和旅游黄金周等各时间段的报价不同。某旅行社推出的昆明、大理、丽江、香格里拉双飞旅游线路，在黄金周、旅游旺季、旅游淡季报价分别为1480元、1000元、800元。

4.4.4.4 对象差价策略

对象差价是指旅游企业针对不同旅游者的需要和购买的数量等因素，对同一旅游产品实行不同的价格。我国大多数的旅游景区对不同的游客，购买旅游景区的门票价格不同。景点门票对学生打六折、五折、甚至是三折，还有旅游景区对本地居民实行不同程度的优惠，如张家界的武陵源风景名胜区对持有本市两区两县身份证的居民全免；张家界其他景区也对持有本市两区两县身份证的市民分别给予不同程度的优惠。又如一些旅游纪念店对内部和外宾采取不同的价格，旅行社对接待标准相同的同一条旅游线路，而对于消费能力较低的老年人和青少年客人给予不同的价格，收费标准较高。

4.4.4.5 质量差价策略

质量差价是指旅游企业针对质量不同的旅游产品制定不同的价格，高质量的产品，包含着较多的社会必要劳动量，应该实行优质优价，而低质量的旅游产品包含较少的社会必要劳动量，应该实行低质低价的。如旅行社推出的同一线路旅游产品，吃、住、行等接待标准不同，接待标准高的豪华旅游团价格较高，接待标准大众化的标准旅游团价格适中，而接待标准较低的经济旅游团价格较低。如某旅行社推出的青岛 2 日游，其行程安排为：第一天，青岛接团市内，栈桥、信号山、豪华游艇海上观光、八大关、五四广场、东海路雕塑街（住青岛）；第二天，游崂山、石老人度假区、青蛙石、八水河、龙潭瀑布、太清宫（自理）、品崂山茶、送团。接待标准为豪华等级的（16 人成团），价格为 330 元/人；接待标准为标准等级的（20 人成团），价格为 275 元/人；接待标准为经济等级的（30 人成团），价格为 235 元/人。此外，同一条旅游线路常规团和高品质的纯玩团价格也不同，一般来说纯玩团报价要比常规团要高 30%~50%左右。

4.4.4.6 年龄差价策略

地接社把游客带去购物，商店则根据进店人数支付给地接社“人头费”，但消费能力较低的老人和小孩除外。地接社拿不到“人头费”就要亏本，又不能不接受老人、小孩的旅游报名，于是出现了所谓的“年龄差价费”，旅行社在接受老人、小孩旅游报名时，同一条旅游线路，即使接待和服务标准相同，其价格要高于 18~60 岁成年人。到香港特别行政区、澳门特别行政区旅游，如果游客是老人或者小孩，除交团费外，还要交纳一笔“年龄差价费”。加收“年龄差价费”，主要集中在一些赴香港特别行政区、澳门特别行政区旅游的低价团中。近几年来，我国境内游的某些旅游线路的低价团也实行加收“年龄差价费”，划定正常年龄段，或为 20~65 岁或 26~60 岁，非正常年龄的参团要一定的补差价。如南宁某旅行社推出的“昆明、大理、丽江、香格里拉三飞 7 日游”旅游线路，其收客标准中首先划定正常年龄为 26~60 岁，其他年龄为非正常年龄。非正常年龄与正常年龄客人一同出行，非正常年龄客人须收附加费；12~19 岁按正常年龄操作加 300 元/人；20~25 岁成年人加 200 元/人；60~65 岁老年人加 200 元/人；66~70 岁加 300 元/人；整组是 18~26 岁以下或 65 岁以上加 500 元/人，超 6 人另议；2~11 岁儿童收费为 1.2 米以下按儿童价含餐、车费及半价机票；1.2 米以上如按成人操作在成人价格基础上加 500 元/人。

4.4.5 折扣定价策略

折扣定价策略是旅游企业为扩大销售，占领市场，或为了巩固与加强与中间商的合作关系，往往在既定的价格基础上，采取向顾客或中间商让利性减价措施的一种策略。折扣定价策略包括数量折扣策略、累计数量折扣、非累计数量折扣、现金折扣策略、季节折扣策略、同业折扣策略（功能性折扣策略）等。

4.4.5.1 数量折扣策略

数量折扣是企业给那些大量购买某种旅游产品的顾客给予减价的一种做法，为鼓励旅游者购买更多的产品，建立长期关系，旅游企业会根据购买者所购买的数量给予一定的折扣，购买数量越多，给予的折扣越大。旅游企业采用的数量折扣形式有两种：累计数量折扣、非累计数量折扣。(1) 累计数量折扣指在一定时间内，旅游产品的购买者的购买总数超过一定数额时，旅游企业按购买总数给予一定的折扣。(2) 非累计数量折扣指旅游企业规定旅游产品购买者每次购买达到一定数量或购买多种产品达到一定的金额时所给予的价格折扣，一次性购买数量越多，折扣就越大。

4.4.5.2 现金折扣策略

现金折扣指旅游企业对在约定付款期内提前付款或以现金交易的旅游产品购买者给予原定价格一定折扣的方法。首先，在市场经济条件下，旅行社之间存在着激烈的竞争，为了扩大旅游产品的销售量，取得更多的客源，抢占更多的市场份额，组团旅行社对旅游者或目的地地方接待旅行社对客源地组团社实行“出团前只付部分团费，旅游结束或者送团后再付余款”。其次，旅行社和客户之间在建立信用的基础之上采用定期结算制度。以上两种团费结算方式就产生了应收账款。为了减少发生坏账死账的风险和损失，或者为了缩短债务人付款期，加快资金周转，组团旅行社对旅游者或目的地地方接待旅行社对客源地组团社以现金交易的，或者虽然是赊账约定付款，但是为了鼓励旅游者或者旅游中间商尽早付清余款，采用一个合理的折扣率，如 2/10，1/20，$n/30$。

4.4.5.3 季节折扣策略

季节折扣指旅游企业在淡季时给予旅游产品的购买者的折扣优惠。由于大多数旅游目的地和客源地旅游业存在明显的淡季、旺季，在旅游旺季出游的客人多，旅游景区、旅游住宿、旅游餐饮、旅游交通、旅游娱乐等人满为患、旅游设施严重供不应求，因而旅游设施和服务价格偏高，旅行社采购这些设施和服务的成本较高，对外报价也高，但是在旅游淡季出游的客人较少，旅游景区、旅游住宿、旅游餐饮、旅游交通、旅游娱乐等门庭冷清，旅游设施供过于求，大量闲置，因而旅游设施和服务价格偏低，旅行社采购这些设施和服务的成本较低，对旅游者和旅游中间在原有价格的基础上给予一定的折扣。通过这种折扣来增加淡季旅游消费，特别提醒，这种折扣的幅度不能过大低于旅游产品的成本。

4.4.5.4 同业折扣策略

同业折扣又称为功能性折扣，指旅游产品的生产企业根据各类中间商在市场营销中所担负的不同职责，给予不同的价格折扣，促使他们愿意执行某种市场营销功能（如推销、储存、服务）。我国的旅行社对于国外的各类旅游中间商包括旅游批发商、旅游经营商、旅游零售商，由于它们在旅游线路产品销售中不同的职能，分别给予不同的折扣，其折扣从旅游批发商—旅游经营商—旅游零售商，依次降低，这样可以刺激各类中间商的积极性。

4.5 旅行社产品定价程序

价格是调节经济利益、传递经济信息、影响经济形象的重要因素。旅行社旅游线路产品价格的制定遵循一定的程序，其程序如图 4-1 所示，具体步骤如下。

4.5.1 第一步：收集信息

旅行社应充分收集产品供求信息、竞争对手信息、客户信息等方面的资料，并对这些资料进行分析、判断、处理，进而为合理定价提供依据。

4.5.2 第二步：确定目标

确定定价目标是旅游线路定价首先要解决的问题。旅行社应该根据本社的规模、经营状况等内部条件收集的外部环境信息、市场状况的变化，来确定适合的定价目标。同时，选择定价目标时，要从全局考虑，有所侧重，综合决策。

4.5.3 第三步：估算成本

成本是定价的基础，也是定价的底线。产品价格要高于成本才能盈利。旅行社应该对成本进行充分的估算，进行保本分析，注意成本变化，确定市场营销的最低价—保本价。

4.5.4 第四步：分析竞争状况

旅行社在确定价格的同时，要充分了解竞争对手的产品、价格、质量、竞争能力等情况，以此定价。

4.5.5 第五步：预测市场需求

市场经济条件，市场需求状况影响着产品价格的高低。因而，在制定产品价格时，要预测市场需求量的大小、市场需求的强度、旅游消费者对价格的接受度，以作为制定价格的参考。

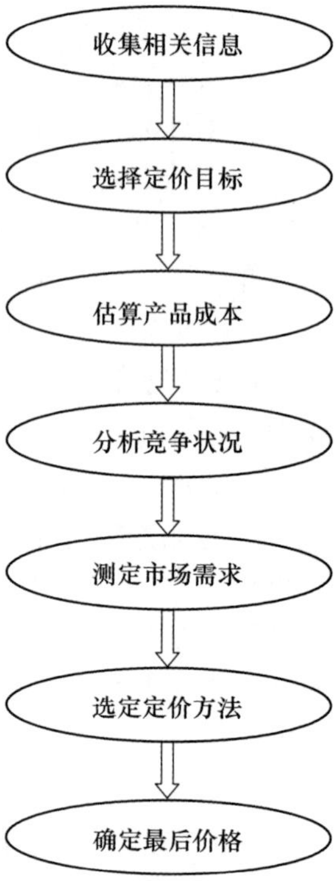

图 4-1 旅行社产品定价程序

4.5.6 第六步：选定定价方法

通过以上几个步骤之后，旅行社可以根据自己旅游产品情况，选定最符合定价目标的定价方法，最终确定产品的价格。

4.5.7 第七步：确定最后价格

价格制定后，还要考虑是否符合国家的相关法律法规，是否符合消费者的消费心理，根据环境的不同，运用合适的定价策略，让价格最具吸引力和竞争力。

案例 4-1

“史上最豪华旅游团”：“环游世界 60 天”报价 50 万元

2010 年 4 月 29 日，甲旅行社、乙网站、丙旅行社三方强强联手，首次在两岸三地同时推出顶级旅游团“环游世界 60 天”，报价 50 万元。这是境内首次真正意义上的环游世界行程，包括大洋洲、南美洲、欧洲、非洲、中东、亚洲、南极洲、北极圈，最具代表性及可看性的 13 个国家和地区，成功攻克了行程规划、组织、预订、协调过程中的复杂难题，安排 16 段国际航线商务舱、15 段区域航线经济舱和 2 段邮轮包机，以及游艇、直升机、登山火车等全方位海陆空交通服务，参观的景点都是各大洲最具代表性的，入住的都是全世界顶级的酒店，还提供专业的管家和专家式游览、管理服务。“环游世界 60 天”顶级行程开卖后9分钟内，确定出行意向的报名人数，就报满了计划的20人名额。

由于报名情况超过预期，为尽量满足客人需求，主办方增加了机位，名额由计划的20人增加到29人，分为两个团出行。目前这些客人的定金（每人10万元）已经全部交付，主办方开始确认和安排航班、地接等资源，正式启动这个“史上最豪华旅游团”行程，紧锣密鼓准备2011年初起航。

浙江在线2011年4月21日讯，两岸三地首次共同打造的华人旅游史上顶级的旅游产品——甲旅行社、乙网站、丙旅行社合作的“环游世界60天”顶级行程，已经顺利完成在各大洲的游历，最近回到境内。

案例分析与点评

此次“环游世界60天”成功地为中国高端旅游消费者提供环游世界服务。而且在行程的范围、顶级程度及三地组团的形式等方面，都开创了中国旅游市场的新纪录。“甲旅行社”因此扩大了品牌影响，提升了出境旅游服务水平，彰显了新兴的以创新精神和优质服务为本的在线旅游服务商形象。这个旅游团的顺利成行并回国，标志着“甲旅行社”成功构建了一个横跨两岸三地的旅游服务体系和全球性服务网络，为旅游者提供大中华区优秀的旅游服务，“甲旅行社”也将因此进一步走向中国乃至世界著名的旅游集团。由于此旅游团涉及许多商业机密，旅游路线的细节部分无法查证。因此，其成本与利润无法计算。但其不失为撇脂定价的典型成功案例。

（摘自百度文库：旅行社产品之定价策略）

案例4-2

低价港澳游　走近百姓

2007年9月28日，“十一”黄金周由宁夏发出的首列旅游专列缓缓驶出银川火车站，800多名宁夏游客带着他们的期待，开始了为期10天的香港全程旅游，这也是今年以来我区赴香港的最大旅游团队。

此次专列由宁夏甲旅行社和宁夏乙旅行社共同组织。1980元的低价，吸引了宁夏及周边地区的游客。宁夏乙旅行社A总经理介绍，随着香港回归祖国10年，宁夏赴香港、澳门旅游的线路也逐渐成熟，适中的价格也被更多的平民游客所接受。此次专列以低价运营，目的正是希望让曾经昂贵的港澳游真正走入寻常百姓中。

案例分析与点评

众所周知，常规的港澳游，价格为1800~2000元（含自费），而港澳纯玩团的价格基本上在4000元左右。而此次推出的1980元为什么说是低价呢？这就要考虑到当时的社会环境。因为当时正处于“十一”黄金周期间，而在2007年的“十一”黄金周期间，各地区的港澳游纷纷水涨船高，涨幅近千元。宁夏能推出如此低价的专列旅游团实属不易。

由于此次宁夏首次港澳旅游专列的相关细节没有被披露，其营运状况很难去量化的估计，但其对营运商产生的效益与影响是值得肯定的。港澳地区不仅拥有世界级的旅游娱乐设施，而且有着不同于祖国内地的生活方式。这对于内地居民，尤其是深居西北的宁夏人来说，赴港澳旅游具有很大的吸引力。因此，港澳游对宁夏来说有着广阔的市场。港澳游对宁夏人来说最关心的可以说就是价格，加之港澳游的竞争者越来越多。所以本次的营运商在推出宁夏首次港澳游专列时，有针对性地运用了市场渗透定价策略。将新产品以较低的价格投放市场，这样就很容易迅速占领市场，取得较高的市场份额。经营商最终组织了800人的旅游团就是最好的证明。

（摘自百度文库：旅行社产品之定价策略案例分析）

思考题

（1）旅行社产品定价的影响因素有哪些？

（2）旅行社产品定价方法有哪些？

（3）旅行社新产品定价策略有哪些？

（4）简述旅行社产品定价程序。

5 旅行社计调采购业务

主要内容：

（1）计调采购的概念、工作流程；

（2）计调采购的原则、计调采购应该处理好的几个关系；

（3）计调采购的内容；

（4）计调采购业务的管理。

旅行社为旅游者提供的旅游产品，除了导游服务等少数内容是旅行社自己的，大部分都是由其他旅游供应企业提供，也就是说旅行社必须向其他旅游供应企业采购旅游产品，经过组合加工，再销售出去。因此，旅游服务产品的采购是旅行社主要的业务内容，是旅行社接待工作的前提和保证，旅游服务采购的成功与否决定了旅行社的生存与发展。

5.1 旅行社采购业务的管理

5.1.1 旅行社采购的概念

旅行社采购是指旅行社为组合旅游产品而以一定的价格向其他旅游企业及与旅游业相关的其他行业和部门购买相关服务项目的行为。

旅游活动涉及食、住、行、游、购、娱等方面，航空公司、铁路、轮船公司、酒店、餐厅、景点及娱乐场所等也就成为旅行社的采购对象，对于组团社而言，还要采购接待社的旅游服务产品。

目前旅行社采购的项目主要有交通服务、住宿服务、餐饮服务、景点游览服务、娱乐服务、保险、入出境手续等内容。

5.1.2 旅行社旅游服务采购的原则

5.1.2.1 供给保证原则

旅行社产品是一项综合性产品，为旅游者提供的食、住、行、游、购、娱等服务都采购自其他旅游企业。而旅行社的产品大多采取预售的方式和旅游者达成交易合同，一旦旅行社不能从各旅游供应企业中采购到已经预售出去的产品中包含的服务项目，不仅会影响旅行社的正常经营工作，还会造成旅行社无法履行合同的恶果，引起旅游者的不满和投诉，并给旅行社带来经济损失和声誉损失。因此，旅行社在采购各项旅游服务时一定要遵循保证供应的原则，不仅要保证供给的数量，还要保证其购买的旅游服务具备理想的质量，做到质价相符。

5.1.2.2 降低成本原则

旅行社产品的主要部分源自采购的其他旅游部门或企业的旅游服务，所以购买这些旅游服务的价格构成了旅行社产品的主要成本。在保证质量的前提下，如果旅行社不能做到低成本的采购，即实现成本领先的原则，就会大大降低旅行社的竞争力。

保证供应和降低成本，是旅行社采购工作必须遵循的原则。但是，在经营实践中，二者也会冲突。当保证供应和降低成本二者出现矛盾时，要把保证供应放在首位，只有在保证供应的前提下，尽可能降低采购成本，为旅行社创造更多的利润。旅行社采购部门应该处理好保证供应和降低成本之间的正确关系。

5.1.3 旅行社旅游服务采购的策略

旅行社与其他旅游服务供应部门或企业之间的关系是一种商品交换的关系。在采购活动中，采购人员应该根据具体情况灵活运用采购策略。

5.1.3.1 集中采购策略

集中采购包含两方面含义：一是旅行社将本社内部的采购活动全部集中起来，统一对外采购；二是旅行社将其在一个时期内，如一个星期、一个月、半年甚至一年营业中所需的旅游服务项目相对集中，全部或大部分投向精心挑选的某一个或少数几个旅游服务供应部门或企业，以最大的购买量获得最优惠的价格和供应条件的采购。

集中采购的优点是通过扩大采购批量，减少采购批次让卖方“薄利多销”，从而降低采购价格和采购成本。缺点是采购提交量较大，预订量往往超过实际使用量而造成退订损失，所以需要认真做好采购预测和适时的调整工作。

集中采购是旅行社以最大的采购量去争取最大的优惠价格的一种采购方法。集中采购策略主要适用于旅游温、冷点地区和旅游淡季。

5.1.3.2 分散采购策略

分散采购也是旅行社采购活动中经常使用的采购策略。一是近期分散采购，是指旅行社在旅游者即将到达本地时，无法获得大量的购买者，而旅游服务又不能够被储存或转移，就只能将大量空闲的旅游服务项目分散售出以获得所需的旅游服务供给。这种近期分散采购也就是一团一购的采购方式，在旅游供过于需求的情况下适用。二是分散采购，就是旅行社设法从许多同类型旅游服务供应部门或企业获得所需的旅游服务的一种采购方法，当旅游服务因旅游旺季的到来而出现供不应求时，旅行社无法从一个或少数几个旅游服务供应部门或企业那里获得所需大量旅游服务供应，也适宜采用分散采购。分散采购的优点就是不会出现采购过量带来的损失，缺点就是采购价格和采购成本偏高。

集中采购策略和分散采购策略各有优缺点，旅行社采购部门要因时因地选择合适的采购策略，但是，不论对卖方是采取集中还是分散的采购策略，旅行社应该把内部的购买力量集中起来一致对外。

5.1.4 预订和退订、预订和增订

旅行社产品的销售是一种预约性的交易，旅行社一般在年底根据其计划采购量，与旅游相关行业洽谈第二年的业务合作。计划采购量一般是由旅行社参照前几年的实际客流量，并根据来年的市场预测确定的。计划数额与实际需求量之间总会有差距，这就要求旅行社有良好的预测、约定和应急能力，能处理好预订和退订、预订和增订的关系。也就是说，在正常情况下，即在没有突发事件和意外事件时，旅行社要对往年的客流量有精确的

统计，对来年市场的预测要精准。在与相关行业签订合同时，充分考虑到各种特殊情况发生的可能性，约定好临时退订和临时增订条款，尤其是对非常事件和不可抗力造成的退订约定，更应该详尽明确，合理维护自己的权益，避免买卖双方发生不可必要的纠纷。在实际运作过程中，如果计划量大于实际需求量，就需要临时退订，会产生退订费用；反之，如果计划量小于实际需求量，就需要临时增订，会产生增订费用，增订一般还会有一定的数额限制。买卖双方因立场不同，对退订和增订的期限、数额和相应的费用，有着不同的期望。买方旅行社希望退订的期限越晚越好，增订的限额越高越好，退订的费用越少越好；而卖方则相反。总之，退订期限越晚，退订费用就越高，最高可达售价的100%。一般来说，买卖双方本着互利互惠合作共赢、相互理解、相互支持的原则，放眼长远和未来，就定能达成共识，共同解决预订、退订和增订的矛盾关系。对于旅行社论来说，当由于各种原因导致必须退订或增订旅游服务时，要尽早通知合作单位，尽量减少因退订给双方带来的损失，减少增订给对方和自己带来的预订困难。因此，增订或退订对旅行社都有损失，旅行社应该设法通过友好的协商尽量使对方降低提价的幅度或减少退订的损失费用。

5.1.5 采购合同的管理

旅行社为购买各种旅游服务项目而与旅游企业或相关部门订立的各种购买契约通称为旅游采购服务合同。它以一定价格向其他旅游企业及与旅游相关的其他行业和部门购买相关的服务行为，是一种预约性的批发交易，通过多次成交完成。这种采购特点决定了旅行社同采购单位签订经济合同的重要性，以避免和正确处理可能发生的各种纠纷。采购合同的基本内容包括：

5.1.5.1 合同标的

合同标的是指法律行为所要达到的目的。旅游采购合同的标的就是旅行社向旅游企业或相关部门购买的服务项目，如客房、餐饮、航空票据、陆路交通等。

5.1.5.2 数量和质量

数量指买卖双方商定的计划采购量（非确切购买量）。由于旅游采购合同是预购契约，不可能规定确切的购买数量，而只能由买卖双方商定一个计划采购量，或者是规定一个采购和供应幅度。质量则由双方商定最低的质量要求。

5.1.5.3 价格和付款办法

采购价格是合同中所要规定的重要内容。由于价格常常随采购量的大小而变动，而合同中又没有确定的采购量，因此，可商定一个随采购量变动的定价办法，还要规定在合同期内价格可否变动及其条件。在国际旅游业中还要规定交易所用的货币以及在汇率变动时价格的变动办法。此外，还要规定优惠折扣条件、结算方法及付款时间等。

5.1.5.4 合同期限

合同期限指签订合同后开始和终止买卖行为的时间，一般一年一签，也可按淡季旺季分列两个合同。

5.1.5.5 违约责任

违约责任是指当事人不履行或不完全履行合同所列条款时应负的法律责任。按照我国

《经济合同法》规定，违约方要承担支付违约金和赔偿金的义务。

5.1.6 旅游计划变更后的采购

旅游计划的变更是由于因旅行社在产业链的位置，旅行社制订的旅游计划极易受到相关因素及突发事件的影响而进行改变。这种影响直接对原先的采购构成威胁。出现变更后的作业变更，是计调工作能力的体现。当外联部或接待部告知变更时，计调部应积极协助处理并做出相应调整，如根据团队人数增减、交通变化问题、行程变动等情况，修改行程或取消原定行程，并重新采购。

5.1.6.1 计划变更原则

通常，计调在对原计划进行调整时，应遵循以下原则。

A 变更最小的原则

即将因计划变更所涉及的范围控制在最小限度，尽可能对原计划不做大的调整，也尽量不引起其他因素的变故。

B 同级变通的原则

变故后服务内容应与最初的安排在级别、档次上力求一致，尤其是客房标准。

C 宾客至上的原则

旅游计划是旅游活动的依据，旅行社同旅游者一旦形成约定关系，一般不要随意更改，尤其在行程进行中。对不可抗力因素引起的变故，应充分考虑旅游者的意愿，并求得他们的谅解。

5.1.6.2 采购方法

计划变更后的采购工作通常采用这些办法：

(1) 航班变故，考虑包机，但要注意控制成本；

(2) 飞机改火车，尽量利用晚间，但距离不宜过长；

(3) 铺位不足，考虑加挂；

(4) 加挂不行，考虑利用汽车运输；

(5) 房、餐一旦出现问题，应选择就近或同级房、餐标准；

(6) 采取加菜、赠品等补救性措施弥补因变故给客人带来的损失。

计调工作是承上启下，连接内外，在旅行社中处于中枢位置。当计划变更和突发事件发生时，计调人员应立即拟出应急方案，并与旅行社的相关部门，如外联、接待以及相关单位，如交通、酒店、地接社等迅速构建协同通道，用以应对所有可能的突发事件。

5.1.7 旅行社计调采购业务流程

5.1.7.1 选择采购对象

根据本旅行社的经营计划及外联部的业务计划，组织采购人员调查、收集餐饮部门、宾馆、交通部门、游览单位、娱乐部门、购物商店、地接社的相关信息资料；经过初步筛选后，对基本符合旅行社要求的协作单位进行实地考察；经过实地考察后，综合考虑各方面的因素，与符合旅行社要求的协作单位联系，初步协商合作事宜；采购对象的调查与选择过程中，调查资料要求全面、准确、有效，这样才有利于选择合适的采购对象。

5.1.7.2　签订《合作协议书》

采购人员根据协商的结果，利用本社的标准采购合同文本，拟订《合作协议书》；经签署的《合作协议书》编号存档后，送外联部、接待部、财务部等相关部门备案；在拟订《合作协议书》时，既要保证旅行社的合法利益，又要保证合作单位的利益，只有在合作的过程中实现“双赢”，合作才会长久稳固。

5.1.7.3　整理相关资料

把签约单位的相关资料及规定整理成列表，并发给相关部门，相关部门的工作人员应熟悉列表中的内容，以便开展工作。计调部门应该及时整理签约单位的相关资料及规定，而相关资料及规定的内容要求全面、详细。

5.1.7.4　落实订购工作

计调采购人员根据外联人员的业务开展情况，制订接待计划，并落实具体的订购工作。准确、清楚、完整地填写《××预订单》《××变更/取消单》，特别注明团中的特殊要求。

5.1.7.5　报账结算

计调部及接待部工作人员根据《合作协议书》中的相关规定，及时将发生的费用及明细账报给财务部，财务部根据本社的财务管理规定及《合作协议书》中的规定，审核、确认相关账目无误后办理结算和付款。

旅行社计调采购业务流程如图5-1所示。

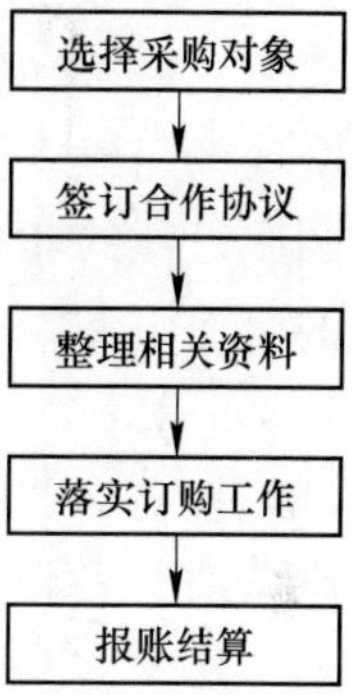

图5-1　旅行社计调采购业务流程

5.1.8　建立采购协作网络

旅行社为了达到保证供应和降低成本的目的，应该通过与其他旅游服务供应部门或企业联系和协作，建立广泛而且相对稳定的采购协作网络。旅行社在建立采购协作网络的过程中，必须坚持三个原则。第一，协作网络必须比较广泛，覆盖面比较广。当一个地区存在大量的旅游供应部门和企业时，旅行社应该根据自身的需要和经营实力，尽量同各种旅游供应部门和企业加强联系，设法获得和他们的合作。这样，旅行社就能够获得比较理想的供应渠道，保证旅行社能够以比较合理的价格获得所需的旅游服务。第二，运用经济规律，在互利互惠的基础上长期合作。旅行社在与这些部门和企业的交往过程中，必须坚持互利互惠的原则，只有双方合作共赢，这种合作关系才能长期持续下去。旅行社在采购各项旅游服务时，必须从长远利益出发，不应急功近利而伤害对方利益，也不应乘人之危，利用对方的不利处境而迫使对方做出过大的经济利益牺牲。第三，加强公关活动，建立良好的人际关系。旅行社的采购工作要靠本社的计调人员与旅游服务供应部门和企业的销售人员及其相关人员的通力合作才能完成。因此，旅行社的计调部领导及计调人员应该加强公关活动，设法与对方的相关领导和部门建立良好的人际关系，使旅行社的采购协作网络能够不断加强和发展。

5.2　旅行社计调采购的内容

旅游活动涉及食、住、行、游、购、娱等方面，航空公司、铁路、轮船公司、酒店、餐厅、景区及娱乐场所等的服务就成为旅行社计调部门的采购对象，而对于组团社而言，还要采购地方接待社的旅游产品。

5.2.1 交通服务的采购

旅游是一种异地活动，无论从常住地到旅游目的地，还是在目的地的暂时逗留与旅游活动期间各地之间的往返，交通都承担着旅游者空间位移的任务。交通不仅要解决旅游者往来不同旅游点间的空间距离问题，更重要的是解决其中的时间距离问题。因此，安全、舒适、便捷、经济是旅行社采购交通时需要考虑的因素，交通的形式主要有飞机（包机）、火车、汽车和轮船，旅行社必须与包括航空公司、铁路部门、轮船公司、汽车公司在内的交通部门建立密切的合作关系。事实上，为寻找稳定的客源渠道，交通部门也非常倾向于同旅行社的业务合作。旅行社要争取获得有关交通部门的代理资格，以便顺利采购到所需的交通服务。

5.2.1.1 航空交通服务采购

航空交通服务采购是指旅行社根据旅游团队的旅游计划或散客旅游消费者的委托，为旅游消费者和旅游团队的领队及全程陪同代购旅游途中所需的飞机票。

作为大众旅游时期远程旅行方式之一，航空服务的主要优点是安全、快速、舒适。一般而言，旅行社选择航空公司主要考虑以下因素：

（1）机票折扣是否具竞争力；

（2）机位数量是否能满足需求，航班起飞时间是否合适；

（3）工作人员的配合度；

（4）付款方式；

（5）航班密度即航空公司航班班次的多寡；

（6）各地其他交通联络网络的方便与否。

旅行社采购航空服务，具体落实在飞机的订位上。计调部根据旅游接待预报计划，在规定的期限内向航空公司提出订位，如有变更，应及时通知有关方面。航空服务主要分为定期航班服务和包机服务两种。如遇客流量超过正常航班的运力，旅游团队无法按计划成行，则旅行社就要考虑包机运输。

5.2.1.2 铁路交通服务采购

火车具有价格便宜，沿途又可以饱览风光的特点，特别在包价产品中具有竞争力。近年来，我国铁路加大力度改善交通环境，使火车运输仍具优势。目前，国内多数近距离旅游者仍选择火车作为首选出游的交通工具。旅行社向铁路部门采购，主要是做好票务预订工作。采购铁路服务就是按照旅游接待计划订购火车票，确保团队顺利成行。出票率、保障率是衡量铁路服务采购的重要指标。尤其是在旅游旺季和节假日。旅行社采购铁路交通服务的主要内容是各种火车票（火车票分为客票和附加票两个类型，对旅行社来说，相关的客票中的软卧、软座、硬卧、硬座）。旅行社火车票的采购业务主要是火车票的预订与购买、改签、退票、包租专列。

A 火车票的预订与购买

在铁路售票窗口购买实名制车票时，须凭乘车人有效身份证件原件或复印件购票，除免费乘车的儿童及持儿童票的儿童外。在12306网站购票时，须准确填写乘车人有效身份证件信息。一张有效身份证件同一乘车日期同一车次只能购买一张实名制车票。在12306网站购买儿童票的儿童没有办理有效身份证件的，可以使用同行成年人的有效身份证件信息。

B 火车票改签的规定

旅客不能按票面指定的乘车站、日期、车次乘车时，应当办理提前或推迟乘车签证手续。火车票改签的相关规定。

（1）在铁路售票窗口、自动售票机或通过电话订票购买的车票，只能到车站售票窗口办理改签。

（2）在12306网站购票后，没有换取纸质车票且不晚于开车前2小时的，可在12306网站办理改签，否则只能在车站到安装有银行POS机的售票窗口办理。

（3）开车前48小时（不含）以上，可改签预售期内的其他列车；开车前48小时以内，可改签开车前的其他列车，也可改签开车后至票面日期当日24：00之间的其他列车，不办理票面日期次日及以后的改签；开车之后，旅客仍可改签当日其他列车，但只能在票面发站办理改签。

（4）一张车票只能办理一次改签。车票改签后，旅客取消旅行的，可以按规定退票，但开车后改签的车票不予退票。

C 火车票退票的规定

中国铁路总公司发出通告，自2016年1月1日起，客票预售期延长至60天后。火车退票实行退票费阶梯费率，对开车前15天（不含）以上退票的，不收取退票费；在发站开车前，特殊情况也可在开车后2小时内；火车票网上订票且未换取纸质车票的，可以于不晚于开车前2小时登录网站办理退票手续；团体旅客必须在开车48小时以前办理；票面乘车站开车前48小时以上的，退票时收取票价5%的退票费；开车前24小时以上、不足48小时的，退票时收取票价10%的退票费；开车前不足24小时的，退票时收取票价20%退票费；开始旅行后不能退票，但如因伤、病不能继续旅行时，经站、车证实，可退还已收票价与已乘区间票价差额。已乘区间不足起码里程时，按起码里程计算，同行人同样办理。

D 包租火车

由于包租火车具有方便、安全性高、价格低廉等优点，成为旅行社交通服务采购之一。包租火车的条件是旅行社组织的团队人数要多到达到包车要求。

首先，旅行社需先统计好人数、起点终点、中途是否停站、需要什么类型的车厢。

其次，旅行社（如几家旅行社或单位同时包用一列车时，应提出一个牵头单位）应不少于25个工作日前向始发站或其上级客运主管部门提出开车要求并填写包车申请表；接到开车要求部门应于2日内向上级客运主管部门提出开车申请表。

再次，同意开车的，旅行社必须在开车15日前向铁路局确认，具体开车时间在确认后以调度命令下达。

最后，与开车车站签订包车合同并缴纳相当于运费20%的定金。

相关链接5-1

《旅游专列运输管理办法》相关规定

包用普通旅游专列（载客车辆为硬座、硬卧，如混挂软座、软卧时，软座、卧软不超过载客车辆三分之一）时，票价按不低于标记定员90%核收。编组中软座、软卧辆数超过三分之一时，按全列标记定员核收票价。

产生空驶和编挂1辆餐车时，不收空驶费和餐车使用费。编挂餐车超过1辆时，超过的辆数核收餐车使用费。

使用全列新型空调车时，票价可在规定的上浮幅度内浮动。

旅游专列的旅游团体享受折扣优惠票价的同时，还可以按实际乘车人数享受20人中免费1人，超过20人每增加10人免费1人的优惠待遇。

包用全列软座（卧）或豪华列车时，按《铁路旅客运价规则》规定的定员核收票价和服务费；餐车、娱乐车核收使用费。编组中餐车、娱乐车合计超过两辆时，超过的辆数按新型空调硬卧车标记定员收费。包车人对车辆设备、服务设施等另有需求时，可另议价格，但每辆车不得低于新型空调硬卧标记定员的收入。

旅游专列编组不足规定辆数时，所欠辆数每辆按普通硬卧车（60人）标记定员票价的60%核收欠编费；中途站停留超过24小时、折返站停留超过48小时，自超过日起，按日核收停留费。不足12小时按半日核收。

旅游专列包车合同签订后，因不可抗力原因无法履行合同时，各方均不负违约责任。因非不可抗力原因，承运人违约时，双倍返还定金，包车人违约时，定金不退或按《铁路客运运价规则》标准，核收延期使用费或停止使用费。收取定金时，填写“客运杂费收据”，返还定金时，加倍部分填写“退款证明书”。

5.2.1.3 公路交通服务采购

在我国沿海经济发达地区，旅行社采购公路交通服务主要是用于市内游览和近距离旅游目的地之间的旅行。而在内陆航空交通服务和铁路交通服务欠发达的地区，公路交通服务则是主要的旅游交通方式。

旅行社采购人员在每次接到旅游者或旅游团队用车计划之后，应根据旅游者的人数及收费标准向提供公路交通服务的汽车公司提出用车要求，并通报旅游者或旅游团队的旅游活动日程，以便使汽车公司在车型、驾驶员配备等方面做好准备。

尽管汽车已成为人们普遍的旅行方式，但一般认为，乘汽车旅游的距离不宜过长，景点间最好控制在短距离每小时50千米左右；长距离每天300千米（不超过5小时）以内，否则客人会感觉疲劳。

旅行社在采购汽车服务时应考虑车型、车况、司机驾驶技术、准运资格、合理价格等的问题。通过考察，最终选择管理严格、车型齐全、驾驶员素质好、服务优良、已取得准运资格，且善于配合，同时车价优惠的汽车公司，并与之签订协议书。

5.2.1.4 水上交通服务

旅行社采购人员在采购水运交通服务时，应根据旅游者或旅游团队的旅行计划和要求，向轮船公司等水运交通部门预订船票，并将填写好的船票订票单在规定日期内送交船票预订处。

鉴于我国的大陆形态，除去三峡、桂林等内河及少数海路，轮船不是外出旅游的主要交通工具。旅行社向轮船公司采购水路服务，关键是做好票务工作。如遇运力无法满足，或不可抗力因素无法实现计划，造成团队航次、船期、舱位等级变更，应及时果断地采取应急措施。

5.2.2　旅游住宿服务

饭店是旅游者的第二个家，选择不同星级标准和地理位置的饭店满足旅游者的多元化需求，是旅游产品中重要的部分。旅游住宿服务的费用在旅行社产品总费用中位居第二，住宿服务是旅行社采购中又一重要内容。住宿服务的采购业务主要包括选择住宿服务设施、办理住宿服务预订等内容。

住宿服务设施的选择如下：

选择住宿服务设施是保证住宿服务质量的重要手段之一。旅行社采购人员应该从以下几个方面考察住宿服务设施。

A　饭店位置

饭店所处的位置有这样两方面的意义：所处地段不同，饭店的价格往往大不一样，不同类型旅游者对于饭店的位置有着不同的要求和偏好。

B　市场定位

在卖方市场下，许多饭店都有自己的经营定位。必须考虑将要采购的饭店所接待的对象主要是哪类旅游消费者。

C　饭店设备

首先看饭店设施设备的新旧程度如何，房间隔音效果好不好等。此外，还要看饭店是否配备会议室、商务中心、多功能厅、宴会厅、健身设施等。

D　服务水平

采购饭店的服务水平和整个产品也非常密切。因而，在采购住宿服务时还要看饭店的服务水平如何。

E　泊车场地

对于团队旅游来说，饭店是否拥有一定面积的泊车场地也是值得考虑的问题。

F　价格和房源

住宿服务的价格高低会影响到旅行社的采购成本，进而影响到旅行社利润。因而，在保证住宿服务质量的前提下，住宿服务的价格也是考虑的重要因素。淡旺季都常用的酒店一般会有比较好的优惠价，在房源紧张时也会尽量调剂房间。

5.2.3　餐饮服务

国内旅行社在采购餐饮服务时，一般采用定点的办法。所谓定点是指旅行社经过对采购的餐馆、酒店进行综合考察筛选后，和被选择的餐馆、酒店进行谈判，就旅行社的送客人数、各类旅游者、旅游团队的就餐标准、付款方式等达成协议。

餐饮是旅游活动重要组成部分，餐饮质量关联到旅游产品的质量。因此，计调在选择餐厅时，因着重考虑如下因素。

5.2.3.1　餐馆环境卫生

餐馆环境应该干净整洁，符合 GB 16153—1996 饭店（餐厅）卫生标准，提供的食品、饮料符合国家有关法律法规的要求；地理位置应该根据旅游线路来安排，避免因用餐而重复来回；停车位是否充足、洗手间是否干净卫生。

5.2.3.2 餐标的高低及其菜单

计调人员在采购餐饮服务时，必须学会编制餐单。团队餐的质量往往是旅游团产生不满和投诉的问题点。虽然，接待团队的餐厅往往也会根据不同标准定制的包桌，但是，计调员不要盲目接受餐厅给出的标准，要学会根据不同的客源列出不同的餐单。如北方人喜爱吃面食，南方人爱吃大米；湖南、湖北、江西、贵州、四川及东北的朝鲜族等地居民多喜辣，我国流传有“贵州人不怕辣，湖南人辣不怕，四川人怕不辣”之说。此外，南方客人喜爱吃甜食等。不管是来自哪里的客人，如果在饭后能来一盘水果，团队餐的档次马上提升。

5.2.3.3 风味

游客到异地一般都会品尝当地的风味餐（特色餐），到云南吃过桥米线、景颇族手抓饭等。

5.2.3.4 结算方式及结算期限

结算方式是预付、现付，还是可以签单，还要看签单后结算期的长短。如果可以签单定期结算，当然可以减轻资金周转压力。

5.2.4 游览与参观

游览和参观是旅游者到目的地进行的最基本和最重要的旅游活动，是旅游者选择该项旅游产品的最主要的原因和动机。旅游和参观的景区景点是旅游行程中的核心内容。景区景点的类型、资源品位、景区特点、淡旺季门票价格、门票的减免情况和折扣情况、开放时间、是否安全、到达景区景点的交通情况如何、景点的管理是否严格，有哪些自费景点等。此项采购的关键是就价格和支付方式达成协议。对于一些特殊的参观点，如工厂、民宅等，应征得相关单位的同意，并力争取得支持与配合。

5.2.5 旅游购物

购物是人们日常生活中的基本需求，是旅游者在旅游活动中的高层次需求。旅游购物是旅游活动的重要组成部分，随着旅游业的发展和人们收入水平的不断提高，旅游购物越来越受到旅游者的喜爱。一方面，由于旅游购物品具有“贮存”旅游记忆的功能，能够影响旅游者的旅游体验感受，从而影响人们对于整体旅游产品质量的评价；另一方面，旅游购物是旅游六大要素中需求弹性最大的一个，旅游收入中饮食、住宿、游览、交通方面的收入具有相对的稳定性，而旅游购物在旅游需求中的弹性较大，只要进行符合市场需求的开发和推广，就能给旅游业带来巨大的经济效益。因而，对于旅行社来说，旅游购物的安排就显得非常重要。对旅游购物店的选择，应该考虑：

（1）购物店应该正规，以保证购物品的质量。选择的购物店应该是旅游指定的定点购物店，提供的购物品有质量保证。

（2）购物地点要相对集中。购物点太远，浪费的时间太多，要尽量相对集中，便于游客购物。

（3）购物品价格要合理。目前，由于购物店给旅行社、导游、司机的购物返点太高太多，商品价格偏高，导致游客购物欲望不高，游客意见很大，购物投诉也多。因此，要选择合适的旅游购物店，并签订合同。

5.2.6 娱乐服务

旅游娱乐是指旅游者在旅游活动中所观赏和参与的文娱活动。它是构成旅游活动的六大基本要素之一。游、娱是旅游者的目的性需求，而食、住、行、购则是为达到目的所必备的日常生活性质的需求。旅游者的需求是变化的，“求乐”正在变成旅游动机的主流。旅游娱乐活动是一种精神产品，横跨文学、艺术、娱乐、音乐、体育诸领域。通过娱乐活动的安排，让旅游者了解旅游目的地的历史文化、风土人情等，也可以改变游客以往出去旅游活动“白天看庙，晚上睡觉”的单一枯燥状态。旅游娱乐更强调具有民族特色和地方特色，使旅游者耳目一新；强调欢快、热闹、幽默，为大多数人喜闻乐见；强调参与性；时间不宜过长，时间太长会影响旅游者的休息，因而要求组织安排旅游娱乐节目时必须使节目浓缩再浓缩；强调对不同旅游者安排不同娱乐节目，旅游者来自不同地区和民族，有着不同的旅游偏好，因此必须深入进行研究，要求旅游娱乐活动的安排更有针对性。旅行社在为游客安排旅游娱乐活动时应该考虑以上因素。

在购物和娱乐的采购中，旅行社采购人员一定要树立正确的观念，全面认识购物、娱乐和旅游产品之间的关系。旅行社采购娱乐服务时，就预订票及演出内容、日期、演出时间、票价、折扣、支付方式等达成协议。

5.2.7 异地接待服务

异地接待服务即地接服务，地接服务采购是指组团旅行社向旅游目的地旅行社采购接待服务的一种业务，在行业内通常称之为选择地接社。旅行社向旅游者销售的旅游线路，通常有一至多个旅游目的地。如南宁某旅行社组织的华东五市几日游的旅游活动，涉及江苏、浙江、上海等省（市、自治区），南宁的组团社就要在江苏、浙江、上海选择旅行社，采购异地接待服务，使旅游计划如期如愿实现。应该说，旅游产品的质量在很大程度上取决于各地接待质量，尤其是各旅行社的接待质量。因此，选择高质量的接待旅行社，是采购到优质接待服务的关键。

对组团社而言，与地方接待社的合作关系到自身的信誉和服务质量，慎重选择地方接待社是组团社业务成功的关键。组团社对地方接待社的选择标准大致如下：

5.2.7.1 选择合法的旅行社

选择合法的地方接待社是组团社选择合作伙伴的前提。这是旅游者利益和组团社声誉的基本保障。所谓合法是指地方接待社有国家核发的旅行社业务经营许可证；通过企业年审；交足了旅行社质量保证金；业务范围和许可证期限与组团社业务相吻合；有相对稳定的持证导游。

5.2.7.2 选择规模大和经营管理好的旅行社

规模大而且实力雄厚的旅行社是理想的合作伙伴。对于那些经营管理不善，处于半死不活状态的企业，很容易只注重短期利益，可能随意增加旅游项目和购物点，随意乱收费，这样的旅行社可能报价低，也应该避免与其合作。

5.2.7.3 选择信誉好的旅行社

信誉不好的旅行社会给组团社带来很大的负面影响，因此，考察地方接待社的信誉是极其重要的。一个信誉好的旅行社应该管理有序，操作规范，在旅游者心中有较好的声誉，在行业中有良好的口碑，很少发生恶性投诉或债务纠纷。

5.2.7.4 选择业务能力强的旅行社

考察地接社的主营旅游线路、接团经验、游客评价、年接团量等情况。重点要考察地方接待社的主营线路是否与组团社力推的线路相一致，是否具备优质接待团队的能力。通过考察，筛选出接团经验丰富、服务质量优良、游客评价高、重合同守信用的地方接待社。

5.2.7.5 选择报价合理的旅行社

地方接待社的报价直接影响到组团社的产品成本和经济效益。因此，组团社在同等条件下应该选择报价低的地方接待社作为合作伙伴。但并不是报价越低越好，低价极有可能导致低质量，关键是看报价是否合理，要兼顾团队质量、市场行情、旅游季节是淡季还是旺季、团队特殊性及双方旅行社合理的收益等因素，从中选择性价比高的报价方开展合作。

此外，组团社选择地方地接社时还应该看其发展潜力，有的中小旅行社名气可能没有大型旅行社的大，但有合作诚意，重视接待质量，关注长远利益，与这样的旅行社合作也有比较好的前景。

5.2.8 旅游保险

根据《旅行社管理条例》及相关法律，旅行社应该为旅游者提供规定的保险服务。由计调部门负责采购保险服务。由于自然力和非自然力的作用，旅行社存在着大量的经营风险。各种经营风险的存在，不但会给旅行社带来利益上的损失，甚至还会造成旅行社的破产。旅行社投保责任保险，有利于转移和分散旅游活动中产生的各种意外事故造成的经营风险。由于旅行社投保责任保险及旅游者投保其他旅游保险，旅游者在旅游过程中，如果遇到旅游事故使其合法权益能够得到更大程度的保障。

5.2.9 其他服务

对于出境组团计调，还有代办护照旅游签证服务等。出境旅游团有时需要为客人办理护照或者旅游签证服务，护照客人自己办理的居多，旅游签证一般都需要旅行社办理，办理旅游签证时需要根据所到目的地国的签证要求，让客人提供相关资料，然后进行办理。

总之，旅行社的采购业务涉及许多方面和许多企业、部门，旅行社应在确保服务质量的前提下，同相关的旅游服务供应企业和部门建立起互惠互利的协作关系，正确处理旅游服务采购中的各种关系，为旅行社的经营和发展建立起一个高效率、低成本、优质的旅游服务采购网络。

案例 5-1

天津××旅行社在西柏坡村包租客房的策略

2001 年初，天津××旅行社的甲总经理在做市场分析时发现，当年是中国共产党成立 80 周年，一些高等学校打算组织学生到革命老区进行革命传统教育。甲总经理认为，应该抓住这一契机，设计和开发“革命传统教育游”产品。由于这种产品以前未曾面市，究竟能否成功与否，甲总经理并非十分有把握。于是，他首先到革命老区——河北省平山县西柏坡村进行实地考察，了解当地的景点、参观线路、接待设施、导游水平及往返于天津和西柏坡所需的时间。同时，他还与当地的乡、村干部及接待单位的负责人座谈，了解景点门票、食宿的价格。通过实施考察，甲总经理认为新产品不仅有较大的市场需求，能够吸引较多的旅游者前来，而且由于西柏坡村及附近地区可用于接待旅行者的住宿设施数量较少，必须提前预订，以保证在旅游旺季时的供给。于是，他便同当地的旅馆和招待所签订了客房包租协议，以较低的价格包租了当年的全部客房。

同年 4 月，新产品开发成功后，××旅行社并没有立即大张旗鼓地利用刊登广告进行宣传促销，而是先在较小范围进行试销。到了 6 月底，市场上一些旅行社已经开始推出同类产品时，甲总经理认为时机成熟，决定大规模地进行促销宣传。广告刊出后，由于该旅行社在价格、线路、包含的内容方面均具有较大优势，吸引了大量旅游者。此时，由于北京、天津等地的旅游者报名踊跃，各家旅行社应接不暇。但是，由于西柏坡村及其附近地区的住宿设施已经被天津××旅行社全部包租，其他旅行社只好将旅游者安排到平山县，甚至石家庄住宿。这样既增加了往返的交通费用，也减少了旅游者在西柏坡的停留时间，从而引起一部分旅游者的不满。

甲总经理及其同事们充分利用了这种对本旅行社十分有利的市场形势。一方面，他们向前来咨询的旅游者介绍该旅行社在提供旅游住宿方面的优势，吸引更多的旅游者报名参加由该旅行社组织和接待的团队。另一方面，他们又在其包租的旅馆和招待所出现空闲客房时，将其转租给其他旅行社，从而增加收入。这一年，××旅行社由新开发的“革命传统教育游”产品获得了丰厚的经营收入，为来年的经营和企业的进一步发展准备了更多的资金。

案例分析与点评

天津××旅行社的成功，在于对当年旅游市场需求的精准预测和旅游服务的先于同行的集中采购策略。首先，善于发现社会热点，当年是中国共产党成立 80 周年，认为到革命老区开展革命传统教育活动的需求比较大，而西柏坡村就是著名的革命老区之一。于是，老总亲自到西柏坡村及其附近地区进行考察，考察需要采购的旅游服务情况，特别是发现西柏坡村及附近地区可用于接待旅游者的住宿设施数量较少，当即决定提前集中采购，同当地的旅馆和招待所签订了客房包租协议，以较低的价格包租了当年的全部客房。这样，既能保证本社旅游住宿服务的数量和质量，又能降低住宿服务的采购成本 ，而且，当本社客源不够时，还能将包租的客房转让给其他旅行社，又为旅行社增加了收入和利润。

案例 5-2

黄金周出游没有住处成问题

2006 年 5 月 2 日 19 时许，当 40 名前往省 W 旅游景区游览的 B 市游客赶到预订的旅馆时，却被告知所有房间都已满，他们不得不临时寻找住处。这批游客参加的是 B 市 A 旅行社组织的 W 风景区两日游，按照日程安排，5 月 2 日，将住在 W 旅游景区迎宾宾馆。但是，旅游车到了迎宾宾馆后只停留了 2 分钟，导游员小魏就再次上车，称要继续赶路。此间，小魏也没有向游客解释原因，只说要改住另一家旅馆。经过 1 小时左右的颠簸，旅游车终于在一处荒郊的“野火人家”门口停车。

然而，游客发现此处并非正式旅馆，更像是农家院，住宿环境与旅馆相差很多，而且房间有限，住不下40人，游客纷纷回到车内，强烈要求返回迎宾宾馆。在僵持了将近2小时后，小魏与旅行社负责人联系，终于开车把游客带回了市区。导游员小魏说，旅行社领导指示，让游客自己找旅馆住宿，待返回B市后，旅行社将酌情退还住宿费用。可是，对于人生地不熟的游客来说，在黄金周找旅馆并非易事，因此，大家更加不满。直到22时50分，导游员小魏才将游客分散安排到几个不同的旅馆住宿。

A旅行社一直不重视与旅游服务供应部门签订采购合同，只以口头协议作为采购的承诺。过去，该旅行社曾经因组团人数不足，临时取消住宿预订，并且没有及时通知旅馆，导致旅馆方面蒙受经济损失，所以，该旅行社在一些旅游景区和旅游城市的住宿业中口碑较差。此次，迎宾宾馆将该旅行社口头预订的房间全部包租给了散客，造成该社的旅游团在黄金周期间出现了游客无房住的窘境。

案例分析与点评

从这起A旅行社在黄金周期间，因未能向旅游者提供所承诺的住宿服务，导致旅游者被迫分散住宿，并引起旅游者不满一事来看，该旅行社在旅游服务采购方面存在较大的问题。

首先，以口头协议代替采购合同。因为口头协议对供需双方的约束力都很差，一旦旅游供应部门没有按照口头协议履行服务项目的供给义务，旅行社将无法追究对方的责任，只能临时寻找替代的服务产品，从而可能严重地影响旅行社的接待服务质量，导致旅游者的不满。

其次，该旅行社在旅游采购活动中，没有坚持双方受益的原则。当旅游团参加人数少，不能成行时，没有及时通知旅馆方面，给对方造成一定的经济损失。这种只顾自己利益，忽视对方利益的短视行为，也是导致此次A旅行社组织的旅游团不能按照预定的旅游计划入住旅馆的重要原因。

最后，A旅行社在迎宾宾馆未能按照事先承诺提供住宿服务时，不是本着对旅游者负责的原则，积极寻找替代的旅馆，尽快安排旅游者入住，而是让旅游者在旅游住宿设施资源十分紧张的黄金周期间自行安排住宿，只以酌情退还住宿费用的许诺以搪塞，是一种极不负责任的做法。

旅行社正确的做法应该是：(1) 旅行社在旅游服务采购时一定要和旅游服务供应企业签订正式的采购合同，在每次预订之时，要有采购服务的传真确认件。(2) 在双方合作时应该遵循互利互惠、合作共赢的原则，当旅游团参团人数有减少时，要第一时间通知涉及的旅游服务企业退订，将给对方的损失降低到最少。(3) 本着对旅游者负责的原则，积极寻找替代的旅馆，尽快安排旅游者入住。

思考题

(1) 如何处理集中采购与分散采购的关系？

(2) 旅行社采购服务过程中应该遵循哪些原则？

6 旅行社产品销售管理

主要内容：

（1）旅行社销售的概念及特征；

（2）旅行社销售渠道的概念及类型；

（3）旅行社销售渠道策略。

旅行社销售是旅行社经营管理中的重要环节。只有将旅游产品销售出去，旅行社才能获得旅游客源，也才有可能实现经营利润。全面认识旅行社在销售其产品时采用的销售方式、销售手段并进行科学的运营，对旅行社的生存与发展有着重要的意义。

6.1 旅行社产品销售的概念及特点

6.1.1 旅行社产品销售的概念

旅行社产品销售是指旅行社销售人员将旅行社旅游产品向旅游市场进行销售的活动。它是旅行社在市场营销观念指导下经由策划、促销、管理，而将旅行社产品以符合旅行社利益及市场规律的价格销售出去的一种以营利为目的的现代企业行为。旅行社销售是旅行社经营活动的龙头，外联销售部是旅行社最重要的部门，优秀的外联销售人员是各旅行社高薪争聘的业务骨干。

6.1.2 旅行社产品销售的特点

6.1.2.1 长期性

旅行社产品的无形性特征决定了它的销售往往无法在短期内一锤定音。原因在于：一方面，旅游者需要时间去收集各旅行社产品的信息，并反复比较各种旅行社产品的优劣，去打听旅行社的信誉等；另一方面，客户旅行社也可能会反复要求就某一具体产品修改交易的价格、优惠条件，有些欧美团甚至需要半年时间才能完成销售的全过程。对于新产品，不少客户旅行社，特别是日本等客户，经常要亲自踩点考察满意后，才签订合同购买产品。对新结识的潜在客户旅行社更是需要等待时机方能获得合作机会。

6.1.2.2 灵活性

由于客户旅行社在整体的产品销售合同签订后，有时会对具体的某个旅游团提出优惠附加条件，这就要求旅行社产品的实际售价必须带有灵活性。外联销售部的每一位人员，包括经理与电话值班人员，必须懂得产品价格的构成，掌握价格构成中哪些因素是可变数、哪些是定数，应该具有与客户在电话中口头谈判的能力。普通的电话值班人员遇到客户要求更改合同时，既要能独立作战，又要注意请示有关经理，未经授权不能擅自做主变更合同。

6.1.2.3 批量性

大多数旅行社的主要产品销售对象是客户旅行社，因为只有客户旅行社才能批量购买地接社的产品，才能长期发来系列团。而产品只有成批量、成系列，才能产生最大的经济效益。

6.1.2.4 时效性

当旅游市场上具有旅行社产品的同类产品或替代产品时，每一次的具体销售就带有极强的时效性。因为组团社往往同时是同一个旅游目的地好几家地接社的客户，手头上还会留有更多的当地其他旅行社的联络电话，一旦某个旅游团具有某种影响到价格的特殊性时，组团社会同时与2~3家地接社联系，比较各社报价以确定该团交给哪家地接社接待。如果地接社的报价迟迟不到的话，就会失去参与竞争的机会。一般来说，回应组团社询问的具体报价是越快越好，这就要求外联销售人员必须掌握熟练的业务技巧与最新的市场信息，最好是不经查询就可以直接计算报价，能当场在电话中答复组团社。如果需要查询旅游采购市场的服务信息，那么国内报价（多为一地游）应在半小时内，最迟不超过2小时答复国内组团社；国际报价（多为长线团）应在2小时内，最迟不超过1天答复境外组团社。

产品价格的时效性还体现在随行就市。例如，一个需求弹性小的新产品开始时运用高价定价策略定价，并取得了可观的利润。消息传开后很可能市场上就会出现其他社的仿制产品，需求弹性变大，此时就必须调整产品价格，使其适应市场的变化。当竞争过强时，甚至会被迫采用低价策略以保住原先占有的市场。所以旅行社产品的价格带有阶段时效性。

6.2 旅行社销售渠道

6.2.1 旅行社销售渠道相关概念

销售渠道是指某种产品从生产者手中转移到消费者手中所经过的各个销售环节连接起来所形成的渠道。旅行社产品的销售渠道又称流通渠道或者销售分配系统，指旅行社通过各种方式将产品从旅行社转移到最终旅游者手中所经过的途径或路线。任何一个旅行社在具有足够的生产能力时，都希望能尽量扩展销售渠道，一方面，这是因为销售渠道能使旅行社接触到更多的消费者，扩大产品的销售量，增加旅行社的市场份额，实现旅行社的发展壮大，具有强大的竞争优势；另一方面，由于旅行社的目标市场与本企业空间距离较远，像很多以经营入境旅游业务为主的旅行社，其目标市场甚至遍布世界很多地方，旅行社必须借助销售渠道中各中间商的力量，才能接触到目标市场，实现产品的销售。

6.2.2 旅行社销售渠道的类型

6.2.2.1 直接销售渠道

直接销售渠道又称为零环节销售渠道（或零层次销售渠道），是指在旅行社和旅游者之间不存在任何中间环节，旅行社将产品直接销售给旅游者的一种分销渠道。直接销售渠道一般有两种形式：一是采用直接销售渠道进行产品销售的旅行社，通常在其所在地直接向当地的潜在旅游者销售其产品；二是旅行社在主要客源地建立分支机构或销售点，通过这些机构或销售点向当地居民销售该旅行社的旅游产品。这是一种最简单最短的销售渠道。对于旅行社来说省去中间环节的费用和让利，及时了解旅游市场行情，并迅速把旅游产品投放市场。对于旅游消费者来说，这种销售渠道沟通信息方便，旅游产品价格相对较低，旅游者还可以根据自己的要求及时与旅行社联系修改旅游产品。特别是在互联网发达的今天，人们可以直接从网上方便地获取相关的旅游信息并预定旅游产品，网络直销渠道越来越受欢迎。

但是，由于客源市场特别是对于国际客源市场范围大、距离远，旅行社受自身的人力财力等条件限制不可能在所有的主要客源地都设立分支机构，而且在国外设立分支机构还要受到其他国家政策的约束，所以这种渠道适用范围较窄，只适合在本地或其他最主要的客源市场使用。

直接销售渠道是一种产销结合的销售方式，其优点主要表现在简便、及时、灵活、附加值高和利润较高等方面；不足主要是覆盖面窄，只适合在本地或其他主要客源地使用，影响力相对较小。

6.2.2.2　间接销售渠道

间接销售渠道是指旅行社通过组团旅游中间商将旅行社产品销售给旅游者的途径。间接销售渠道的特点是：生产者不直接向旅游者售卖，而是先把产品卖给中间商或委托中间商代理，再由中间商进行售卖。间接销售渠道在实际运用中主要包括两种形式：通过旅游零售商或代理商向旅游者销售产品和通过旅游批发商或经营商向旅游者销售产品。间接销售渠道的优势表现为针对性强、覆盖面广和销售量大等，不足主要是销售成本高。

这是一种旅游产品生产者借助旅游中间商向旅游者销售其旅游产品的分销渠道类型。间接分销渠道是目前最主要的旅游产品销售渠道。销售渠道越长，旅游产品市场扩展的可能性就越大。但旅游产品生产者对旅游产品销售的控制能力和信息反馈的清晰度就越差。

根据所经过中间商环节的多少，具体有三种渠道模式，如图 6-1 所示。

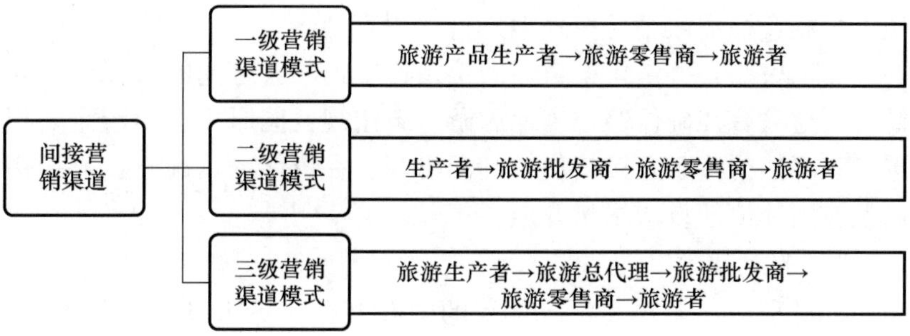

图 6-1　旅行社销售渠道类型

A　一级分销渠道

一级分销渠道这种旅游产品分销渠道的模式为：旅游产品生产者—旅游零售商—旅游者（旅游者在旅游零售商经营现场购买）。即旅游产品生产者向旅游零售商支付佣金，由旅游零售商把旅游产品销售给旅游者。

这种分销渠道仅适宜于营销批量不大，地区狭窄或单一的旅游产品，它有利于降低旅游产品生产者成本与开支，提高经济效益。

B 多级分销渠道

多级分销渠道这种旅游产品分销渠道有两种模式：

(1) 旅游产品生产者—旅游批发商—旅游零售商—旅游者（旅游者在旅游零售商经营现场购买），这种旅游分销渠道中，大型的旅游批发商的规模强大、技术力量雄厚、分销机构网点分布广泛，比旅游零售商具有明显优势；

(2) 旅游产品生产者—旅游代理商—旅游批发商—旅游零售商—旅游者（旅游者在旅游零售商经营现场购买），这种旅游产品分销渠道增加了代理商，代理商的分销能力强、控制地域广及其忠诚程度高。在国际旅游产品营销中，这两种旅游产品分销渠道模式都运用的较为广泛。

6.2.3 旅行社销售渠道的选择

6.2.3.1 直接销售渠道与间接销售渠道的选择

在当今我国的旅游市场中，无论是国际市场还是国内市场均已由卖方市场转为买方市场，这导致中间商的盈利要远远超过生产旅游产品的旅行社。这也就是说组团社的利润要比地接社的利润高，通过直接销售渠道售出的旅行社产品所产生的利润大大高于通过间接销售所获得的利润。有时候直接销售的利润可以是间接销售的2~4倍。在国际旅游市场，尽管中国旅行社、中国青年旅行社、中国国际旅行社总社及少数规模较大的地方国际旅行社在美国、德国、法国、日本等少数客源国家或地区开办有直接销售机构，但因设点太少、国情不熟，直销旅游团在入境旅游团中所占比例很少。对于没有财力开设境外旅游销售机构的国际旅行社，境外直销更只能是可望而不可及。在国内旅游市场，作为中介者的中间商为了保障自己的既得利益，往往联合起来，竭尽全力对当地的外出客源采取排他性的组团垄断措施，当地旅游行政机关也常有组团地方性保护政策。一些城市的中间商会对撇开当地旅行社直接异地组团的外地旅行社实行报复性的封杀惩罚措施，断绝一切业务来往。这就迫使不少旅行社不敢轻易在外地进行组团直销。

旅行社的产品销售在直接销售渠道与间接销售渠道二者之间的选择应以间接销售渠道为主。直接销售渠道只有在确保符合当地旅游行政法规，同时不会引起重要报复、惩罚的前提下方能选择。当然，鉴于直接销售的利润可观，在可能的情况下，直接销售渠道不但不应放弃，而且应当谨慎地设法尽量开通。

6.2.3.2 中间商的选择

由于中间商的类别不一，并且各旅行社的中间商在目标市场、经营规模、营销实力、偿付能力和信誉程度及合作意愿等方面不尽相同，因此，旅行社在选择中间商时，必须首先对中间商的情况进行详细的调查与分析，做到“胸中有数”，待时机成熟时，再向中间商明确表明合作意愿。旅行社对中间商的选择应从以下几个方面进行。

A 地理位置

对中间商的选择首先应看其所处的地理位置。即使在同一国家，外出旅游的客源市场也会因各省、各市的富裕程度、旅游思维习惯、开放程度、距离旅游目的地远近等因素的差异而大相径庭。中间商的选择应在主要客源国的主要客源地进行，如美国出国旅游的50%集中在加利福尼亚、纽约、新泽西、佛罗里达、得克萨斯和伊利诺斯六个州，因此，我们所选的美国中间商也一定是以这六个州为目标市场，地理位置应在这些区域。

B 合作意愿

旅行社同中间商之间的合作关系应是一种互利互惠的关系。因为在旅行社选择中间商的同时，中间商也在选择旅行社，这是一个双方相互选择的过程。所以，旅行社在选择中间商时，所选取的对象必须具备合作的诚意，特别是为多家同类旅游供应者代理零售业务的中间商更是如此。否则，其能否积极推销产品便会成为问题。

C 组团能力

受规模、人手、宣传经费、经验、关系等因素的影响，不同的旅行社在组团能力方面可能有天壤之别，有的旅行社在节假日可以一天往同一个旅游目的地发送好几个旅游团，可以发送系列团，甚至可以单独或与其他旅行社联合发出旅游专列、进行包机，但也有的旅行社全年业务量几乎是零。所以，在选择中间商时一定要对对方的组团能力进行调查了解、排队比较。

D 信誉和偿付能力

由于从事代理零售预订业务的旅游代理商一般不存在偿债问题，因而这方面的评价主要是针对经营商而言的。中间商应当有良好的信誉和较强的偿付能力，讲究信誉是旅行社利益不受侵害的保证，而中间商的偿付能力则是双方合作的经济保障。有关中间商信誉和偿付能力方面的情况，一般可从有关的银行机构通过特别的调查获得了解。

E 中间商的数量

对中间商数量的选择要适中，并不一定是“韩信点兵，多多益善”。其原因在于：首先，中间商数量的选择受制于旅行社的采购能力。在旅游旺季，由于一家旅行社的接待能力受其采购能力的制约。在国内，每逢旅游黄金周，不少热点旅游区的旅行社面对多家旅行社如潮水般涌来的发团联络传真、电话，不是大喜过望，而是忧心忡忡。因为不接待既是没有实力的象征，也会得罪客户旅行社，导致淡季业务的失落；如果接待无法保证接团质量，甚至会有“砸团”的后果，不仅赚不到钱，还有可能赔本，影响旅行社声誉，同样也会导致旅行社淡季业务的失落。其次，选择的中间商过多会造成销售费用的浪费，同时，因交易次数增加也会增加产品成本，中间商之中也会因“僧多粥少”而影响推销的积极性；中间商过少有可能会形成垄断性销售。从规模上来说，中间商规模大、组团能力强，易形成垄断性销售，往往使我们的企业受制于中间商，但中间商规模过小、实力单薄，也不利于我们的产品推销，因此应该合理考虑其数量和规模。

F 依赖性

中间商的业务范围各不相同，对我国旅行社的依赖程度也存在着很大的差异。有的国外中间商专营我国旅游业务，对我国旅行社具有相当的依赖性，如英国的促进旅行社，日本的日中旅行社、日中和平观光公司等，全部经营中国旅游业务。而有的中间商则同时经营许多国家、许多旅行社的旅游产品，对某个具体旅行社的依赖程度较低。我国旅行社对这种依赖性也应加以考虑，因为它直接关系到中间商的努力程度。

总之，选择中间商是旅行社在开拓销售渠道工作中的一个重要课题。它不仅需要有战略的眼光，而且需要有务实的精神。只有做到知彼知己，才有可能获得合乎理想的旅游中间商，建立起高效的销售渠道。

6.2.3.3 中介个人的选择

旅行社的销售中间商虽然以中间商为绝对主力，但对有直接或间接组团能力的中介个人也应给予足够重视，应建立联系档案，加强重点对象的日常公关。旅游中介个人分为两类，一类是“野马”（即没有证件的）中介；另一类是异地旅行社组团经理的亲戚、好友，或者是大公司、大单位的决策人物或对他们有重大影响的人物。

旅行社经营首先要以国家利益为重，所以，尽管某些“野马”中介能量还很大，旅行社也绝不能与其进行交易。对于第二类中介个人，旅行社应当加强公关，因为有时他们可以促成我们旅游产品对异地旅行社的销售，促成我们的旅游产品对大公司、大单位的直销，甚至偶尔还可以促成某个会议由我方接待，带来可观利润。但是应当严格将此类个人的作用限制于牵线搭桥的中介作用，销售对象、合同的签订一定必须是异地旅行社或购买我方产品的公司或单位，否则就属“野马”交易。

6.2.4 旅行社产品销售渠道的管理

在旅游销售渠道中，旅行社与中间商都有着自身的经营目标与模式，有时这些目标与模式并不完全一致，甚至互相冲突。通过对旅游中间商的管理，可以有效地调整与中间商的合作关系，提高产品销量和经济效益。旅行社对中间商的管理可以通过以下几种途径进行。

6.2.4.1 激励旅游中间商

根据行业态势，有针对性的采用减收或免收定金、降低价格、高销量高佣金、给予实际协助及优惠政策、组织奖励旅游、组织中间商考察、实行领队减免、联合促销等方式激励中间商，可以调动中间商的销售积极性。

6.2.4.2 及时沟通信息

旅行社与中间商及时沟通信息，一方面，旅行社要把自身产品及促销活动等信息及时传递给中间商，便于中间商有效开展促销销售活动；另一方面，旅行社通过和中间商的及时沟通，了解最新的旅游客源市场需求信息，以便旅行社及时开发出符合市场新需求的产品。

6.2.4.3 建立中间商档案

旅行社对于合作的旅游中间商应该建立档案。中间商的信息和旅行社与中间商合作情况都应记录在案。通过查看中间商档案，旅行社可以掌握中间商的历史与现状，也可以分析了解中间商的合作成果与合作态势，由此可以判断是否可以开展进一步的合作或扩大合作的可能性，并采取相应措施。

6.2.4.4 适时调整销售渠道

根据旅行社自身业务发展情况，适当增加或缩减销售环节或销售渠道数量。对合作的中间商绩效进行考核，对那些合作业绩成果小，或者合作过程中出现质量问题，或不讲信誉等问题的中间商终止合作。

6.3 旅行社销售渠道策略

销售渠道策略是指根据销售渠道选择原则和相关影响因素进行销售渠道决策的考虑。

旅行社销售渠道策略有很多，常见的有宽度策略、长度策略。

6.3.1 旅行社销售渠道宽度策略

销售渠道宽度一般指销售某企业旅游产品的零售网点的数目和分布广度，其中既包括自设网点，也包括代销网点。另外，也常指直接经销和直接代销某企业旅游产品的中间商的数量。直接经销的网点和代销其产品的中间商越多，该旅行社的产品销售渠道就越宽，反之则越窄。销售渠道宽度策略主要指零售网点数量及其地域分布，特别是就选用中间商数量等销售渠道问题进行决策时的方法。销售渠道宽度策略有以下三种。

6.3.1.1 广泛性销售渠道策略

广泛性销售渠道策略指旅行社在自设网点不足的情况下，广泛地委托零售商或通过各地旅行社及相关企业销售产品，招揽客源的一种策略。这一策略的特点是在使用旅游中间商时不加任何选择，只要对方愿意经销或代销其产品并接受双方商定的利益条件，便可成为销售该产品的中间商。广泛性销售渠道策略的优点是选择广泛的渠道推销产品，方便了旅游者的购买，同时便于旅行社联系广大旅游者和潜在的旅游者，也有利于在广泛销售的过程中发现理想的中间商。不利之处在于销售过于分散，管理上有难度，相应的成本也较高。

6.3.1.2 选择性销售渠道策略

选择性销售渠道策略指旅行社根据自身的销售实力和目标市场分布格局，在一定的市场区域内范围只选择少数几个中间商经销或代销自己产品的策略。这种策略尤其适用销售价格较高或数量有限的旅游产品。经过了采用广泛性销售渠道策略的旅行社，经过一段时间后，往往可以根据中间商在市场营销中的作用、组团能力及销售数量的变化情况，从广大中间商中优选出几家有利于产品推销的企业来作为以后的产品销售渠道。选择性销售渠道策略的优点是有目的集中少数有销售能力的中间商进行产品销售，可以降低销售成本。缺点是一旦中间商选择不当则可能影响相关市场的产品销售。

6.3.1.3 专营性销售渠道策略

专营性销售渠道策略指在一定时期、一定地区内只选择一家中间商的销售策略。通常，作为旅行社在某地区总代理的中间商一般不能同时代销其他竞争对手的产品。专营性销售渠道策略的优点是可以提高中间商的积极性和推销效率，旅行社与中间商联系单一，可以降低销售成本，而且产销双方利害关系紧密，有利于协作。缺点在于如果中间商经营失误，就可能在该地区失去一部分市场，若中间商选择不当，则可能完全失去该市场。

6.3.2 旅行社销售渠道长度策略

销售渠道的长度是指旅游产品从生产者（或供应者）向最终消费者转移过程中所经过中间层次的多少。一般地讲，在条件允许的情况下，短渠道优于长渠道。

销售渠道按其长度来分类，可以分为若干长度不同的形式，商品从生产领域转移到用户的过程中，经过的环节越多，销售渠道就越长；反之就越短。旅行社产品销售渠道从长度来看有以下四种基本的类型。

6.3.2.1 旅行社—旅游消费者

旅行社—旅游消费者这种形式的销售渠道就是旅行社直接将自身的产品销售给旅游

者，没有任何中间环节，直接销售意味着旅行社以“出厂价”销售其产品，无须让利给中间商，因而价格比较便宜。

6.3.2.2 旅行社—客源地旅游零售商—旅游消费者

旅行社—客源地旅游零售商—旅游消费者这种形式的销售渠道就是旅行社的产品通过客源地的零售商销售给旅游者，旅行社既要保证自身适当的利润，又要给零售商让利，这样最终销售给旅游消费者的产品价格要稍高于直接销售的价格。

6.3.2.3 旅行社—客源地代理商或者批发商—零售商—旅游消费者

旅行社—客源地代理商或者批发商—零售商—旅游消费者这种形式的销售渠道就是旅行社的产品通过客源地代理商或者批发商再经过客源地零售商销售给旅游者。代理商要向被代理的旅行社收取佣金，批发商则要享受优惠的批发价格，然后批发商要在批发价的基础上加上自身要获取的利润，前者会减少旅行社的收入和利润，后者如果加价过高，则会影响旅行社的产品市场占有率。

6.3.2.4 旅行社—客源地经营商—旅游消费者

旅行社—客源地经营商—旅游消费者这种形式的销售渠道，由于客源地经营商既做批发又做零售，当它做零售时适用于第一种情形，当它做批发商时适用于第二种情形。故不再赘述。

企业决定采用间接式销售策略后，还要对适用渠道的长短做出选择。从节省商品流通费用，加速社会再生产过程的要求出发，应当尽量减少中间环节，选择短渠道。但是也不要认为中间环节越少越好，在多数情况下，批发商的作用是生产者和零售商无法替代的。因此，采用长渠道策略还是短渠道策略，必须综合考虑商品的特点、市场的特点、企业本身的条件及策略实施的效果等。

（1）短渠道销售策略适用的条件：

1）从产品的特点来看，价格贵、高度时尚新潮的产品、售后服务要求高而且技术性强的产品；

2）客源市场相对集中，需求数量大；

3）距离客源市场近；

4）旅行社实力雄厚，特别是销售人员销售能力强，推销人员素质好，资历雄厚，或者增加的收益能够补偿花费的销售费用。

（2）长销售渠道策略适用的条件：

1）从产品特点来看，非易腐、易损、价格低、选择性不强、技术要求不高；

2）客源市场较为分散，各市场需求量较小；

3）距离客源市场远；

4）旅行社的实力有限，特别是销售人员的销售能力弱，推销人员素质较差，缺乏资金，或者增加的收入不能够补偿多花费的销售费用。

案例 6-1

以情动人的销售策略

河北省某市××旅行社的主要目标市场，是当地的各类学校。该旅行社的甲总经理认为，这个目标市场的购买方式是团体购买，由学校领导做出购买决策。针对目标市场的购买特征，他认为最适宜的促销方式是人员推销，而不是其他的促销方式。为此，旅行社没有像其他的旅行社那样，在媒体上大做广告，而是派出精干的销售人员到学校，与校长、学工部负责人、学校团委、学生会负责人等进行直接的接触。

2004 年，××旅行社决定利用该市距离北京较近的区位优势，策划以观看天安门广场升旗仪式，进行爱国主义教育为主要内容的“北京一日游活动”。甲总经理亲自带着一名销售人员来到该市一所小学推介此项活动。接待他们的是乙校长和教务丙主任。但是，丙主任却提出了一个难题。

原来该校共有 1000 余名学生，其中，计划参加此次北京一日游的三四五六的四个年级共有 800 余名学生。在这些学生中，父母均为下岗人员，家庭困难的约有 30 名。丙主任为难地表示：虽然这次旅游的费用每人仅 40 元（含往返交通费、高速公路过桥费和午餐费），但是这些困难家庭的学生可能无法承担这笔费用；而且学校由于经费困难，也无法为这些学生负担活动的费用。因此，这些家庭困难的学生可能被迫放弃这次活动，她认为这样将会给困难家庭的学生造成一定的心理压力。

甲总经理听了丙主任的介绍，十分激动地表示，他也出身贫苦家庭，对于这些孩子的处境十分理解和同情。他向乙校长和丙主任承诺，绝不能让一个孩子因家庭困难而失去参加这次活动的机会。为此，××旅行社不仅让这些学生免费参加这次活动，而且还向他们提供一份和其他学生一样的午餐盒饭、一瓶纯净水和一顶××旅行社定制的旅行帽。听了甲总经理的话，乙校长和丙主任都很感动。乙校长对甲总经理说：“以前，其他的旅行社销售人员来到这里，总是千方百计地说服我，让我们组织学生参加他们组织的旅游活动。他们在价格上斤斤计较，从来不肯为学校和孩子们考虑。今天，您的善举让我很感动，我代表学校和孩子们向您表示感谢。”

在这次活动中，甲总经理选派了经验丰富的导游员，并且自己带队。他们不仅在生活上关心孩子们，而且讲解也十分认真和投入，让孩子们度过了快乐的一天。回来后，学校专门组织学生开会，畅谈参加这次活动的心得体会。学生们都表示，他们参加了一项十分有意义的活动，受到了爱国主义的教育，更加认识到祖国的伟大，一定要好好学习，长大后为建设祖国贡献力量。

乙校长和丙主任十分感谢××旅行社，并且主动介绍其他学校参加××旅行社组织的旅游活动。××旅行社和甲总经理这种以情动人的销售策略，为他们赢得了大量的客源，并获得了良好的经济效益和社会效益。

案例分析与点评

本案例中的旅行社成功销售“北京市一日游”产品，展示了情感销售策略在旅行社产品促销中能够发挥重要作用。××旅行社针对学校中普遍存在贫困生现象，采取以情动人的销售策略，积极向学校推销其旅游产品。旅行社领导关心和体贴贫困生，鼓励支持他们积极参加旅游活动，并为其免去旅游费用，使学校领导深受感动，最终组织学生参加了××旅行社推出的“北京市一日游”旅游活动，而且还主动介绍其他学校参加××旅行社组织的旅游活动。××旅行社在本次促销活动中，不仅取得了良好的经济效益，而且获得了社会效益。

思考题

（1）旅行社销售的特征有哪些？
（2）旅行社销售渠道的类型有哪些？
（3）旅行社客户旅行社选择的条件有哪些？
（4）旅行社对中间商应该怎样管理？
（5）旅行社销售渠道策略有哪些，各自有哪些优缺点？

7 旅行社产品促销

主要内容：

（1）旅行社产品促销的概念与作用；

（2）旅行社产品促销过程及决策；

（3）旅行社产品促销的方式；

（4）旅行社产品促销组合。

7.1 旅行社产品促销的概念与作用

根据现代营销的观点，旅游企业不仅需要向目标市场提供具有竞争优势的旅游产品，还需要与消费者和潜在消费者保持沟通。而这种沟通大多是通过企业的促销活动来实现的，从而把大量的个人需求激发出来、培育旅游消费意识和引导旅游消费潮流。

7.1.1 旅行社产品促销的概念

促销是市场营销组合的四大策略之一，是指企业利用各种有效的手段和方法，使目标消费者认识和了解企业的产品，从而激发消费者的购买欲望，并最终促使其实现购买。由此可见，促销的实质是传播与沟通信息。那么，旅游产品促销则是指旅游企业通过一定的方式，将企业的旅游产品信息及购买途径传递给目标顾客，激发用户的购买兴趣，强化购买欲望，甚至创造需求，从而促进产品销售的一系列活动。

旅行社产品促销是指旅行社为了鼓励消费者购买自己的旅游产品，运用各种推销方法与手段，将旅游产品的有关信息及时传递给客源市场上的中间商和潜在的旅游消费者，从而促进旅游产品销售，实现旅游产品价值的过程。其实质是旅行社和旅游中间商或旅游者之间的信息沟通。促销的目的是将潜在的顾客变成实际的旅游者。

由于我国旅行社行业发展起步比较晚，企业规模普遍太小，市场机制不很完善，行业管理也欠规范。因此，旅游产品促销特别依赖价格竞争，从而导致大部分旅行社恶性削价、微利经营。进入21世纪以后，随着我国旅游行业的不断发展，越来越多的旅行社开始注重研究游客的消费需求心理，对于不同消费者的兴趣、偏好、欲望等特定需求采取多种多样的促销策略，有针对性地与中间商和潜在消费者进行信息沟通。在促销活动中，引入旅游电子商务等新兴营销方式，既可以减少买卖双方的时间耗费，又可以降低费用，节省开支。在接待服务过程中，也把提高游客满意度作为产品促销的重要竞争手段，营造旅游活动全过程的轻松愉快气氛，努力让消费者产生难忘的经历，留下美好的体验。

7.1.2 旅行社产品促销的作用

7.1.2.1 传递信息，沟通供需关系

旅行社促销的直接作用是进行信息传递，实现旅行社与旅游中间商、旅行社与旅游消费者之间的沟通。通过各种促销手段，将旅行社产品相关信息传递给旅游中间商和旅游消费者，同时也将中间商和旅游消费者的意见反馈给旅行社。这不仅能使中间商和旅游消费者了解产品销售的情况，为旅行社建立良好的声誉，从而为旅行社产品销售的成功创造条件；而且旅行社也可以根据市场需求状况调整供求关系，不断改进产品，找到更合适的市场定位。

7.1.2.2 刺激旅游需求，扩大销售

旅游产品属于弹性需求的商品。旅行社应针对旅游消费者的心理动机，灵活运用各种有效的促销方法开展高水平的促销活动，不仅可以激发或诱导消费者潜在的旅游消费欲望，并使这种消费欲望变成现实的消费需求，从而增加旅游消费总量。此外，通过旅行社的促销活动还可以创造需求，发现新的销售市场，使市场需求向有利于旅行社营销的方向发展。

7.1.2.3 突出特色，增强市场竞争力

随着社会经济的发展，旅游市场竞争越来越激烈，产品同质化也较严重。旅行社同类产品之间可替代性较强，旅游消费者一般难以区分这些产品的微细差别，此时，要增加旅行社产品对旅游消费者的吸引力，旅行社就应通过促销活动，突出旅行社自身产品的特色、优势并能给消费者带来的独特利益，并由此使潜在消费者产生偏爱行为，最终强化旅行社自身的竞争优势。

7.1.2.4 树立良好声誉，巩固市场地位

在竞争日趋激烈的市场环境中，做好旅游产品促销工作，可以使旅行社赢得更多潜在顾客的青睐，有利于其在目标市场上树立良好的声誉和形象，并且能够在残酷的市场竞争中胜出。旅游市场风云变幻，一旦出现环境威胁因素，旅行社可以通过有效的宣传促销手段，改变自身消极的公众形象，重新建立良好声誉，以恢复稳定市场，甚至不断扩大其市场份额，并达到取得良好经济效益的目的。

7.1.2.5 缩小淡旺季差异，稳定销售

旅游产品受到多种因素的影响，如自然条件、政治经济因素、人文环境因素等，因此也就决定了旅游产品的淡季和旺季的需求差别较大。旅行社作为食、住、行、游、购、娱等旅游企业产品的主要销售渠道，必须在不同的时节对相应的旅游产品进行大规模促销和宣传，从而缩小淡季和旺季的差异，稳定产品销售。

7.2 旅行社产品促销过程及决策

7.2.1 旅行社产品促销过程

由于旅游消费活动需要涉及食、住、行、游、购、娱六个方面的基本要素，因此，旅行社产品一般是由以上各种要素组合而成的，在现实生活中通常表现为一条条的旅游线

路。旅行社产品促销要经历一个过程，大体可分为市场开拓期、产品交易期和信誉巩固期三个阶段。

7.2.1.1 市场开拓期

在市场开拓期，旅行社产品促销的主要任务是向中间商和潜在消费者传递真实有效的旅游产品信息，实现良好的信息双向沟通。因此，外联促销人员就必须利用各种关系，通过各种渠道，想尽各种办法，采用各种手段，努力争取与客户交流感情，建立友谊，增加诚信，最后达成合作意向。为了达到信息传播效果的最优化，节省成本开支，旅行社需要针对不同的目标顾客群，根据其接受旅游产品信息的选择途径，全面评价各种信息传播工具，然后进行互相搭配，找出能够达到最佳效果的旅游产品促销组合。

7.2.1.2 产品交易期

在产品交易期，旅行社产品促销的主要任务是制定合理的价格，让客户在满意的价格水平条件下与旅行社达成产品交易。为了促使旅行社产品销售成功，特别是在争取新客户的时候，应该实行薄利多销的促销策略，确定足以让对方心动的旅游产品价格。那么，在同等或者接近的质量保证前提下，消费者自然会选择费用最低的旅行社产品。当然，薄利多销并不等于恶性削价竞争，旅行社产品销售作为一种企业经营活动，其根本目的就是能够盈利。因此，在产品报价上采取“零团费”甚至“负团费”的做法是完全不可取的。

7.2.1.3 信誉巩固期

在信誉巩固期，旅行社产品促销的主要任务是忠实履行旅游交易合同，确保旅游产品质量，搞好旅游接待服务，用诚信经营行为去赢得游客的满意消费，为企业培养大量忠诚顾客。作为组团社，在旅游活动结束后，需要特别重视消费者的各种感受。假如游客提出什么问题，一定要及时进行沟通，并给予圆满答复和进行妥善处理，尽量避免游客投诉行为的发生。作为地接社，必须珍惜促销成果，保证接待服务质量，为游客在整个旅游活动过程中提供至善尽美的优质服务。只有重视信誉的旅行社才能巩固促销成果，并进一步创造旅游产品促销优势。

7.2.2 旅行社产品促销实施的关键步骤

旅行社促销的目的就是通过与市场进行信息沟通，来引起消费者的购买兴趣，树立旅行社自身及其产品或者旅游目的地的良好形象，从而促进销售。可以说，旅游促销的过程，就是信息沟通的过程。其关键步骤具体可划分如下几个：

7.2.2.1 确定促销目标受众

促销的过程既然是进行信息沟通的过程，就必然要有信息沟通的对象，也就是要在一开始就明确促销的目标受众。这些受众包括旅游产品或服务的潜在购买者、目前使用者，以及某单位或企业的决策者和影响者，他们有可能是个人，也可能是组织。一般来说，旅游营销市场选定后，这个市场中的全部或部分会被选作促销目标受众。只有确定了促销的信息沟通对象，旅行社相关管理人员才能有目标地选择从哪些方面，在什么时间、什么地点，由哪些促销人员，采用什么方式方法来进行促销。

7.2.2.2 明确促销目标

在促销的作用中曾经提到，促销人员要通过促销诱导消费者的购买行为，将促销受众由当前的心理阶段推进到更高层次的心理阶段甚至直接达成购买行为。明确促销目标就是在了解并确定促销受众当前所处的心理反应层次的基础上，确定促销活动要使消费者达到的更靠近购买的心理阶段或者达成购买的行为。例如，旅行社通过调查了解到促销对象对于自己的产品处于“知晓”的阶段，那么旅行社的促销人员就可以将“喜爱”和“偏好”作为促销信息沟通的目标，并通过采取一系列的措施，向消费者宣传灌输有利于自己产品销售的言论和思想，来使他们的态度从“知晓”转变为“喜爱”。

一般地，旅行社促销目标又可分为直接目标和间接目标。直接目标是指寻求目标受众明显行为反应的目标，例如，旅行社要在两个月内提高10%的销售额等。间接目标是指可以对旅行社起到积极的影响和促进作用，但并不直接导致消费者行为的目标，例如，提高产品知名度、改善形象等。

另外，旅行社促销目标受众除了直接消费旅游产品的旅游者外，还有旅游中间商。面对不同的目标受众，旅行社应确定不同的促销目标。但总的来说，旅行社的促销目标应切实可行，具体、准确、量化、可测定，且各促销要素目标必须协调一致。只有明确了促销的目标，才能有选择、有方向地开展促销活动，才能取得较好的促销效果。

7.2.2.3 设计促销信息

在明确促销目标之后，还面临如何设计促销信息送达到既定目标的问题。一个有效的信息往往包含信息内容、信息形式、信息结构和信息源四个方面。信息内容就是通常说的“主题”，也被称作“诉求”；信息形式指信息的表达所采用的形式，例如使用文字或者图画表达信息；信息结构指的是表达信息内容时的逻辑结构，它和信息形式共同支持着信息内容的有效性和吸引力；信息源是信息的发送者，信息发送者的形象和信誉越好，信息就越有说服力，这也是当今的许多厂商聘请名人担任产品广告代言的原因之一。

7.2.2.4 选择促销的信息沟通渠道

促销信息沟通渠道可分为人员渠道和非人员渠道。人员渠道尤以亲戚、朋友向目标购买者进行的关于产品的赞扬、宣传最具有说服力；非人员渠道主要是通过媒介、事件、气氛等非人员因素达到沟通目的，它的效果稍逊于人员沟通，突出的问题是不能马上获得反馈信息。

7.2.2.5 制定促销预算

促销预算是旅行社从事促销活动的计划支出费用，它关系着促销活动的实施及促销活动效果的大小。为了实现成本与效果的最佳结合，以较低的广告成本达到预定的广告目标，旅行社必须进行合理的广告预算，即投放广告活动的费用计划，它规定了各种经费额度和使用范围等。旅行社促销费用的预算方法很多，主要方法如下。

A 量力而行法

量力而行法是根据旅游企业财务的承受能力来决定企业广告预算的方法。这种方法简便易行，但是容易造成广告费用和真正需要的费用脱节，导致广告计划难以执行，无法实现预期的广告目标。相对来说，这种方法较适宜于小型企业及临时的广告开支。

B 销售百分比法

销售百分比法是指把某一销售额（当期、预期或平均值）的一定百分比作为广告预算，或是将其设定为销售价格的百分比。这种方法使广告费用与销售收入挂钩，简便易行，但是颠倒了二者的关系，忽视了广告促销对销售收入的正效应。同时，使用这一方法，需要根据本企业历史经验和数据、行业一般水平等来确定这个百分比，没有充分考虑未来市场的变化。

C 目标任务法

目标任务法是根据为实现广告目标所必须完成的任务及为完成这些任务所需要的费用来决定广告预算。目标任务法具有较强的科学性，注重广告效果，使预算能满足实际需求。但是该方法各项费用的确定带有一定的主观性，且预算不易控制。

D 竞争平衡法

竞争平衡法是指参照竞争对手的广告费来确定能与其抗衡的广告费用。把竞争对手的广告费用考虑进来，有利于与竞争对手在同一平台上对话，保持在广告促销中处于平等或优势地位，但是过于关注费用支出竞争，忽视了竞争者广告费用的不合理性及与竞争者之间的差异。因此使用竞争平衡法时应考虑企业自身的实力、及与竞争者之间的差别，不能盲目攀比。

7.2.2.6 决定促销决策组合

由于各种促销手段都有其独特的利弊之处，因此在整个促销过程中，旅行社必须根据所处的内外环境综合考虑本身的促销目标、产品及市场类型、产品所处的生命周期阶段等，从众多的组合方案中选出最佳组合策略。一般来说有推动策略和拉引策略两种基本的促销组合方式。

7.2.2.7 促销效果的测定

促销效果评估包括事前评估、事中评估和事后评估。评估方法包括前后比较法、市场调查法和观察法。旅行社在实施评估时，要确定评估目标，制定评估策略，执行评估方案，注意评估周期，建议采取短期、中期相结合的方法，保证效果评估合理、公平，做好促销费用的计算。

7.3 旅行社产品促销的方式

旅行社产品促销的方法很多，但如果对其进行分门别类地加以总结，主要包括广告促销、直接促销、营业推广和公共关系四大系列。

7.3.1 广告促销

广告促销就是通过一定的媒体，将旅行社产品介绍给潜在消费者，激发其购买欲望，促进旅游产品销售，提高旅行社经营效益的宣传推介活动。广告促销具有传播速度快、覆盖范围广、利用手段多、宣传效果好等许多优点。因此，它是旅行社产品促销中使用最频繁、最广泛的一种促销方法。旅游产品促销广告根据使用媒体的性质不同，可以分为自办媒体广告和大众媒体广告两种基本类型。

7.3.1.1 自办媒体广告

旅行社自办媒体广告主要有以下三种方式：

A 户外广告

户外广告是一种影响力比较大的自办媒体广告。一般设置在人流量比较大的公共场所，比如机场、火车站、汽车站、码头等，主要通道两旁及建筑物顶部等容易被过往人群注意到的地方。

B 广告传单

旅行社将旅行社及其产品的相关信息采用图文形式设计制作为单页传单、多页传单、折叠式传单等在公共场所散发或在公共广告栏张贴。

C 载有旅行社或相关产品的纪念品

旅行社向旅游者赠送印有本旅行社名称、社徽、联系地址和电话号码的旅行包、太阳帽、文化衫、记事本、钥匙链等纪念品。

自办媒体广告最大的特点是旅行社自主选择宣传对象，针对性强，可以提供宣传效果。自办媒体广告是旅行社开展宣传促销常用的重要工具。

7.3.1.2 大众媒体广告

大众媒体是指电视、广播、报纸、杂志、互联网这些拥有大量受众、能大批复制传播内容、规模庞大的传播机构。大众媒体广告就是我们通常在各类公开性的媒体上所看到或听到的广告，是现代广告中最为普遍的传播媒体，能够同时影响数以万计的受众，它告知产品的信息，劝说改变态度，激励购买。大众媒体广告的主要包括如下。

A 广播广告

广播广告即以电台广播为传播媒体的广告。电台广播的优点：(1) 传播速度快，范围广，时效性强。(2) 听众明确，广告语言通俗化，对象易于掌握。(3) 制作成本与播出费用低廉。(4) 随身收听的现象较为普遍，少受时空限制。

电台广播的缺点。信息保持性差。

B 电视广告

电视广告即以电视为传播媒体的广告。电视广告的优点：(1) 电视是唯一能够进行动态演示的感情型媒体，其冲击力、感染力特别强。图像的运动是电视广告最大的长处。电视媒介是用忠实的记录手段再现讯息的形态，令受众的感觉特别真实强烈，这是其他任何媒体的广告所难以达到的。(2) 穿透力强，到达率高，电视广告可以迅速穿越空间到达电波覆盖的任何区域，直接进入亿万家庭。电视广告带有一定的“强制性”，因而穿透力强，到达率高。(3) 与生活最为贴切。电视与我们的生活密切联系，电视传播的内容是现实的延伸，人们离不开电视，自然也离不开为生活提供各种讯息的电视广告。

电视广告的缺点：(1) 信息量小，转瞬即逝。由于电视广告一般只有15秒、30秒，信息量是极其有限的。电视广告不能保留、传阅和反复观看，所以不便记忆。(2) 受收视环境的影响大，不易把握传播效果。电视机需要一个适当的收视环境，离开了这个环境，也就根本阻断了电视媒介的传播，在这个环境内，观众的多少、距离电视机屏幕的远近、观众的角度以及电视音量的大小、器材质量以至于电视机天线接收信号的功能如何，都直接影响着电视广告的收视效果。(3) 费用昂贵。一是电视广告片本身的制作成本高，周期长；二是播放费用高。

C 报纸广告

报纸广告即以各种报纸为传播体的广告。报纸的优点：(1) 传播范围广，读者众多且相对稳定。(2) 报纸的发行地区和发行对象明确，选择性较强；编排灵活，时效性强。

(3) 报纸由于具有特殊的新闻性和权威行，使广告在无形之中也增加了可信度。(4) 报纸具有保存价值，其内容无阅读时间的限制。(5) 广告费用相对低。

报纸的缺点：(1) 读者需要一定的阅读能力，受到文化水平的限制。(2) 受材质与技术的影响，报纸的印刷品质不如专业杂志、直邮广告、招贴海报等媒体的效果。(3) 时效性较短。(4) 注意度不高。

D　杂志广告

杂志广告即以各类杂志为传播媒体的广告。杂志的优点：(1) 阅读率高，保存期长。(2) 针对性强，读书阶层和对象明确。(3) 杂志的编辑精细，印刷精美，表现力强。

杂志的缺点：(1) 时效性差。(2) 杂志专业性强，读者层面较狭窄。

E　网络广告

网络广告即以互联网为传播途径的广告。自1994年10月4日，美国著名的《热线杂志》(Hotwired) 首开网络广告先河以来，网络广告就迅速席卷欧美大陆，成为当今欧美国家最为热门的广告宣传形式，并且正在迅速地扩展到世界其他国家和地区。2000年的网络用户达5.5亿人，网络成为继报纸、杂志、广播、电视之后的第五大媒体。截至2020年12月，我国网民规模为9.89亿，已占全球网民的五分之一左右。随着网络用户的增多，电子商务的迅猛发展，网络广告也将高速度阔步向前。互联网促销的优点：

(1) 网络媒介具有传播范围广、速度快、无时间地域限制、无时间版面约束、内容详尽、多媒体传送、形象生动、双向交流、反馈迅速等特点。网络营销可以利用各种营销手段将企业或者公司的信息投放到各大媒体平台甚至自己的朋友圈都是没有问题的，只要用户有网络随时都能看见信息并进行阅读，有利于提高企业营销信息传播的效率，增强企业营销信息传播的效果，降低企业营销信息传播的成本。

(2) 网络营销成本低、传播速度快。可以根据行业的特点去指定的平台进行投放并且能随时进行改动灵活性很高，还可以通过用户的各种互联网行为习惯分析出用户的需求，这样更能快速地帮我们实现精准营销。

(3) 互联网上面的用户主动性更强。可以利用这点让用户主动找上门，在各大媒体平台发布信息让用户找到我们，也可以通过搜索引擎营销的方法实现这一点，互联网上面的用户选择性更强，用户会根据自己的需求做出选择，所以在这个时候就需要凸显我们产品的各大优势及其特点来触及用户的兴趣点。

(4) 网络营销的互动性强。传统的营销模式是通过打电话进行沟通而互联网营销的方式是通过实时的聊天工具进行沟通，能随时解决用户所遇到的问题，也能随时应付用户的咨询，并且还可以定期开展一些促销活动，让用户积极地参与互动。

7.3.2　直接促销

直接促销就是指旅行社通过直接与旅游中间商或潜在消费者进行接触来推动旅游产品销售的过程。直接促销是旅行社产品促销的重要方法，具有联系紧密、机动灵活、反馈及时、选择性强等主要特点，有利于确立同消费者之间的良好关系。直接促销主要有人员推销、电话促销、直接邮寄促销、文化广场促销、旅游大篷车促销和会展促销等几种形式。

7.3.2.1　人员推销

人员推销是旅行社促销人员与潜在的旅游者或客户接触和洽谈，向顾客宣传、介绍旅行社产品，解答各种疑问、引导消费并设法实现产品销售的过程。人员推销有人员接触推销、会议促销、讲座促销等。人员接触是以旅行社推销人员个人或小组的形式与顾客接触，进行产品推销。会议促销是旅行社推销人员邀请顾客代表在某一约定地点开会，由推销人员在会上介绍旅行社的产品并进行促销活动。讲座促销是由旅行社推销人员在顾客所在地为顾客做关于新产品教学式讲座的促销方式。人员推销具有很大的灵活性、选择性和完整性，并且具有公共关系的作用。不足在于成本费用比较高，传播范围比较狭窄。

7.3.2.2 电话促销

电话促销一般仅用在针对国内重点老客户推出新产品，或通过电话向重点老客户征询对产品的意见、解答客户的询问，促使客户旅行社更大量的购买本社产品。由于电话通信费用较高，且由于缺乏信任感，潜在的客户对电话促销一般反应不强，因而不宜对新客户采用电话促销的方式，更不适宜入境旅游产品促销。电话促销的优点是及时针对性强，与客户能直接交流从而产生情感因素。不足是费用不便宜，无视觉及文字效果，促销成功率不高。

7.3.2.3 直接邮寄

旅行社针对目标顾客将旅行社的产品宣传册、产品目录、产品广告传单等促销材料直接邮寄给顾客进行促销。这种促销方式受时空限制较少，成本低，但是获得的反馈率低，促销效果不好。

7.3.3 营业推广

在市场营销学中，营业推广又称销售促进，它是指对中间商、潜在消费者及本企业销售人员提供短期激励，以达到促成购买或努力销售的各种行为活动。对于旅行社产品促销来说，营业推广的作用也是非常明显的，其手段也相当多。针对旅游者的营业推广活动的目的在于吸引新顾客，抓住老顾客，常用的营业推广手段主要有赠送纪念品、赠送折价券或消费券、抽奖促销、价格优惠、附赠产品、常客优惠服务等。针对中间商的营业推广活动在于扩大和增加旅行社产品同顾客之间的渠道，主要手段有对中间商折让、给予推广津贴、提供宣传资料和开展联合促销等。针对本旅行社的销售人员可以采取发奖金、分红利、培训、开展销售竞赛、奖励旅游等。

7.3.4 公共关系

公共关系目前在国内外的大学中已经是一门独立的学科。把公共关系应用到营销中，形成一种新型大多促销工具，同时也是种非常有效的间接沟通渠道。为了建立、维护、改善或改变企业和产品的形象，为了给企业的发展创造天时地利人和的环境，企业通过一定的信息传播，建立企业与公众良好关系，这就是公共关系。

公共关系是指旅行社通过信息沟通，建立与社会、公众及消费者之间的良好关系，维护企业及其产品形象，营造有利于企业的经营环境的一系列措施。在目前，我国旅行社经营的社会软环境不够理想，旅游质量投诉事件过多，各种负面报道影响较大，因此，采用公关手段十分必要。旅行社公共关系主要有新闻媒体公关和社会公众公关两大类型。

7.3.4.1 公关关系的作用

作为一种营销传播方式，旅游公关活动的目的主要在于影响某些具有社会影响力的公众对本企业旅游产品的看法和态度，从而推动本企业战略目标的实际。因此，旅游公共关系在塑造旅游企业良好的公众形象、提高其知名度和美誉度、增强市场竞争力方面具有重要作用，主要表现为：

A 建立和维护与社会公众的良好关系

企业在社会中生存和发展，就必须与整个社会的环境、人文习俗、公众的思想观念相协调。如只埋头专注自己的利益，担任社会活动的旁观者，该企业必将没有多大发展空间，甚至生存都受到威胁。通过公共关系活动，企业参与各种有益的社会事件、赞助各种公益活动、保持与社会公众的良好沟通，可以使企业逐步建立起良好的公众形象，获得公众的爱戴和拥护，有利于企业的健康发展。

B 提高企业信誉，促进销售业绩

通过公共关系活动，还可以提高企业的知名度和美誉度，增强市场竞争能力。与此同时，向顾客传递企业产品的准确信息，密切与顾客的联系，针对顾客的需求传递满足顾客需求的意向，使顾客不仅感受到以诚待人的经营作风，而且感受到企业产品的高质量；待时机成熟顾客就会购买企业的产品。

C 协调内外关系，预防危机损失

与相关媒体、社会团体、政府机构及有其他业务关系的机构保持良好的关系，可以减少产品销售过程中的阻力。此外，在企业内部开展公关活动，可以缓解各种内部纠纷，减少不必要的内耗损失，增加企业的凝聚力。

如上所述，与媒体保持良好的关系是旅游企业公共关系的重要组成部分之一。因为通过媒体不仅可向公众传播正面的新闻报道，还可以抑制潜在的负面新闻。一个与媒体有良好关系的企业有更多的机会在新闻发布之前阻止和缓解将要发布的可能不利于企业形象的消息。但是如果认为公关活动可以去掩盖企业或产品本身存在的缺陷就大错特错了。没有任何活动可以帮助一个不去改进其本身潜在问题的企业。因此，公共关系一般是其营销和促销活动共同实施，而不能成为其替代品。

7.3.4.2 公共关系的基本工具

旅游公共关系作为一种可信度较高的信息沟通方式，旅行社常用的公关工具有以下几种：

A 新闻报道

将有新闻价值的旅行社活动信息或产品信息通过新闻媒体向公众传递。新闻报道常是客观描述事实，需以新闻工作者的风格来阐述，同时力争使其新闻价值最大化，收到有利于旅行社的公众效应。旅行社营销公关部门还可将旅行社自身的发展史、营销状况、重大发展动向、企业文化建设等内容写成新闻稿件，通过新闻媒体报道出去。此外，还以邀请新闻记者来旅行社参观、召开新闻发布会和记者招待会等形式，向外界报道旅行社的情况，让社会公众多了解企业。

B 演讲策划

由旅行社领导人通过一定渠道或活动发表演讲，介绍旅行社的相关情况及旅行社回报社会和旅游消费者的实际行动，以提高社会公众对旅行社的关注。

C 公益赞助和捐赠

旅行社可以赞助教育、环保、健康等公益事业，还可以给发生灾害的地区和人们进行捐赠。这些赞助和捐赠活动一方面表现了旅行社高度的社会责任感；另一方面，公众透过这些活动，对旅行社增加了认知，产生对旅行社的好感，从而树立旅行社良好的公众形象，促进旅行社产品销售等。

D 事件赞助

企业可以通过赞助国内外有价值的事件实现新闻覆盖率，同时这些事件也有助于提高企业品牌的知名度，如赞助一些体育、音乐、艺术活动，学术、智力竞赛等。2008年北京奥运会时联想集团通过为奥运会提供电脑设备，大大提高其在国内外的知名度，更加巩固了其市场地位。

E 庆典活动

庆典活动是旅行社在重大节日或因自身重大事件而举行庆祝的一种公共促销专题活动。庆典的形式非常多，如开业庆典、周年庆典、节日庆典、重大活动庆典、庆功庆典等。庆典活动与日常活动相比，由于更具有特殊性和隆重性，因而更能引起旅游者的关注，从而扩大旅行社的知名度和美誉度。

7.4 旅行社促销组合

促销方式有很多，它们各自发挥着不同的作用，有不同的适用范围。对一种旅游产品而言，在促销时只使用其中一种方式往往是不够的，需要把几种不同的方式有机组合起来，综合运用，形成整体的促销攻势。这种把多种促销方式有机结合并综合运用的方式就是促销组合。旅行社促销组合策略就是指旅行社企业为了实现市场营销的战略目标，把各种促销手段和策略组合成一个有机整体，并加以综合运用，从而保障企业营销效果，实现企业的长期发展。对于旅游这样一个季节性强，敏感度高且需求弹性大的行业而言，促销组合策略一直是旅游市场营销的重点和亮点。

7.4.1 影响促销组合的因素

由于各种促销手段都有其独特的利弊之处，因此在整个促销过程中，旅行社必须根据所处的内外环境和企业本身的营销目标，灵活地选择，从众多的组合方案中选出最佳组合策略。在选择旅游促销组合策略时，要受到以下因素的制约和影响：

7.4.1.1 促销目标

促销目标是影响促销组合决策的首要因素。每一种促销方式都有各自独有的特点和成本差异，相同的促销方式用于不同的促销目标，其成本效益也会有所不同。不同的目标也会针对不同的对象、消费者或中间商。针对消费者的促销组合应该要有较大的影响范围，而针对中间商的促销组合应主要着重激励中间商，体现给中间商的优惠和让利程度。

7.4.1.2 产品性质

在旅游产品性质方面，不同性质的旅游产品，旅游者购买的需求不同，购买的动机和习惯也不同，因此需要不同的促销组合。对于顾客众多、分布面广、购买频率高，而每次购买量又较少的旅游产品，广告往往是主要的促销方式，其他方式为辅助方式；对于价格昂贵、风险较大的旅游产品，旅游者需要更多的信息去衡量其性价比、可靠性等，一般广告所提供的信息不能满足其需求，因而可以把人员推销或公共关系等作为重点途径；而其他单位价值较低、大众性的产品应采用广告宣传为主，目标市场面较窄的产品则可以采用人员推销为主等。

7.4.1.3 市场状况

不同的旅游市场，由于其类型、规模、消费者分布范围和数量的不同，而应采用不同的促销组合。当市场潜在消费者较多时，应采用广告促销，以利于广泛开发市场；潜在消费者较少时，则可用公共关系或人员推销，以深入接触消费者、巩固现有消费者。同时，规模小、消费分布集中、地域狭窄的市场可以采用人员推销为主；规模大、消费者分布分散的市场可采用广告宣传为主。此外，市场还受每一地区的社会文化、风俗习惯、经济政治环境等的影响，选择促销组合的策略时，应与它们相适应，以达到最佳促销效果。

7.4.1.4 产品生命周期

产品所处的生命周期阶段是设计促销组合时应考虑的重要因素。旅游产品处于不同的生命周期阶段，需要采取不同的促销组合。在产品的导入期时，促销主要以宣传为主，让目标客户知道该产品的存在。一般而言，广告和公共关系都可以让目标群体认识某种产品类别或品牌，提高其对该产品或品牌的关注度，同时还可以用销售促进方式作为辅助，鼓励人们购买之前试用该产品。在产品的发展时期，仍可大量使用广告进行宣传，但可以减少销售促进，因为消费者不再需要多少刺激就会购买。此时，促销策略的重点应该放在产品与竞争对手的产品之间的差异化优势上，突出产品或品牌的优势，建立和维护消费对品牌的忠诚度。当产品进入成熟期时，竞争对手日益增多，市场竞争十分激烈。在这一阶段，大部分消费者对产品已有所了解，销售促进也逐渐起着重要作用，再度刺激消费者的购买欲望。当产品进入衰退期时，企业应该相应降低促销规模，广告也仅起到提示作用，保持顾客的记忆，公共关系、人员推销等方面可减至最小规模，但销售促进可继续开展，保证产品的顺利销售。

7.4.1.5 企业状况

企业状况对促销组合的影响主要是指旅行社的资金状况对促销组合的影响。因为资金状况直接关系着促销预算，而促销预算的多少又影响着促销方式的选择。各种促销方法所需费用是不相同的，旅行社应使用尽可能少的花费取得尽可能大的促销效果，提高促销效率。除了资金状况外，企业规模、声誉、知名度等因素都会影响促销组合策略的制定。

7.4.2 促销组合策略

在对上述因素综合分析的基础上，可以初步制定促销组合策略。如前述，不同的方式组合就可以形成不同的策略。但是，大体来说，这些策略可以分为两大类：拉式策略和推式策略。

7.4.2.1 拉式策略

拉式策略又称拉引策略，它是基于直接激发最终消费者对本企业旅游产品的兴趣和热情，形成急切的市场需求，促使其主动去寻找购买途径，然后拉引中间商纷纷经销这种产品。在市场营销过程中，由于中间商与生产企业对某些新产品的市场前景有不同的看法。当新产品上市时，中间商因担心市场风险过高而不愿经销。在这种情况下，生产企业就可以先从消费者方面推销，形成巨大的市场需求，促使经销商经销。拉式策略常用的方式有广告、销售促进、公共关系、展览促销等。

7.4.2.2 推式策略

推式策略是着眼于积极地把本企业旅游产品推向目标市场，也就是指推着旅游产品经分销渠道最终达到消费者手中。推式策略的意图是旅游产品生产者或提供者劝说或诱使旅游中间商及旅游消费者来购买自己的产品，使旅游产品逐次地通过各个销售渠道，并最终抵达旅游消费者；表现为在销售渠道中，每个环节都对下一个环节主动出击，强化顾客的购买动机，说服顾客迅速购买。这种策略主要是以人员推销为主，销售促进、公共关系等与之相配合。推式策略的主要方法有：

（1）访问销售法，上门访问，征求意见，密切相互关系，在积极巩固老客户的同时，通过老客户介绍扩大新客户；

（2）网点销售法，在目标市场上建立销售网点，包括建立工商联销、联营网点，许多大连锁店都采用此法；

（3）巡回销售法，有目的、有计划地在交通沿线和其他公共场所巡回销售；

（4）应用销售法，在目标市场采用技术应用讲座，实物陈列与现场操作表演相结合等办法，使消费者对产品技术标准、性能、作用价值等有新认识，用以指导消费、刺激购买欲望；

（5）服务销售法，通过文明经商、优质服务，不断扩大销路。售前服务要搞好店堂卫生，美化商品陈列以吸引顾客参观选购；售中服务要主动热情接待顾客，耐心、周到为顾客服务；售后服务坚持送货上门、安装、调式、维修等。

7.4.2.3 推拉结合策略

在实践中，可以把上述两种策略配合起来运用，在向中间商进行大力促销的同时，通过广告刺激市场需求。在“推式”促销的同时进行“拉式”促销，用双向的促销尽力把产品推向市场，这比单独地使用推式策略或拉式策略更有效。

案例 7-1

小记者们的愉快旅行

某市电视台办了一期小记者培训班，在培训班即将结束时，暑假到了，电视台打算组织孩子们去旅游。该市的××旅行社知道此情况后，联系到了这次组团业务。针对电视台、家长及孩子们的需求，该旅行社开发设计了以江浙地区为目的地的“小记者修学七日游”产品。电视台的这期培训班人数不多，为扩大客源，旅行社决定将“修学游”产品推向市场。

他们首先做了市场调查和预测，了解到该市中小学以及家长、教育机构，普遍赞同孩子暑假出行，但对“修学游”这种出行方式了解不多。根据这些调查情况，××旅行社制定了“修学游”产品的推广方案。

“修学游”的参加者是中小学学生，但是能否参加旅游活动的决策权，相当一部分掌握在家长手里。于是，旅行社邀请家长们参加了修学游说明会。与家长们相互沟通，充分了解情况，为家长们解惑答疑，使他们安心、放心地送孩子们去修学游。

××旅行社还了解到暑假里有很多培训机构招收了大量的中小学学生。当培训学习告一段落后，一些培训机构打算组织一次带有总结和奖励性的活动。××旅行社的外联人员就分别来到这些培训机构，向他们介绍修学游产品。有些培训机构对修学游产品产生了兴趣，但是，对游什么和怎么游不太清楚。外联人员详细地向他们说明行程及活动安排。培训机构普遍认为，参观宁波电视台并与该台青少年部联欢、游东方明珠电视塔等旅游项目，不仅适合青少年的旅游需求，而且还符合培训初衷，表示将认真考虑修学游产品。另外，外联人员还就培训机构较敏感的组团价格，提出了切实可行的合作方案。

××旅行社还有一个得天独厚的优势，就是与电视台的良好关系。于是，该旅行社在电视台进行了广告宣传，打出的广告主题是“修学游，暑假生活真不同”，以迅速、及时、生动、直观的方式在更大范围内宣传推广修学游。

在第一个团出发前，家长们提出是否可以让导游员在发团前先跟孩子们见见面，这样，孩子们不但可以熟悉导游员，家长也放心。旅行社觉得这个提议很好，就组织了简短而热烈的发团见面会。导游员们个个年轻活泼，很快就和孩子们打成一片。

对报名参团的孩子，旅行社都做了详细登记，留下家长和培训机构的联系方式，让各方面都放心。第一个团的孩子们回来后，有的人拍了照片，还有的人拍了 DV 作品。旅行社的人灵机一动，作了修学游图片展和我的难忘经历作品征集，让孩子们的修学游更值得回味。

当孩子们结束愉快的旅程后，都惊喜地收到了导游员的一份小礼物。××旅行社的修学游产品成功地打开了市场。

案例分析与点评

该旅行社之所以能够成功地销售了大量的修学旅游产品，与其采用的促销方式有很大的关系。首先，该旅行社的潜在消费者——在暑假参加各种培训的中小学生相对集中，采取了人员促销的策略，这种促销策略命中率高的特点使得旅行社能够提高其产品的销售效率。其次，该旅行社在广告媒体的使用方面也有独到之处。旅行社充分开发自身的优势资源，利用与电视台得天独厚的关系，以绝大多数旅行社不敢企及的电视广告形式向广大中学生及家长进行促销，对于该社推出的修学旅游产品的销售起到了重要的促进作用。再次，该旅行社对家长们的提议做出及时反馈，组织发团见面会，进一步对产品进行了宣传。最后，该旅行社重视售后服务，为日后的产品销售打下了良好的基础。

思考题

（1）什么是旅行社促销，旅行社促销的意义如何？

（2）旅行社促销方式有哪些？

（3）影响促销组合的因素有哪些？

8 旅行社接待管理

主要内容：

（1）旅行社团队旅游业务接待管理；

（2）旅行社散客旅游业务接待管理；

（3）导游带团接待流程；

（4）旅行社接待服务质量管理；

（5）旅游投诉接待处理。

8.1 旅行社团队旅游业务接待管理

旅行社的接待业务按组织形式分团队旅游业务和散客旅游业务，团队旅游业务按服务形式可以分为组团旅游业务和接团旅游业务。无论是组团旅游业务还是接团旅游业务的接待工作都要经历一定的程序，其程序分别如下：

8.1.1 组团社团队旅游接待业务流程

组团旅游业务是旅行社的主营业务之一，它是运用各种方式将招徕的团队或散客输送到经过选择的国内外相关的地接旅行社，并通过与地接社的相互配合顺利完成合同的规定，为旅游者提供满意的旅游体验，从而获得旅行社利润的全部过程。组团旅游业务有一定的工作程序，其接待流程如下：

8.1.1.1 接收旅游消费者的咨询

旅行社的接待员（销售人员）接受旅游者的现场咨询或电话咨询（或网络在线咨询），热情耐心的询问对方的人数、时间、具体景点行程、接待标准、往返交通、联系方式等。或者销售人员对旅游者介绍本社的旅游产品，并准确报价。

8.1.1.2 与旅游消费者签订旅游组团合同

组团旅行社与旅游消费者签订旅游组团合同和与目的地接团社签订的旅游合同在形式上存在比较大的差异，旅行社在与旅游消费者签订旅游组团合同采用正式格式合同，而与目的地接团社的合同主要使用的是在合作过程中各种传真及确认件。无论采用何种形式，但合同内容是基本一致的，主要包括如下：

A 旅游价格及构成

旅游合同必须指明客人所支付费用以及这些费用中所包含的服务内容和未包含的服务内容。国内游组团包价包含的服务项目包括食、住、行、游、旅游保险及导游服务等费用；海外组团包价一般包括综合服务费、房费、保险费、城市间交通费、超公里费及附加费等。出境游价格包括往返交通费、综合服务费、手续费等。

B 旅游行程及服务的详细说明

合同中要写明具体的旅游日程、服务项目、服务标准、付款方式和付款时间等。有一些甚至更详细，如旅游用车的车辆品牌、住宿设施的等级、用餐的具体标准等。

C 合同争议的解决方式及违约责任

在合同中必须明确发生合同纠纷时的解决方式，明确双方享有的权利和承担的责任和义务，并载明旅行社和游客各自在什么情况下承担或者不承担责任。

8.1.1.3 收取定金

根据双方的协议，旅游者必须预交全部或部分团款。因为旅游是一种预约性消费行为，签订合同后，旅行社必须超前采购旅游供应商的产品，旅行社需要支付定金，承担透支的风险；同时旅行社也需要旅游消费者对合同的执行做出实际承诺，收取定金也可以减少实施超前操作的风险，游客也可以保障自身权益不受侵害，从而维护合同的严肃性。旅行社应根据实际情况收取定金额度，也可以灵活运用定金、预收款、押金等收取方法。

8.1.1.4 办理旅游保险

按照《旅行社管理条例》的规定，组团旅行社必须为旅游者办理旅游保险，以保障旅游者受到人身财产伤害时，维护自身的合法权益。旅行社为旅游者办理的旅游意外保险金额不得低于以下标准：(1) 入境旅游，每位旅游者人民币 30 万元；(2) 出境旅游，每位旅游者人民币 30 万元；(3) 国内旅游，每位旅游者人民币 10 万元；(4) 一日游（含入境旅游、出境旅游和国内旅游)，每位旅游者人民币 3 万元。

8.1.1.5 制订接待计划

组团社根据旅游者的要求，制订接待计划。安排每天的活动和各游览地的活动，包括食、住、行、游、购、娱等服务。计划安排既要紧凑又要留有余地，考虑要细致、周密，并将计划打印出来。如果是异地远距离的旅游，组团社还需要选择地接社，需要把团队接待计划通过传真的方式预报给地方接待社并进行询价，要求对方在最短的时间（8~24h）内给予书面确认并报价。如果行程或其他情况发生变化，应及时书面告知地接社，并要求对方书面确认，如不需要变更计划，则直接发送最终旅游计划。

8.1.1.6 采购工作

采购工作是保证提供游客所需要的各种旅游服务，是旅行社业务经营中的一个非常重要的方面。组团旅行社省内旅游的采购主要包括订旅游用车、订房、订餐、订游览点门票，为旅游者购买保险，如果是异地长距离旅游，组团社虽不需要订房、订餐和订门票，但同样要为旅游者购买保险，还需要订交通集散地接送用车、大交通票据及目的地地接社服务等。旅行社的采购价格直接关系到产品成本，在保证质量的前提下，采购价格越低，旅行社的利润就越高。

8.1.1.7 修改计划，形成最终计划

在采购完成后，根据采购情况修改计划。这些修改往往是细节性的，比如对住宿用房、旅游用车或日常游览次序的调整等，并将修改好的计划重新打印出来发放到导游、旅行社关联部门、旅游供应商手中。

团队预报计划经过双方多次更改确认后，在基本内容，如人数、日程无大变化的情况下，应将正式计划传真至目的地接待社。正式计划以正式文件打印，盖公章。它既是接团计划，也是对方的结算收款依据，应力求正确。一般在正式计划发出以后，不应再有大的变更。发计划应附上回执，以便对方寄回，确认收到无误。现在随着办公信息化的发展，正式计划一般采用传真传送并要求对方盖章确认回传的方式进行，这样操作虽然速度快，但不够正式和规范，存在着风险。正式计划也应发至本社有关各部门，如接待、财务、档案等部门。

8.1.1.8 委派全陪

组团社派出全陪（出境团委派领队），地接社派出地陪，共同负责团队的具体接待工作。他们之间相互配合，共同做好旅游者的接待工作，这是他们的共同目标。旅游团队接待工作是一项既有很强的独立性又需要由旅行社加以严格控制的业务。全陪，是组团社为国内旅游团派出的导游人员，负责旅游团队的全程陪同工作。对全陪的选派要求：一是熟悉业务，知识丰富。团队运行过程中涉及的业务部门繁多，各方面关系需要协调，各种情况都可能发生，知识丰富并熟悉业务的全陪人员善于处理各种关系，善于预测可能发生的各种变故，并能采取恰当的应对措施，使游客满意，让旅行社放心。二是有良好的职业道德，责任心强。全陪是旅游者合法权益的维护者，是保证旅游行程圆满完成的责任人。其工作十分辛苦，且不容出一点差错。只有爱岗敬业、责任心强的导游，才能胜任全陪工作。三是有较强的独立工作能力。全陪必须具有较强的亲和力和语言表达能力，能与游客充分沟通交流并有熟练处理各种突发事件的能力。组团社选择全陪时，应对其工作能力进行全面评估，尽可能选择独立工作能力强的导游从事全陪工作。根据不同团队的要求选派全陪，确定团队接待重点及服务方向，交代接待计划，发放全陪出团通知单和全陪日志。

8.1.1.9 再确认

团队出发前24h以内，计调人员还应对计划进行最后一次的再确认，以防接团社疏忽和遗漏，发现问题可及时补救。这项工作在旅游旺季时特别重要，计调工作人员千万不能因怕麻烦而不确认。

有时在团队出发前还会发生特殊情况，如游客临时有事而无法随同出游，临出游前提出退出。对此情况的处理，首先要发紧急通知告知本社相关部门和各合作供应部门取消相应的服务，尽可能将损失降到最低。

8.1.1.10 付款

确认团队质量要求无异议，经财务审核，总经理批准，（允许预付）将团款汇入地接社账户。

8.1.1.11 发团并跟踪团队

团队出发前，应制作并发出团通知书，把出游前需要准备的资料、出游中的注意事项向游客交代清楚。组团社将团队交予地接社后，并不意味着工作的结束，组团社还应对地接社接待过程中的服务质量进行监督。在团队进行过程中，计调应和接待社、全程陪同及游客保持联系，掌握团队行程，发现问题及时沟通和解决。

A 与地接社保持密切的联系

及时获取团队运行的有关信息，督促地接社按照合同提供质价相符的服务。同时也可以向地接社了解全陪在工作中的表现等。组团社可以通过组团社派出的全陪或客人反馈的信息获得地接社提供服务的情况，发现问题及时同地接社沟通并纠正问题，提升服务质量，消除各种隐患。

B 与全陪保持密切的联系

组团计调在团队发出之后应该要求全陪定期向组团社汇报团队的情况，出现问题，全陪马上汇报给组团社，组团计调随时要处理全陪的要求和建议，有重大情况及时向旅行社高层汇报，并负责领导指示的贯彻落实。要求全陪认真填写“全陪日志”，旅途中如果发生重大事故，应单独撰写事故报告，写明事故原因、经过、处理办法及游客反馈。

C 与游客保持密切的联系

计调应与旅游团队中的重点游客或随机选取的游客保持旅途中的沟通联系，征询他们的建议，收集意见反馈，有问题及时解决和改进。

D 送团管理

团队顺利结束异地行程返回本地后，组团计调要和全陪一起做好送团工作。主动征求客人的意见，让游客高高兴兴地结束这个旅游行程。

8.1.1.12 账单审核及报账

团队结束后，各接团社（除个别现付团队外）会很快传来团队的催款账单。组团计调人员应依据团队实际运作情况进行单据和费用的审核。团队运行中如果有一些变动的，如增减项目的，会涉及费用，团队运行完毕，计调要对全过程进行审核；团队对地接社服务质量有无异议，有无投诉，要了解清楚，给地接社拨全款之前，应要求地接社把客人的意见反馈表传回组团社，作为拨款的依据；最后，做好结算单，报财务一般要求在团队行程结束一周内清账，填写《决算单》，连同《概算单》一式两份、《组团合同》、地接社《确认件》、地接社《结算单》《团队接待通知书》原始凭证，交由财务部门报账，请其按协议准时付清款项。报账后，将涉及该团的协议单位的相关款项及时登录到《团队费用往来明细表》。

8.1.1.13 总结工作

为了达到提高旅游团接待工作效率和服务质量的目的，旅行社还应该建立总结制度，要求每一名接待人员完成工作后对接待过程中发生的各种问题和事故处理的方法和结果、游客的反映等进行总结，必要时写出书面总结报告。如让接待人员填写陪同日志、全陪日志、领队日志等接待记录。总之，通过总结团队接待情况，以便进一步改进产品，提高导游水平，也完善旅行社的协作网络。

8.1.1.14 资料归档，跟踪回访

团队结束后，要将所有操作传真及单据复印件留档，作为操作完毕团队资料归档，并对参团客人进行回访，在预计到达出发地一天内，计调人员应及时回访客户，回访时计调人员态度要诚恳，说话要讲究语言艺术，给对方一种既关心、又负责任的感觉，以利于后续团队的操作，建立好客户档案。

在接待团队投诉时，应该及时问清是哪个环节出现的问题，是什么原因造成的，能够处理的及时处理，处理不了的要上报给分管领导，说明事情的经过及出现问题的原因，不回避矛盾，实事求是，合情合理地处理好团队运行中出现的问题。特别重大的问题，可直接汇报给总经理，及时解决并总结经验教训，不断提高旅游接待水平和旅行社信誉。

8.1.2 地方接待社团队旅游接待业务流程

接团业务是指地接社（目的地的旅行社）按与组团社签订的合同要求，利用本地的优势，为旅游者提供接待服务的一种工作形式。接团工作是地方接待社的主要工作，地方接待社在组织接团业务时应该按照一定的流程进行操作，接团业务流程主要如下：

8.1.2.1 接受组团社的询价

对于地接社来讲，一般都会和几个信誉良好的组团社有业务往来，当组团社向地接社询价时，地接社应按组团社的要求真诚、准确、认真地进行回复，力争用优惠的价格、良好的服务与组团社合作成功。

8.1.2.2 确认并制订旅游接待计划

地接社对组团社的询价进行回复，双方再商讨具体细节，最终得到组团社的认可后，这时地接社需要组团社对整个业务安排进行确认。经确认后，地接社开始制订详细的接待计划。

旅游接待计划是地接社和组团社合作的基础及处理旅游纠纷的法律依据。从理论上讲，地接社和组团社利益攸关，只有共同完成旅游接待任务，才能获得相应的经济回报，双方一损俱损、一荣俱荣。但在实际合作过程中，地接社和组团社之间出现纠纷扯皮的现象并不少。对此，旅游接待计划可以起到规范双方权利和义务的作用。

当组团社和地接社之间就旅游行程和报价达成一致后，双方即进入旅游接待计划确认阶段。当组团社要求地接社确认接待计划，地接社对计划的确认包括两种情况：

A 组团社要求地接社确认接待计划，地接社能确认接待计划

组团社把团队接待计划传真给地接社时，在计划中会有一份回执，要求地接社在收到接待计划后，将团队计划落实情况确认后盖章传回组团社。地接社如果能确认计划，就按组团社的要求将计划回执盖章回传给组团社。这样，组团社收到回执后就可以放心发团。地接社对确认的计划负有法律责任。如遇对方口头预报，必须请求对方以书面方式补发计划，或在我方确认书上加盖对方业务专用章并由经手人签名，回传作为确认件。

B 组团社要求地接社确认接待计划，地接社不能确认接待计划

地接社计调收到组团社计调发过来的接待计划后，应立即落实接待事宜。遇到有个别不能确认的团队或团队计划中不能确认的项目，要及时通知组团社，以便组团社及时做出调整。

当地接社接到组团社书面预报计划，地接计调也确认接待计划后，要编制一份详细的接待计划，而且要将人数、陪同数、抵/离航班（车）、时间、住宿酒店、餐厅、参观景点、地接旅行社、接团时间及地点、其他特殊要求等逐一登记在当月团队动态表中。

8.1.2.3 做好接团准备

A 用房

根据团队人数、要求，以传真方式向协议酒店或指定酒店发送《订房计划书》并要求对方书面确认。如遇人数变更，及时做出《更改件》，以传真方式向协议酒店或指定酒店发送，并要求对方书面确认；如遇酒店无法接待，应及时通知组团社，经同意后调整至同级酒店。

B 用车

根据人数、要求安排用车，以传真方式向协议车队发送《订车计划书》并要求对方书面确认。如遇变更，及时做出《更改件》，以传真方式向协议车队发送，并要求对方书面确认。

C　用餐

根据团队人数、要求，以传真或电话通知向协议餐厅发送《订餐计划书》。如遇变更，及时做出《更改件》，以传真方式向协议餐厅发送，并要求对方书面确认。

D　大交通

仔细落实并核对计划，向票务人员下达《订票通知单》，注明团号、人数、航班（车次）、用票时间、票别、票量，并由经手人签字。如遇变更，及时通知票务人员。

E　门票预定或预约

目前全国很多景区都控制了游客接待数量，大型热门娱乐场所也有固定的座位数，为保证旅游者能顺利如期到这些景区开展游览活动或到这些娱乐场所观赏娱乐表演，旅行社必须提前预订或预约门票。

8.1.2.4　编制团队运行计划表

地接社对于已确认的接待计划，应责成计调部门在研究团队情况和旅游者个性要求的基础上，有针对性地编制出团队运行计划表，见表8-1。此表由团队基本情况（含个性要求）、日程安排、游客名单三部分组成。

表8-1　旅行社团队运行计划表

<table>
<tr><td>团名</td><td colspan="3"></td><td>人数</td><td></td><td>组团社</td><td></td><td>全陪</td><td></td></tr>
<tr><td rowspan="4">抵离时间</td><td rowspan="2">第一次</td><td colspan="6">月　日　时　分由乘航班/车次抵</td><td>地陪</td><td></td></tr>
<tr><td colspan="6">月　日　时　分乘航班/车次抵</td><td>驾驶员</td><td></td></tr>
<tr><td rowspan="2">第二次</td><td colspan="6">月　日　时　分由乘航班/车次抵</td><td>车型</td><td></td></tr>
<tr><td colspan="6">月　日　时　分乘航班/车次抵</td><td>车号</td><td></td></tr>
<tr><td colspan="2">行程安排</td><td>早餐地点</td><td>浏览景点及时间</td><td>午餐地点</td><td>浏览景点及时间</td><td>晚餐地点</td><td>购物点</td><td>自费项目</td><td>住宿</td></tr>
<tr><td colspan="2">月　日</td><td></td><td></td><td></td><td></td><td></td><td></td><td></td><td></td></tr>
<tr><td colspan="2">月　日</td><td></td><td></td><td></td><td></td><td></td><td></td><td></td><td></td></tr>
<tr><td colspan="2">月　日</td><td></td><td></td><td></td><td></td><td></td><td></td><td></td><td></td></tr>
<tr><td colspan="2">月　日</td><td></td><td></td><td></td><td></td><td></td><td></td><td></td><td></td></tr>
<tr><td colspan="2">月　日</td><td></td><td></td><td></td><td></td><td></td><td></td><td></td><td></td></tr>
<tr><td colspan="2">月　日</td><td></td><td></td><td></td><td></td><td></td><td></td><td></td><td></td></tr>
<tr><td colspan="2">月　日</td><td></td><td></td><td></td><td></td><td></td><td></td><td></td><td></td></tr>
<tr><td colspan="2">月　日</td><td></td><td></td><td></td><td></td><td></td><td></td><td></td><td></td></tr>
<tr><td colspan="2">月　日</td><td></td><td></td><td></td><td></td><td></td><td></td><td></td><td></td></tr>
<tr><td colspan="2">月　日</td><td></td><td></td><td></td><td></td><td></td><td></td><td></td><td></td></tr>
<tr><td colspan="2">备注</td><td colspan="8">游客自主决定是否参加自费项目</td></tr>
<tr><td colspan="3">旅行社投诉电话</td><td colspan="2"></td><td colspan="2">各级旅游执法（执监）机构投诉电话</td><td colspan="3"></td></tr>
</table>

旅行社公章

×××省旅游局

（1）团队基本情况和个性要求：

1）旅游团队名称、团号，组团社名称；

2）团队人数；

3）团队类别（考察团、观光团、疗养团、会议团等）；

4）团队服务等级（豪华、标准、经济等）；

5）自订和代订项目；

6）住宿要求（双人间、单人间），若有陪同，应注明陪同用房（双人间或单人间）；

7）膳食要求及标准，如有特殊用餐要求或有素食者须特别注明；

8）对地陪的要求（语种、水平、性格等）；

9）全陪信息（有无全陪、全陪姓名及联系方式）；

10）特殊要求备注。

（2）日程安排：

1）游览日期；

2）出发城市；

3）团队抵离时间、班次和机场（车站、码头）名称；

4）住宿情况；

5）游览活动时间安排；

6）用餐安排；

7）文娱活动时间安排；

8）其他特殊要求。

（3）游客名单。包括游客的姓名、性别、身份证号码、联络电话等，如果是散客拼团，要注明散客来自哪个旅行社。若是 VIP 客人，还需注明客人身份。客人有特殊要求的（如分房要求）或组团社重点备注的也须在名单中标示出来。游客名单见表 8-2。

表 8-2　游客名单

<table>
<tr><th>序号</th><th>姓名</th><th>性别</th><th>民族</th><th>证件号码</th><th>电话号码</th><th>住宿分配</th><th>备注</th></tr>
<tr><td>1</td><td></td><td></td><td></td><td></td><td></td><td></td><td rowspan="2">夫妻</td></tr>
<tr><td>2</td><td></td><td></td><td></td><td></td><td></td><td></td></tr>
<tr><td>3</td><td></td><td></td><td></td><td></td><td></td><td></td><td rowspan="3">夫妻带 3 岁儿子</td></tr>
<tr><td>4</td><td></td><td></td><td></td><td></td><td></td><td></td></tr>
<tr><td>5</td><td></td><td></td><td></td><td></td><td></td><td></td></tr>
<tr><td>6</td><td></td><td></td><td></td><td></td><td></td><td></td><td rowspan="2">姐妹</td></tr>
<tr><td>7</td><td></td><td></td><td></td><td></td><td></td><td></td></tr>
<tr><td>8</td><td></td><td></td><td></td><td></td><td></td><td></td><td></td></tr>
<tr><td>9</td><td></td><td></td><td></td><td></td><td></td><td></td><td></td></tr>
<tr><td>10</td><td></td><td></td><td></td><td></td><td></td><td></td><td></td></tr>
<tr><td>11</td><td></td><td></td><td></td><td></td><td></td><td></td><td></td></tr>
<tr><td>12</td><td></td><td></td><td></td><td></td><td></td><td></td><td></td></tr>
<tr><td>13</td><td></td><td></td><td></td><td></td><td></td><td></td><td></td></tr>
</table>

续表 8-2

序号	姓名	性别	民族	证件号码	电话号码	住宿分配	备注
14							
15							
16							
17							
18	×××						全陪

8.1.2.5 编制预算

编制团队《预算单》，注明现付费用、用途，交由主管审核后报财务部门审核；填写《借款单》，与《预算单》一并交部门经理审核签字，报总经理签字后，凭《预算单》《接待计划》《借款单》《车队的回传确认单》《订房的回传确认单》等向财务部领取借款。

8.1.2.6 选派地陪

地接计调制订好接待计划后，应该根据旅游者的国籍、年龄、特殊要求等来精心选派合适的导游，若导游选派不当，则可能造成接待中的失误。选派地接导游应该考虑：一是必须选派已取得导游证的正式导游。二是必须掌握导游人员的基本情况，包括带团年限、证书编号、导游等级、投诉及表扬记录、仪容仪表、身体健康状况、个性品质等，选拔有良好的职业道德、语言对口、等级高、无不良投诉的优秀导游来带团。三是必须考察导游人员的业务技能，择优选用。要考察的技能包括导游的知识储备、服务技能、语言能力、应变能力等，择优选用是导游服务质量的基本保证。四是必须根据团队的特点选派导游。如老年团适合选派稳重大方的导游，儿童团则适合选派活泼、有亲和力的导游。

地接计调需要向地陪提供的资料：

(1) 将以下团队信息如实告诉地陪，并提供相应的书面资料：

1) 团队计划落实情况，如团队行程；

2) 团队名单（包括联络方式）；

3) 旅游者的特殊要求。

(2) 向地陪移交的资料：

1) 导游旗、扩音器；

2) 接团过程中需要使用的有关表格，如导游接待通知书、导游委派单、餐饮结算单、游客意见反馈表等；

3) 团队的其他资料。

8.1.2.7 跟踪团队

在旅游过程中，地接社计调人员应与导游保持紧密的联系，时刻把握团队动向，及时解决团队运行中出现的问题。

8.1.2.8 结清账目

旅游活动结束后，地接计调员应该做好以下工作。

A 审核账单

团队行程结束后，及时通知导游员到旅行社报账（无特殊情况 3 天内），账单按实际发生费用贴票。导游报账时须持《团队接待计划》《电子行程单》、账单、签单表，《陪同报告书》《质量反馈单》、原始票据及变更单等凭证，先送交派团的计调员审核，计调人员详细审核导游填写的《陪同报告书》，根据变更单及时向组团社进行确认。以此为依据填制该团的导游带团报账单，交给部门经理审核签字后，交财务部并由财务部经理审核签字，总经理签字，向财务部报账。地接社计调在审核账单时应该注意：地接导游需要上交的材料是否齐全；导游员所列费用是否为团队行程时间内发生及应该发生的；导游员报账所用发票是否与团队接待计划中的酒店、餐厅、景点相一致，严禁导游擅自变更行程。

B　核算利润

核算利润是计调员的基本技能。地接计调员核算出的团队利润在一定程度上是其研究与改进最初报价、提高报价精准度的依据。地接计调员在为旅游团队编制行程并报价时，会核算出单人的利润，这个数字与人数的乘积就是此团队的总利润。如果地接计调最初报价核算出来的利润数与实际的利润数比较接近，说明当初的报价比较准确；如果相差比较大，地接计调应该仔细分析，找出原因，为以后的报价积累工作经验。

C　督促导游员做好收尾工作

地接计调要督促地陪导游员做好相关收尾工作，如团队游客意见反馈表、出团总结等相关资料整理后及时上交旅行社存档；如客人有委托事宜，地陪导游员要及时汇报给地接计调员，同时尽力尽快完成委托，满足客人要求。

D　催款与寄发票工作

地接计调与组团计调或自组团领队就团队实际发生的具体费用进行核对，并将团队结算单传真给组团社或者自组团领队，双方结账；若组团社或自组团尚未付清团款，应催款。催收团款是地接计调的重要工作之一。如果团款没有回收，团队利润就是虚拟的，甚至存在旅行社赔掉所有经营成本的风险。地接计调只有在协助旅行社收到团款后，团队的核算工作才算结束；账目结算清楚后，将发票寄给组团社或自组团负责人。

E　登账

报账完毕，计调要将涉及该团的协议单位的相关款项及时登录到《团队费用往来明细表》中，以便核对。

8.1.2.9　质量反馈

团队行程结束后，计调部门应及时收集反馈意见，对团队运行情况和导游服务质量进行评估，以提高旅行社的工作实效。计调人员应根据导游撰写的接团总结工作汇报、陪同日志、接待记录、游客意见反馈表等文本，及时了解团队的总体运行情况、游客的意见和建议、旅游团的接待情况和相关部门的协作情况，并据此提高导游人员的接待水平、改进产品及完善协作网络。

8.1.2.10　做好总结，归档团队资料

团队结束后，地接导游员要写出团日志和出团总结。计调员也应该根据团队情况写出团队总结，找出不足，总结经验教训，以改进工作；地接计调必须将接待计划等接待资料作为原始资料整理归档，同时要保存组团社或自组团的资料，以便于回访和维护客户之用。

8.2 旅行社散客旅游业务接待流程

8.2.1 散客旅游的概念

国际上，散客通常被称为 FIT，FIT 有两层含义：一种理解为 Foreign Independent Tourist，意为去异地独立旅游者，这种旅游往往预付一部分旅费，没有陪同，人数多在 5 人以下，但在某些目的地地方接待社应游客要求，也可提供导游服务；另一种理解为 Foreign Individual Tourist，意为异地个人旅游，即个人或家庭按照特别拟定的旅游计划单独进行或由一家旅行社承办，依据游客与旅行社共同制订的旅游计划进行的旅游。在我国一般认为，散客旅游是一种自助或半自助旅游形式，即散客分为两种：一种是自助旅游散客；另一种是委托旅行社接待的散客，本节所指散客旅游为后者。

8.2.2 散客旅游迅速发展的原因

8.2.2.1 旅游者日渐成熟，旅游经验日渐丰富

旅游者越来越成熟，旅游经验也越来越丰富：一方面，人们出游的次数越来越多，逐渐从自己的旅游经历中积累了经验；另一方面，即使是初次出游者，他们也可以从亲朋好友或者是各种媒体中的各种出游攻略等获得间接的旅游经验。

8.2.2.2 传统规范化的旅游模式难以满足旅游者个性化的要求

旅行社传统的团体包价旅游虽然对旅游者来说有很多好处，但也存在旅游者的个性化需求无法得到满足的缺陷，甚至是要被迫参与各种购物消费或加旅游行程等，而原有行程游览时间被压缩，致使旅游者在旅游活动中处处赶时间、走马观花式旅游使旅游者无法尽兴。

8.2.2.3 现代交通工具和通信条件的改善以及旅游接待服务的标准化

现代交通工具和通信条件的改善以及旅游接待服务的标准化使得旅游者外出旅行包括远距离的洲际旅行变得越来越方便。随着公共交通工具越来越发达及私家车越来越普及，人们外出旅游所需的交通越来越便捷。特别是在北美和欧洲地区，由于实行边境开放，人们驾驶自己的汽车或租车到邻近国家旅游十分盛行；随着互联网越来越普及、现代通信设备工具越来越先进智能化，以及旅游信息的公开化，使旅游者获得信息的途径更加广泛，旅游信息的对称使得旅游者对团体或旅行社的依赖程度降低。旅游供给设施的不断完善，可以随时为散客旅游者外出旅游提供了物质保障；旅游目的地旅游接待服务越来越规范化，增强了旅游者信心和安全感。

8.2.3 散客旅游产品类型

8.2.3.1 单项委托业务

单项委托服务又称委托代办业务、零星代办业务，是指旅行社为散客提供的各种按单项计价的可供选择的服务。它是旅行社重要的散客旅游产品。包括受理散客旅游者来本地旅游的委托、受理散客旅游者去外地旅游的委托和受理散客旅游者在本地旅游的单项旅游服务委托。随着旅游业的发展和旅游者消费需求的变化，旅行社不断开发出新的单项旅游服务产品，以顺应全球性的散客旅游发展潮流。近年来，以美国 Rosenbluth 旅行社为代表

的旅游发达国家的一些旅行社，在继续经营传统的单项旅游服务产品同时，大力开发出诸如帮助企业制定最佳旅行方案、为企业制订旅游费用最节约和旅游服务最优的旅行管理计划、旅游信息管理等新型产品，受到旅游者和客户的欢迎。

旅行社提供的常规单项委托服务有：

（1）抵离接送；

（2）行李提取和托运；

（3）代订饭店；

（4）代租汽车；

（5）代订、代购、代确认交通票据；

（6）代办入境、出境、过境临时居住和旅游签证；

（7）代办国内旅游委托；

（8）提供导游服务；

（9）代向海关办理申报检验手续等。

8.2.3.2 散客包价旅游

包价旅游指采取一次性预付旅费的方式，有组织地按预定行程计划进行的旅游形式。10人以上（含10人）称之为团队包价旅游，9人以下（含9人）称之为散客包价旅游，参加散客包价旅游的多为自愿结伴而行的亲友。散客包价旅游对于旅游者来说具有这样的好处：自由灵活，能较多的照顾旅游者的个性需求。但也存在一些不足：旅游者不能享受较低的房价和机票折扣，导游不爱接；旅行社经营成本相对较高，麻烦较多。

散客包价旅游可分为全包价和小包价两种形式，其中散客全包价与团队全包价相同。小包价旅游又叫选择性旅游。小包价旅游产品是一种选择性很强的旅游产品，因此也叫可选择性旅游产品。就旅游服务内容的角度而言，小包价旅游产品由非选择性部分和可选择性部分构成。非选择性部分包括住房及早餐、交通集散地（机场、车站、码头）至饭店的接送和城市间的交通服务，这一部分的费用旅游者在旅行前应预付。可选择性部分包括导游服务、午晚餐、风味餐、文艺节目欣赏、游览参观等内容。可选择性部分的旅游费用旅游者既可以预付也可以先付。小包价旅游产品具有经济实惠、灵活方便的优点。最早由国外的旅行商向我国旅行社提出建议，由于其独特的优势而逐步遍及全国。

8.2.3.3 组合旅游

组合旅游是一种产生于20世纪80年代的旅行社产品，多流行于饭店、交通供应等旅游服务设施相对过剩的地区。组合旅游产品的主要形式是旅游线路。经营这种产品的主要是旅游目的地旅行社。经营组合旅游产品的旅行社，根据对旅游客源市场需求的调查了解，设计出一批固定的旅游线路，并将这些线路的具体内容广泛通知客源市场的旅行社，由后者负责向旅游者推销并按时将旅客送到目的地。组合旅游的旅游者来自不同的旅游客源地，他们在指定日期到达旅游目的地，由目的地旅行社将他们集中起来组团旅游，每团人数不限，只要语言相同即可。旅游活动结束后，旅游团在旅游活动结束的地点解散，各自返回。

组合旅游是一种介于团体旅游和散客旅游之间的旅游形式，是一种灵活性较强的旅行社产品。把来自不同旅游客源地的零散旅客汇集起来，组成旅游团进行旅游，从而避免了一些客源地旅行社因当地旅游者人数较少，不能单独成团，而造成客源浪费的弊病。另外，组合旅游的组团时间较短，有利于旅行社在较短的时间内招徕到大量的旅游客源。

对于旅游目的地旅行社来说，旅游团的人数越多，边际成本越低，利润越大。因此，旅行社应该尽量扩大招徕网，以保证有足够的客源。另外，目的地旅行社还必须做好旅游交通、住宿、餐饮等服务项目的采购工作，建立起一个高效低成本的采购网络，确保旅游服务的充分供应。对于客源地旅行社来说，组合旅游能够随时把一些散客旅游者送到旅游目的地，能够为旅行社创造一定的经济效益。

目前，国内游不能成团的门市散客基本上按照组合旅游产品处理。因而，在我国组合旅游的旅游者来源包括客源地旅行社发送过来的散客旅游者和从异地自发到达旅游目的地的散客旅游者。组合旅游有以下特点：

（1）组合旅游团内没有领队，只有地方导游；

（2）组团时间短，客人办妥手续后，最多一周之内即可成行，最短的几小时就能成团；

（3）易于成行，改变过去不足 10 人不成团的做法，由来源于不同客源地、不同批次的散客组成，积少成多，最终拼成团；

（4）旅游者选择性强，既可参加团队活动，也有相当多的自由活动时间。

8.2.4 散客旅游接待流程

旅行社散客旅游业务包括单项委托业务、散客包价旅游业务和组合旅游业务。由于单项委托业务比较简单，这里主要介绍有旅游线路的散客包价旅游和组合旅游。散客旅游业务的操作一般包括旅游线路的促销销售、接受旅游者的预订并签订正式的旅游合同、接待准备、具体旅游接待四个接阶段。以散客包价旅游为例，其接待流程具体如下。

8.2.4.1 散客旅游线路的促销

销售旅行社根据散客旅游预算时间及其对旅游的需求精心设计旅游线路，尽可能把精华的景区景点以及特色购物消费安排在旅游行程。通过宣传促销以及等客上门（包括门市部和旅行社网站或电子商务平台）等方式把旅游产品信息发布出去并进行销售。

8.2.4.2 接受散客旅游者的预订并签订正式的旅游合同

散客旅游者通过电话、网络平台或直接在旅行社门市部（这里的旅行社可以是客源地的旅行社、也可以是目的地的旅行社，或者目的地的旅行社在客源地的办事处等）进行预订，旅行社接待人员应该根据旅游者的需要接受预订并要求旅游者缴纳旅游费用。接待人员要搞清楚散客旅游者的国籍、性别，有无特殊要求等，对于旅游者的询价，一定要明确答复，并向旅游者详细说明该价格内包含的旅游服务项目及未包含但可选的旅游服务项目。当旅游者认可旅游价格及包含的服务内容时，接待人员及时接受旅游者的预订，并一定要和旅游者签订散客旅游合同，明确双方的权利和义务。

8.2.4.3 接待准备

对于客源地的旅行社，应该根据旅游者人数、要求等制订旅游接待计划，联系地方接待旅行社，做好散客旅游者所需的大交通服务和地接社接待服务的采购等接待准备工作。而对于接待自助包价旅游者的目的地的旅行社，应该根据旅游者人数、要求等制订旅游接待计划，选派导游，做好自助散客旅游者旅游服务的采购等准备工作。

8.2.4.4 具体接待

客源地旅行社将散客旅游者发送给目的地旅行社进行接待，由地方接待社选派的导游实施具体的接待计划，导游人员要严格按照接待计划进行接待，不得随意更改接待计划。对于由客源地组团社发过来的散客包价旅游者的接待与团队旅游者的接待程序和标准大致相同，都有接站、带团和送站三大程序；对于自助包价旅游者的接待不需要接站和送站；对于组合旅游者的接待和团体旅游者也大致相同，但是由于参加组合旅游的自助旅游者抵离时间和地点各不相同，不需要接站和送站。地陪只需要按照合同约定的时间前往集合地点接待游客，然后统一开始行程，当游览行程结束，回到市区散团。

8.3 导游带团流程

当导游接到旅行社计调部门导游委派单之后，无论是地方陪同导游（简称地陪）还是全程陪同导游（简称全陪），均要遵循一定工作流程进行带团，分别介绍如下。

8.3.1 地方陪同导游（简称地陪）带团流程

8.3.1.1 接待前准备工作

A 熟悉接待计划

领取接团计划书并了解旅游团的基本情况：

（1）团社、联络人姓名电话、团队种类（全包、半包等）、费用结算方式、团队等级（豪华、标准、经济）、团名、代号、人数、住房、用车、餐饮标准等；

（2）旅游团成员的基本情况：客源地、领队、旅游者概况、民族宗教信仰等；

（3）旅游线路和交通工具；

（4）交通票据情况；

（5）该团的特殊要求和禁忌。

B 落实接待事宜及物质准备

在接团计划不变后，去财务处领取派团单、门票结算单、住房及用餐签单、团队备用金、游客意见反馈单、导游旗及话筒。

C 在接待团队情况及所有单据准备完毕后

应与对方团队全陪，领队或司机电话沟通，告知你为该团队地接导游，并落实该团队抵达大致时间及接团地点与方式，以便双方能够及时准确地接头。

8.3.1.2 接站

（1）导游在团队应抵达当天应密切与该团全陪沟通，以便及时掌握团队运行情况，并在该团抵达前30分钟到达约定接团地点等候；若该团为火车团，应及时与地接司机联系，在该团正点到站前30分钟到达火车站约定集合地点等候。并与该团队下榻宾馆及用餐餐厅沟通入住及用餐时间，避免团队抵达宾馆或餐厅后因客观原因而不能及时入住或用餐而造成的服务质量与客人满意度下降。

（2）在团队顺利抵达后，应与全陪及时确认该团队是否为自己所接待团队，以防错接。并落实所接团队实际情况与确认书是否有出入。尤其是客人（儿童）数量及用餐与住宿人数。若有出入，应与全陪落实多出或减少的客人的付费方式是旅行社结算还是客人直接结算，并及时告知餐厅，宾馆及该团负责经理实到人数，以便于旅行社及时掌控该团情况。

（3）待所有情况落实完毕后，致欢迎辞，并通告团队的游览时间及行程安排和注意事项，让客人准确了解该团队的游览内容和时间安排，以免造成客人因不知情而造成的满意度下降。若客人、全陪或领队对行程提出小的修改意见或要求增加新的游览项目时，应及时向旅行社该团队负责经理反映，对合理又可满足的项目应尽量安排；若其提出的要求与原日程不符且又涉及地接规格时，应婉言向其说明费用的变更，并告知多出的费用需要自理，如果客人明确表示不愿增加费用，导游应该委婉拒绝，并适时转移话题；若客人或全陪手中的接待计划与地接接待计划有出入时，应安抚其情绪，并及时报告旅行社负责经理查明原因，分清责任，如果是本旅行社的责任，导游应实事求是的代表旅行社说明情况并道歉，如果是对方旅行社的责任，导游应积极协助全陪及旅行社向客人解释问题原因，以免为客户旅行社造成更大的损失。如果是客人原因，应由全陪出面解释，并积极协助全陪做好客人工作，使整个团队旅游活动顺利进行。

（4）赴宾馆途中，要向旅游者介绍所住宾馆的名称、地理位置等宾馆详细信息，以便于游客单独行动时可以方便地回到住地。

（5）用好第一餐。经历长途舟车劳顿，当旅游团到底目的地后，旅游者往往感到又累又饿，地方导游在安排游客餐饮过程中一定要让游客吃好第一餐，给客人留下比较好的印象。

8.3.1.3　入住酒店

地方导游要带领客人办理住店手续，到达宾馆后，嘱咐客人注意夜间住宿安全，贵重物品可以寄存到宾馆前台，以免发生丢失，影响旅游心情。介绍宾馆周边环境，通告客人第二天的活动安排及起床与集合时间、地点等。协助领队或全陪办理入住登记手续和分发房卡，将自己的联系方式及房间号告知全陪或领队，以便团队发生事情尽快联系到你，并记下客人的房间号码，安排宾馆服务员叫早。

8.3.1.4　参观游览

（1）出发前地接导游应提前 10 分钟到达集合地点，核实清点人数，问候早到的旅游者，准点集合登车出发。

（2）途中要重申当日活动安排和注意事项，叮嘱大家一定要遵守时间，不要擅自行动，以免耽误全团计划。介绍沿途风光和当日所要游览的景点（景点导游词之外的），组织适当的娱乐活动活跃气氛。

（3）抵达景区后，下车前地接导游要讲清并提醒游客记住旅游车的标志（车牌，颜色等）和停车地点，开车时间，提醒大家关好车窗带好随身物品，景点内人比较多，看好自己的贵重物品等。进入景区后，在景区示意图前地接导游应讲明游览路线，所需时间及游览过程中应注意的事项等。若行程紧凑，可让全陪跟在队伍的最后面，以免后面的游客走散，耽误时间。进景区检票口时，可让全陪先进，带领客人在门口等候你签单。

（4）返回饭店途中应带领游客回顾当天活动，并尽量避免原路返回，做好沿途风光导游。如果客人表示明显劳累，可适当放些轻音乐，让客人休息。

（5）快抵达宾馆时叫醒大家，宣布次日活动，提醒注意夜间安全，保管好贵重物品。

（6）安排宾馆服务员叫早。

8.3.1.5 用餐

在适当时候暗示客人旅游团队餐的口味可能众口难调。地接导游应提前落实本团当日的用餐，尤其旺季中，在到达餐厅前1小时或30分钟要及时和餐厅沟通，确定好本团用餐时间，以免团队抵达后等待用餐时间过长，对午、晚餐的用餐地点、时间、人数、标准，特殊要求逐一核实并确认；用餐过程中要巡视旅游团的用餐情况一到二次，看餐厅是否按标准上菜，菜量是否够吃，及时提醒服务员添加主食。在全陪之前结束用餐，以腾出时间与餐厅签结算单，结算单的签订及内容不能让全陪或客人看到。

8.3.1.6 送团

若所接待团队为火车团，则需要提前核实，确认交通票据情况。送团前往火车站过程中请客人填写意见反馈单并移交交通票据、致欢送辞，抵达火车站待团队安全登车后再离开。

若为自带车，则需要与全陪领队及客人商定出发、叫早和早餐时间，协助宾馆结清与游客的有关账目。协助办理退房手续（中午12：00前）提醒游客检查行李，别落下东西。集合登车，请客人填写意见反馈单，并致欢送辞，下车后向客人挥手，目送旅游车走远后方可离开。

8.3.2 全程陪同导游（简称全陪）带团流程

8.3.2.1 发团前准备工作

（1）检查出团单，核实游客领队、地接导游、送机接机司机的姓名和电话，充分了解行程，了解目的地的概况和景点情况，检查核对机票的航班时间、机场、游客姓名等信息；检查旅游包帽、导游旗、导游证、自己的身份证件等。

（2）与领队联系，核实集合时间及地点，对天气、路况及乘机时间做充分估计，以免误机，并叮嘱游客务必随带有效身份证件，儿童随带有照片的户籍证明或户口本。

（3）通知送机司机，核实车型大小、出发时间和地点等信息，并叮嘱其准时到达。

（4）针对团队出发直至地陪接团这一段行程做充分准备：准时接团、车上讲解、登机手续办理、注意事项等情况。

8.3.2.2 出团当日的处理步骤

（1）使用闹钟，绝对不能迟到，尽量在集合时间之前赶到集合地点等候游客，所有必备物品绝对不能遗忘。

（2）游客上车，核对人数后进行车上讲解，切记微笑服务。

1）致简短欢迎辞、公司介绍、个人介绍。

2）检查游客的身份证件，并顺便将身份证收齐，核对姓名及身份证有效期。

3）告诉游客作为全陪导游的职责与任务。

4）行程内每天游程的分解介绍，景点尽可能介绍简单，可以设置一些疑问，使游客提起游兴便已达到目的。

5）旅游目的地在旅游六要素（食、住、行、游、购、娱）的具体体现，结合自己的知识与了解为游客展现当地的风貌，比如餐饮特色、酒店状况、入住注意事项、行车安全等。

6）行程中其他常见的、必须引起注意的事项，如景区安全、出入安全、卫生等。

7）机场登机手续及相关的注意事项，如禁带物品、托运行李、安全检查、登机口、登机牌、机上注意事项等。

（3）到机场后办理相关手续，替游客办理托运，既好又快。

（4）将机票、身份证、登机牌交给游客，集合后一起过安检，至登机口休息，将机票收回，登机时集合或招呼游客登机，所有游客登机后自己再登机。

（5）到达目的地机场后，集合游客，查点人数，取回托运行李，接客厅内尽快与当地导游接上头。

8.3.2.3　游览过程中的全陪服务

（1）照顾游客旅途中的食、住、行、游、购、娱等各方面，解决旅途中遇到的麻烦，与地陪互相合作，提供优质服务，务必使游客轻松旅游，心情舒畅，并尽最大努力，发挥监督职责，维护旅行社及游客的切身利益。

（2）与地陪多沟通，多交流，每天的行程了然于胸，遇到问题及时解决。

（3）及时了解领队和游客们的意愿，并协助地陪满足游客正当的愿望，满足不了的，要及时向游客说明原因，并请游客谅解。

（4）按照行程安排严格执行，监督地陪和地接社，按照双方确认的各项标准及质量要求认真操作，保障游客权益。与行程不相符时，要及时干预，并征询游客与地陪的意见，如果游客提出加点或与行程不符的要求，必要时可以请游客代表另外签字证明。

8.3.2.4　返程时的工作

（1）提前与接机司机联系，提醒对方接机时间和地点。

（2）按照确认的传真件及行程单，将团款数目与地陪进行核实，双方签字。

（3）最后一天如有行程安排，务必提醒地陪掌握送机时间，以免误机。

（4）机场手续办理，托运行李，登机（与出发时相似）。

（5）安全返回，与接机司机一起为游客提供最后一段的服务，致欢送辞，请领队填写意见反馈单，送游客就近下车。并按规定向公司领导将团队情况作简要汇报。

（6）回公司后尽快结清账款，书写带团小结。

8.4　旅行社接待服务质量管理

8.4.1　旅行社接待服务的原则

8.4.1.1　标准化

旅行社接待服务的标准化是指旅行社在接待旅游者的过程中应该按照一定的标准向旅游者提供各项旅游服务。接待服务标准化的基本依据有国家旅游局颁布实施的一系列规范性文件，如《旅行社对客人服务的基本标准》《旅行社国内游服务质量标准》《旅行社出境游服务质量标准》对旅行社服务的标准进行了规定。《中华人民共和国国家标准》（GB/T 15971—1995）中的《导游服务质量标准》对导游服务质量及服务过程中若干问题的处理也做出了详细的规定。如果旅行社所在省制定了旅行社服务规范的，也是其参照的标准。服务的标准化是旅行社提供服务的最基本要求，也是旅行社接待管理的有效途径。

8.4.1.2 程序化

旅行社接待服务的程序化是指旅行社根据接待服务的特点，对接待服务的每一环节和每道程序都做出详细规定，并据此向旅游者提供接待服务。接待服务的程序化是旅行社保证旅游服务质量的有效措施，接待服务程序化可以减少事故隐患，保证接待过程各项工作的落实，从而最终提高旅行社接待服务的质量。

8.4.1.3 个性化

旅游接待服务的个性化是指根据不同类型旅游者的个性特点，提供具有针对性的服务。旅行社接待服务的旅游者来自不同的国家或地区，有着不同的生活习惯、文化背景、宗教信仰、价值观念，对旅游接待服务的要求也有不同程度的差别。旅行社应针对不同旅游团（者）的特点，在坚持标准化和程序化的同时，在力所能及的范围内充分照顾到旅游者的个性化要求，提供个性化的服务，提高旅游团（者）的满意度。

8.4.2 旅行社接待过程管理

8.4.2.1 接待准备阶段的管理

A 接待计划的管理

接待计划是旅行社落实各项服务的文字依据，也是组团社和地接社的财务结算依据，做好接待管理首先要管理好接团计划。

（1）制订接团计划并逐项落实。组团社应根据旅游者的需求做好接待计划，接团社在接到组团社的接待计划后，首先根据团队基本情况或者要求制订一份具体的接待计划，计划制订后要进行分类管理，确定不同的工作重点。

（2）合理安排旅游日程。旅游日程的安排应做到：日程安排留有余地，有张有弛；根据旅游团自身特点安排旅游活动；适当给旅游者留有自由活动时间。

（3）做好预订工作。接团社应该按照自身制订的接团计划向旅行社相关后勤人员发送旅游交通、住房、用餐等预订通知，并将落实的计划汇总向相关部门下达接待通知，如计划有变更的要及时下达变更通知。

（4）安排适当的接待人员。旅行社应该根据旅游团（者）的年龄、文化背景、职业、要求等情况，安排合适的接待人员。这就要求旅行社的管理人员全面了解社内接待人员的性格特点和专长，同时还要了解熟悉不同类型的旅游团（者）的消费心理。如果是中小学旅游团，可以安排年轻活泼开朗的导游员；如果是夕阳红旅游团，可以安排耐心细致性格温和的导游员。

B 适时检查与监督接待计划的制订及其落实情况

接待计划和日常安排是落实旅游活动的依据，其质量的高低将直接影响旅游者对旅游活动的评价。旅行社管理人员要适时检查抽查制订的接待计划，特别是对重点团队（旅游者）的接待计划和新手拟定的接待计划更应该注意检查，以便及时发现问题并指正修改。还要加强对接待计划的落实情况加以检查抽查，特别要注意督促重点团队接待计划的落实情况，各项预订工作是否落实，导游员的选派是否合适，承接接团任务的导游员准备工作进展情况等。

8.4.2.2 实际接待阶段的管理（接团阶段）

接待阶段是旅游团（者）进行旅游活动开始到旅游活动结束的阶段。承担接待工作的导游人员往往要单独带领旅游团（者）活动，接待部门难以随时保持对导游人员的控制，而接待过程中发生的问题又多集中在这一阶段。因此，接待阶段的管理是旅行社管理工作中最困难也是最薄弱的环节，旅行社要特别重视对这一阶段的管理。

A 建立请示汇报制度

接待阶段的工作具有较强的独立性，导游员应该具有较强的组织能力、独立工作能力和应变能力。导游员带团在外需要独立自主的处理和解决接待过程中遇到的问题和事故，但是导游员在接待过程中对于一些重大变化和事故要及时请示旅行社相关管理部门和人员以取得必要的指导和帮助，避免由于导游人员个人知识、能力与经验的缺乏造成处理不当。因此，旅行社应根据实际情况制定请示汇报制度并严格执行，既允许接待人员有一定的随机处理问题的权限，以保证接待工作的高效率，又应要求接待人员遇到重大变化及事故时及时请示汇报相关部门，以保证接待工作的顺利开展。

B 必要的检查和监督

旅行社管理人员亲自到旅游团下榻的酒店、就餐的餐饮场所等旅游活动场所直接考察相关接待人员的工作情况和接待单位提供服务的情况，并向旅游者了解对各项接待工作及各项安排的意见，以获取相关接待方面的信息。通过这一措施，旅行社可以迅速直接地了解接待服务质量和旅游者的评价，为旅行社改进服务质量提供宝贵的资料。

C 及时处理出现的问题和事故

接待过程中由于各种原因，可能出现这样或那样的责任或非责任事故。旅行社一方面要制定标准化、程序化的服务规范，尽可能避免事故的发生；另一方面，当事故发生后旅行社应及时采取有效措施弥补接待过程中发生的问题及事故，尽可能减少不必要的投诉，维护旅行社的良好形象和保持旅行社良好声誉。

8.4.2.3 结束阶段的管理

A 建立健全接待总结制度

总结是旅行社接待服务不可缺少的一个环节，是旅行社提高工作效率和服务质量的必要手段，因此，旅行社必须建立健全接待总结制度。要求导游人员总结每一次接团过程中的收获与经验教训。对于发生重大事故的，要将有关责任事故的全部调查材料及善后处理措施、意见整理成文字。要求接待人员填写陪同日志和接待记录，并不定时抽查陪同日志和接待记录，了解旅游接待情况和相关服务部门的协作情况，为旅行社改进旅游产品、提高导游水平和完善协作网络提供必要的依据。对于发生重大事故的，要及时审查重大事故报告，为旅行社积累经验并及时发现问题采取补救措施。

B 及时收集反馈信息

旅行社可以通过导游人员向旅游者发放《游客意见反馈表》，收集旅游者对接待服务中各个环节的意见和建议，了解旅游者对旅游服务的评价感受及旅游诉求，为旅行社制订更科学合理的接待计划和提高服务质量提供依据。

C 处理旅游者表扬和投诉

旅行社对旅游者的表扬或投诉及时处理，旅行社要对游客提出表扬的接待人员或者游客没有提出表扬但是表现优秀的接待人员，要及时地给予精神上的激励，在旅行社内部树立榜样，并在经济上、职业发展方面给予适当的激励，促进旅行社接待人员服务质量的提高。投诉则是旅游者对旅行社接待服务质量不满的一种表现，旅行社如果处理及时得当不仅可以争取旅游者的谅解，而且还可以教育工作人员，对于情节严重的投诉，旅行社应该按照相关规章制度对相关责任人做出必要的处罚。

8.5 旅行社旅游投诉处理

8.5.1 旅游投诉的含义及分类

8.5.1.1 旅游投诉的含义

旅游投诉是指旅游者、海外旅行商、国内旅游经营者为维护自身和他人的旅游合法权益，对损害其合法权益的旅游经营者和有关服务单位，以书面或口头形式向旅游行政管理部门、旅行社、导游人员等提出投诉，请示处理的行为。

8.5.1.2 旅游投诉的分类

按旅游者投诉形式不同可以将旅游投诉分为书面投诉和口头投诉；按投诉受理者的不同可以进一步分为向旅游行政管理部门提出的投诉和向旅游者认为损害其利益的旅行社提出投诉。两者在处理程序和管理方式上差别较大。

旅游者向旅游行政管理部门或旅游投诉管理机关提出的投诉，这种投诉的受理与处理程序必须严格按照《旅游投诉处理办法》(国家旅游局出台的第 32 号法令，2010 年 1 月 4 日国家旅游局第 1 次局长办公会议审议通过，2010 年 7 月 1 日起施行) 进行。旅行社作为被投诉处理对象，要协助旅游投诉管理机关调查核实旅游投诉，提供证据，不得隐瞒妨碍调查业务。旅游投诉管理机关的处理具有行政效力。

旅游者直接向旅行社提出投诉，旅行社在接到旅游者投诉后，经过调查核实，与旅游者协商解决纠纷；不能自行解决的移送投诉管理机关审核处理，按《旅游投诉管理办法》的处理程序处理。在本章节中涉及旅游者投诉是指旅游者直接向旅行社提出的投诉。

8.5.1.3 正确处理投诉的意义

旅行社重视和正确看待处理旅游投诉有着重要意义：(1) 旅游者向旅行社投诉是旅行社提高服务质量的机遇，通过旅游者的投诉可以帮助旅行社发现自身服务存在的不足。(2) 旅游者向旅行社提出投诉是旅游者对旅行社信赖的象征，有研究表明旅游者一旦失去信赖，每一个不满意的游客至少要告诉 15 个人，在互联网发达的今天，后果将更加严重。(3) 旅游者向旅行社提出投诉是旅行社建立旅游者忠诚的契机，研究表明，有了大问题但没有提出抱怨的游客，有再来惠顾意愿的占 9%；会提出抱怨，不管结果如何你，愿意再度惠顾的占 19%；提出抱怨并获圆满解决，有再度惠顾意愿的占 54%；提出抱怨并迅速获得圆满解决的顾客，愿意再度惠顾的占 82%。(4) 旅游者向旅行社提出投诉是补救服务过失的前提。

8.5.2 旅行社旅游投诉产生的原因

在旅游接待过程中旅游者投诉的原因很多，归纳如下。

8.5.2.1 旅游活动日常安排不合理

旅行社线路设计人员在设计旅游线路时只考虑目的地旅游景区赋存情况，没有遵循特色各异原则，造成旅游活动内容重复现象；旅游行程安排过紧，使旅游者在旅游过程中疲于奔命，或者旅游行程安排过松，自由活动时间过多，使旅游者认为浪费时间和金钱；旅游行程中安排的购物店过多或者购物时间过多。以上旅游活动日常安排不合理都会引起旅游者投诉。

8.5.2.2 擅自更改旅游活动日程

在接待过程中，旅行社接待人员在未跟旅游者或者陪同人员沟通并获得同意的情况下，擅自改变旅游活动日程，如减少行程中的旅游活动项目或增加购物店数量和购物时间，或者调整活动日程，特别是当这一改变影响了旅游者对某些景观的游览。

8.5.2.3 不提供导游服务

导游在带团游览过程中将旅游者带到景区后对所游览的景区景点“游而不导”，不讲解或者简单的讲解之后不再理睬旅游者。在乘车往返景区景点、宾馆的途中，导游不进行沿途讲解，只顾与司机聊天或与他人打电话或打瞌睡。

8.5.2.4 造成责任事故

因接待人员的原因造成责任事故，如票务人员在采购交通票据时没有考虑上下站交通衔接的时间问题而导致误机、误船、误车；导游人员接团中的漏接、送站不及时导致误机、误船、误车；运送行李过程中丢失行李等。

8.5.2.5 强制旅游消费

导游人员在带团过程中向旅游者兜售物品，或向旅游者索要小费（明示或暗示），带领旅游者到质量非信得过的非官方定点旅游购物店购物，导致旅游者买到假冒伪劣的商品；强迫旅游者购买一定金额的购物品或者强制旅游者加景点或加文娱节目表演等。

8.5.2.6 服务态度恶劣

接待人员在接待过程中不尊重旅游者，对旅游者不热情，对不购物或购物少的旅游者恶语相向甚至威胁殴打客人，对同团成员厚此薄彼不一视同仁等。

8.5.2.7 降低服务标准

计调人员在接待过程中没有按合同中承诺的服务标准采购各项服务，如降低住宿服务设施的标准、降低旅游用车的标准、降低餐饮服务的标准等；导游人员在安排旅游者用餐时克扣餐标等。

8.5.3 旅行社投诉处理程序

8.5.3.1 高度重视

旅游者向旅行社提出投诉，说明旅游者还是信任旅行社的，因而，旅行社要高度重视旅游者的投诉，本着积极负责任的态度处理问题，尽可能使大事化小、小事化了，否则，怠慢拖延或处理不合理，有可能使事态进一步扩大，旅游者将旅行社投诉到旅游行政管理部门，还会影响到旅行社的声誉。

8.5.3.2 认真倾听

旅行社接待人员在接待旅游者投诉时，要保持冷静并仔细倾听，边听边记录，耐心让旅游者把话讲完，不要急于解释，更不要和旅游者争辩，给旅游者发泄的机会，对其进行安慰并表示同情，承诺尽快调查并给旅游者一个满意的答复。

8.5.3.3 调查了解

旅行社接到投诉后要第一时间进行调查核实，弄清事实，分清责任，重要的投诉还要报告给旅行社相关领导。对于涉及旅行社合作的住宿、餐饮、交通等旅游服务供应部门的，要求对方核实情况。

8.5.3.4 进行处理

旅行社对游客的投诉事实进行调查了解之后，对旅游投诉要妥善处理。对于涉及旅行社员工的投诉，经过调查发现与投诉事实相符合的，应按照旅行社的相关制度和规定对相关责任人进行处理；对于涉及其他旅游服务供应部门的投诉，经过调查核实后，要将信息反馈给对方相关领导，要求对方提供优质服务，否则将终止与对方的合作。将处理结果告知投诉旅游者，如果是需要赔偿补偿旅游者的将按照相关规定进行，尽量给旅游者满意的处理结果。

8.5.3.5 设立档案

将旅游者投诉的内容和处理经过进行详细记录，并进行材料的归档。

案例 8-1

擅自降低旅游服务质量

甲先生参加××市××旅行社组织的“北京四日游”。按旅游协议所定的游览行程、交通、住宿等标准，甲先生交纳费用 900 元。在旅游协议的履行过程中，该旅行社原承诺的四家连锁商务酒店实际为一般商务酒店；行程计划中北京老胡同、798 艺术区等景点也并未安排游览。甲先生等人以旅行社擅自降低旅游服务质量为由，向××市旅游监察支队投诉，要求旅行社退赔全部旅游费用，以维护其合法权益。

××市旅游监察支队接到投诉后，立即展开调查。经调查核实，“十一”旅游黄金周，北京地区游客爆满，导游临时接到通知，无法落实原承诺的四家连锁商务酒店住宿，故临时安排一般商务酒店。同时，为了节省时间，导游征得游客口头同意，未游览北京老胡同、798 艺术区等景点。旅行社对以上事实无异议。

××市旅游监察支队根据以上事实做出以下处理意见：

(1) 被投诉旅行社因自身过错未达到合同约定的服务质量标准，根据《旅行社质量保证金赔偿试行标准》第 11 条“旅行社安排的饭店，因饭店原因低于合同约定的等级档次，旅行社退还旅游者所付房费与实际费用的差额，并赔偿差额 20%的违约金。”的规定，××市旅游监察支队裁定旅行社赔偿甲先生住宿费用 240 元。

(2) 被投诉旅行社征得游客同意的口头行为没有法律效力，同时，因自身过错未达到合同约定的服务质量标准，应承担其相关违约责任。根据《旅行社质量保证金赔偿试行标准》第 13 条“旅行社安排的观光景点，因景点原因不能游览，旅行社应退景点门票、导游费并赔偿退还费用 20%的违约金。”的规定，××市旅游监察支队裁定××旅行社赔偿甲先生 260 元。

案例分析与点评

在旅游活动的过程中，因旅行社的故意或过失未达到合同约定的服务质量标准，造成旅游者经济损失，旅行社应承担赔偿责任。但投诉人要求旅行社赔偿全部旅游费用，是缺乏法律依据的。根据《旅行社质量保证金赔偿试行标准》，旅行社在住宿、交通、景点等方面服务质量不达标准，都应退还已付费用与实际费用的差额，并赔偿差额20%的违约金；旅行社安排的观光景点，因景点原因不能游览，旅行社应退景点门票、导游费并赔偿退还费用20%的违约金。

案例 8-2

如此“二日游”

2005年冬季，××市××山××滑雪场开业了。该滑雪场设施先进，开发的活动项目也较多，是该地区占地面积最大的滑雪场。滑雪场一开业，就吸引了很多游客。很快，各家旅行社纷纷推出了“××山一日游”“××山滑雪二日游”等产品。A旅行社推出了“××山二日游”的产品，报价为78元/人，并在当地媒体上做广告称：“最低的价格，体验滑雪的乐趣。”吸引了很多游客。

2006年元旦，A旅行社组织了一个由26名小学教师组成的旅游团，前往××山滑雪场进行“二日游”活动。按照旅行社与游客签订的旅游协议，该旅游团乘坐旅游客车于当天下午13:00出发，前往滑雪场。途中，教师们觉得车内很冷，请求司机打开暖气，司机却生硬地回答“暖气坏了”。无奈之下，游客们只好把帽子、围巾全部戴上御寒。经过3个多小时的寒冷行程，汽车抵达了滑雪场。晚餐后，导游员没有安排活动项目，游客各自回到房间休息。

第二天早餐后，导游员于10:00带领游客前往滑雪场。滑雪场内的游玩项目包括使用滑雪板滑雪、雪圈滑雪、乘坐狗拉雪橇滑雪、雪地骑马等。按组团合同的约定，旅游者可在使用滑雪板滑雪和雪圈滑雪两个项目之间任选一项，费用包括在团费中，其余为自费项目，当游客换好滑雪装备准备下滑雪场时，导游员对游客说，因滑雪场内游人较多，装备供应紧张，旅行社不能够按照旅游协议上的约定提供2小时的滑雪板滑雪或雪圈滑雪项目，只能提供半小时的活动项目。游客听了这话都很有意见，说：“我们就是来滑雪。这不把旅游计划缩水了吗?”看到游客们情绪激动，导游员又说：“半个小时的确太短。不过，为了让大家尽兴，我可以为各位联系狗拉雪橇或雪地骑马等项目。这些活动很刺激，很有趣，不过各位如果参加的话，需要另行付费。”游客们听了这话，都很气愤，在滑雪场内只待了20分钟，就纷纷换下装备，离开了滑雪场。

午餐时，令游客更意想不到的事情发生了。由于宾馆餐厅中午的客人较多，原订的12:00开餐时间，被推迟到13:30。大家要饿肚子。更糟糕的是，该旅行社租用的是旅游汽车公司的大客车。这辆车按预订计划，晚上还有接待任务，必须按时返回。临时找车又找不到。导游员对游客们说：“为保证各位按时返回。我们就按原定时间乘车。等回到市内，安排大家吃饭。如果你们不同意这样安排的话，我们今天可能就回不去了。”游客们又饿又气，后悔参加了如此的“二日游”。无奈，他们只好随车回到了市内。

A旅行社的领导在得知这一情况后，派人到游客所在单位，向他们进行解释，并请求原谅，表示可以向每位游客退还10元人民币的团费。然而，游客拒绝了A旅行社的解释和道歉，到该市旅游行政管理部门提出投诉，并要求A旅行社退还全部旅游费用。

案例分析与点评

本案例反映的是目前存在于我国旅行社业中的一个严重质量问题，即旅游产品的质次价低现象，一些旅行社经营者为了争夺客源，不惜以极低的价格推销其产品。当旅游者购买了产品后。旅行社为了保本和赢利，必然采取一些措施来降低产品的成本，而产品成本的降低往往造成产品质量的下降，最终导致旅游者的合法权益受损。

本案例中的A旅行社所销售的“二日游”产品属于需求价格弹性较高的产品，该旅行社通过低价吸引到较多的游客。然而，由于该旅行社并未能够使其产品的成本随之下降，必然会使旅行社在经营该产品时面临两种选择：一是由旅行社承受部分或全部因低价造成的损失，而不降低产品的质量，不减少产品所包含的内容；二是降低产品的质量或减少产品所包含的内容。前一种方法的优点是能够提供质量较好的产品，保护旅游者的权益。其不足之处在于旅行社的经营利润可能会因此而下降，甚至造成亏损。后一种方法的优点是能够避免旅行社的经营利润蒙受较大损失，但是却会因此使产品质量严重下降，损害旅游者的利益，招致旅游者的不满和投诉，最终可能会因旅游者的投诉造成旅行社违反旅游协议和降低产品质量而须向旅游者进行赔偿。赔偿的金额可能会高于旅行社经营该产品所获得的利润，使旅行社既损失了金钱又损失了市场声誉。

本案例中的A旅行社以降低产品价格的手段试图达到扩大客源的目的，但是由于其经营者和导游人员以牺牲产品质量和旅游者的正当权益为代价来提高企业自身的经济效益，其结果是搬起石头砸自己的脚，造成旅游者的强烈不满和投诉。旅行社经营者应引以为戒，切勿试图以牺牲产品质量来获得企业的蝇头小利，应该向旅游者提供优质产品，以优质产品来占领市场和提高企业的知名度与经济效益。

思考题

（1）请叙述组团社团队旅游业务接待流程。
（2）请叙述地接社团队旅游业务接待流程。
（3）旅游投诉的原因有哪些？

附　　录

附录1　中华人民共和国旅游法

（2013年4月25日第十二届全国人民代表大会常务委员会第二次会议通过）

第一章　总　　则

第一条　为保障旅游者和旅游经营者的合法权益，规范旅游市场秩序，保护和合理利用旅游资源，促进旅游业持续健康发展，制定本法。

第二条　在中华人民共和国境内的和在中华人民共和国境内组织到境外的游览、度假、休闲等形式的旅游活动以及为旅游活动提供相关服务的经营活动，适用本法。

第三条　国家发展旅游事业，完善旅游公共服务，依法保护旅游者在旅游活动中的权利。

第四条　旅游业发展应当遵循社会效益、经济效益和生态效益相统一的原则。国家鼓励各类市场主体在有效保护旅游资源的前提下，依法合理利用旅游资源。利用公共资源建设的游览场所应当体现公益性质。

第五条　国家倡导健康、文明、环保的旅游方式，支持和鼓励各类社会机构开展旅游公益宣传，对促进旅游业发展做出突出贡献的单位和个人给予奖励。

第六条　国家建立健全旅游服务标准和市场规则，禁止行业垄断和地区垄断。旅游经营者应当诚信经营，公平竞争，承担社会责任，为旅游者提供安全、健康、卫生、方便的旅游服务。

第七条　国务院建立健全旅游综合协调机制，对旅游业发展进行综合协调。

县级以上地方人民政府应当加强对旅游工作的组织和领导，明确相关部门或者机构，对本行政区域的旅游业发展和监督管理进行统筹协调。

第八条　依法成立的旅游行业组织，实行自律管理。

第二章　旅　游　者

第九条　旅游者有权自主选择旅游产品和服务，有权拒绝旅游经营者的强制交易行为。

旅游者有权知悉其购买的旅游产品和服务的真实情况。

旅游者有权要求旅游经营者按照约定提供产品和服务。

第十条　旅游者的人格尊严、民族风俗习惯和宗教信仰应当得到尊重。

第十一条　残疾人、老年人、未成年人等旅游者在旅游活动中依照法律、法规和有关规定享受便利和优惠。

第十二条　旅游者在人身、财产安全遇有危险时，有请求救助和保护的权利。

旅游者人身、财产受到侵害的，有依法获得赔偿的权利。

第十三条　旅游者在旅游活动中应当遵守社会公共秩序和社会公德，尊重当地的风俗习惯、文化传统和宗教信仰，爱护旅游资源，保护生态环境，遵守旅游文明行为规范。

第十四条　旅游者在旅游活动中或者在解决纠纷时，不得损害当地居民的合法权益，不得干扰他人的旅游活动，不得损害旅游经营者和旅游从业人员的合法权益。

第十五条　旅游者购买、接受旅游服务时，应当向旅游经营者如实告知与旅游活动相关的个人健康信息，遵守旅游活动中的安全警示规定。

旅游者对国家应对重大突发事件暂时限制旅游活动的措施以及有关部门、机构或者旅游经营者采取的安全防范和应急处置措施，应当予以配合。

旅游者违反安全警示规定，或者对国家应对重大突发事件暂时限制旅游活动的措施、安全防范和应急处置措施不予配合的，依法承担相应责任。

第十六条　出境旅游者不得在境外非法滞留，随团出境的旅游者不得擅自分团、脱团。

入境旅游者不得在境内非法滞留，随团入境的旅游者不得擅自分团、脱团。

第三章　旅游规划和促进（略）

第十七条　国务院和县级以上地方人民政府应当将旅游业发展纳入国民经济和社会发展规划。

国务院和省、自治区、直辖市人民政府以及旅游资源丰富的设区的市和县级人民政府，应当按照国民经济和社会发展规划的要求，组织编制旅游发展规划。对跨行政区域且适宜进行整体利用的旅游资源进行利用时，应当由上级人民政府组织编制或者由相关地方人民政府协商编制统一的旅游发展规划。

第十八条　旅游发展规划应当包括旅游业发展的总体要求和发展目标，旅游资源保护和利用的要求和措施，以及旅游产品开发、旅游服务质量提升、旅游文化建设、旅游形象推广、旅游基础设施和公共服务设施建设的要求和促进措施等内容。

根据旅游发展规划，县级以上地方人民政府可以编制重点旅游资源开发利用的专项规划，对特定区域内的旅游项目、设施和服务功能配套提出专门要求。

第十九条　旅游发展规划应当与土地利用总体规划、城乡规划、环境保护规划以及其他自然资源和文物等人文资源的保护和利用规划相衔接。

第二十条　各级人民政府编制土地利用总体规划、城乡规划，应当充分考虑相关旅游项目、设施的空间布局和建设用地要求。规划和建设交通、通信、供水、供电、环保等基础设施和公共服务设施，应当兼顾旅游业发展的需要。

第二十一条　对自然资源和文物等人文资源进行旅游利用，必须严格遵守有关法律、法规的规定，符合资源、生态保护和文物安全的要求，尊重和维护当地传统文化和习俗，维护资源的区域整体性、文化代表性和地域特殊性，并考虑军事设施保护的需要。有关主管部门应当加强对资源保护和旅游利用状况的监督检查。

第二十二条　各级人民政府应当组织对本级政府编制的旅游发展规划的执行情况进行

评估，并向社会公布。

第二十三条　国务院和县级以上地方人民政府应当制定并组织实施有利于旅游业持续健康发展的产业政策，推进旅游休闲体系建设，采取措施推动区域旅游合作，鼓励跨区域旅游线路和产品开发，促进旅游与工业、农业、商业、文化、卫生、体育、科教等领域的融合，扶持少数民族地区、革命老区、边远地区和贫困地区旅游业发展。

第二十四条　国务院和县级以上地方人民政府应当根据实际情况安排资金，加强旅游基础设施建设、旅游公共服务和旅游形象推广。

第二十五条　国家制定并实施旅游形象推广战略。国务院旅游主管部门统筹组织国家旅游形象的境外推广工作，建立旅游形象推广机构和网络，开展旅游国际合作与交流。

县级以上地方人民政府统筹组织本地的旅游形象推广工作。

第二十六条　国务院旅游主管部门和县级以上地方人民政府应当根据需要建立旅游公共信息和咨询平台，无偿向旅游者提供旅游景区、线路、交通、气象、住宿、安全、医疗急救等必要信息和咨询服务。设区的市和县级人民政府有关部门应当根据需要在交通枢纽、商业中心和旅游者集中场所设置旅游咨询中心，在景区和通往主要景区的道路设置旅游指示标识。

旅游资源丰富的设区的市和县级人民政府可以根据本地的实际情况，建立旅游客运专线或者游客中转站，为旅游者在城市及周边旅游提供服务。

第二十七条　国家鼓励和支持发展旅游职业教育和培训，提高旅游从业人员素质。

第四章　旅 游 经 营

第二十八条　设立旅行社，招徕、组织、接待旅游者，为其提供旅游服务，应当具备下列条件，取得旅游主管部门的许可，依法办理工商登记：

（一）有固定的经营场所；

（二）有必要的营业设施；

（三）有符合规定的注册资本；

（四）有必要的经营管理人员和导游；

（五）法律、行政法规规定的其他条件。

第二十九条　旅行社可以经营下列业务：

（一）境内旅游；

（二）出境旅游；

（三）边境旅游；

（四）入境旅游；

（五）其他旅游业务。

旅行社经营前款第二项和第三项业务，应当取得相应的业务经营许可，具体条件由国务院规定。

第三十条　旅行社不得出租、出借旅行社业务经营许可证，或者以其他形式非法转让旅行社业务经营许可。

第三十一条　旅行社应当按照规定交纳旅游服务质量保证金，用于旅游者权益损害赔偿和垫付旅游者人身安全遇有危险时紧急救助的费用。

第三十二条 旅行社为招徕、组织旅游者发布信息，必须真实、准确，不得进行虚假宣传，误导旅游者。

第三十三条 旅行社及其从业人员组织、接待旅游者，不得安排参观或者参与违反我国法律、法规和社会公德的项目或者活动。

第三十四条 旅行社组织旅游活动应当向合格的供应商订购产品和服务。

第三十五条 旅行社不得以不合理的低价组织旅游活动，诱骗旅游者，并通过安排购物或者另行付费旅游项目获取回扣等不正当利益。

旅行社组织、接待旅游者，不得指定具体购物场所，不得安排另行付费旅游项目。但是，经双方协商一致或者旅游者要求，且不影响其他旅游者行程安排的除外。

发生违反前两款规定情形的，旅游者有权在旅游行程结束后三十日内，要求旅行社为其办理退货并先行垫付退货货款，或者退还另行付费旅游项目的费用。

第三十六条 旅行社组织团队出境旅游或者组织、接待团队入境旅游，应当按照规定安排领队或者导游全程陪同。

第三十七条 参加导游资格考试成绩合格，与旅行社订立劳动合同或者在相关旅游行业组织注册的人员，可以申请取得导游证。

第三十八条 旅行社应当与其聘用的导游依法订立劳动合同，支付劳动报酬，缴纳社会保险费用。

旅行社临时聘用导游为旅游者提供服务的，应当全额向导游支付本法第六十条第三款规定的导游服务费用。

旅行社安排导游为团队旅游提供服务的，不得要求导游垫付或者向导游收取任何费用。

第三十九条 取得导游证，具有相应的学历、语言能力和旅游从业经历，并与旅行社订立劳动合同的人员，可以申请取得领队证。

第四十条 导游和领队为旅游者提供服务必须接受旅行社委派，不得私自承揽导游和领队业务。

第四十一条 导游和领队从事业务活动，应当佩戴导游证、领队证，遵守职业道德，尊重旅游者的风俗习惯和宗教信仰，应当向旅游者告知和解释旅游文明行为规范，引导旅游者健康、文明旅游，劝阻旅游者违反社会公德的行为。

导游和领队应当严格执行旅游行程安排，不得擅自变更旅游行程或者中止服务活动，不得向旅游者索取小费，不得诱导、欺骗、强迫或者变相强迫旅游者购物或者参加另行付费旅游项目。

第四十二条 景区开放应当具备下列条件，并听取旅游主管部门的意见：

（一）有必要的旅游配套服务和辅助设施；

（二）有必要的安全设施及制度，经过安全风险评估，满足安全条件；

（三）有必要的环境保护设施和生态保护措施；

（四）法律、行政法规规定的其他条件。

第四十三条 利用公共资源建设的景区的门票以及景区内的游览场所、交通工具等另行收费项目，实行政府定价或者政府指导价，严格控制价格上涨。拟收费或者提高价格的，应当举行听证会，征求旅游者、经营者和有关方面的意见，论证其必要性、可行性。

利用公共资源建设的景区，不得通过增加另行收费项目等方式变相涨价；另行收费项目已收回投资成本的，应当相应降低价格或者取消收费。

公益性的城市公园、博物馆、纪念馆等，除重点文物保护单位和珍贵文物收藏单位外，应当逐步免费开放。

第四十四条　景区应当在醒目位置公示门票价格、另行收费项目的价格及团体收费价格。景区提高门票价格应当提前六个月公布。

将不同景区的门票或者同一景区内不同游览场所的门票合并出售的，合并后的价格不得高于各单项门票的价格之和，且旅游者有权选择购买其中的单项票。

景区内的核心游览项目因故暂停向旅游者开放或者停止提供服务的，应当公示并相应减少收费。

第四十五条　景区接待旅游者不得超过景区主管部门核定的最大承载量。景区应当公布景区主管部门核定的最大承载量，制定和实施旅游者流量控制方案，并可以采取门票预约等方式，对景区接待旅游者的数量进行控制。

旅游者数量可能达到最大承载量时，景区应当提前公告并同时向当地人民政府报告，景区和当地人民政府应当及时采取疏导、分流等措施。

第四十六条　城镇和乡村居民利用自有住宅或者其他条件依法从事旅游经营，其管理办法由省、自治区、直辖市制定。

第四十七条　经营高空、高速、水上、潜水、探险等高风险旅游项目，应当按照国家有关规定取得经营许可。

第四十八条　通过网络经营旅行社业务的，应当依法取得旅行社业务经营许可，并在其网站主页的显著位置标明其业务经营许可证信息。发布旅游经营信息的网站，应当保证其信息真实、准确。

第四十九条　为旅游者提供交通、住宿、餐饮、娱乐等服务的经营者，应当符合法律、法规规定的要求，按照合同约定履行义务。

第五十条　旅游经营者应当保证其提供的商品和服务符合保障人身、财产安全的要求。

旅游经营者取得相关质量标准等级的，其设施和服务不得低于相应标准；未取得质量标准等级的，不得使用相关质量等级的称谓和标识。

第五十一条　旅游经营者销售、购买商品或者服务，不得给予或者收受贿赂。

第五十二条　旅游经营者对其在经营活动中知悉的旅游者个人信息，应当予以保密。

第五十三条　从事道路旅游客运的经营者应当遵守道路客运安全管理的各项制度，并在车辆显著位置明示道路旅游客运专用标识，在车厢内显著位置公示经营者和驾驶人信息、道路运输管理机构监督电话等事项。

第五十四条　景区、住宿经营者将其部分经营项目或者场地交由他人从事住宿、餐饮、购物、游览、娱乐、旅游交通等经营的，应当对实际经营者的经营行为给旅游者造成的损害承担连带责任。

第五十五条　旅游经营者组织、接待出入境旅游，发现旅游者从事违法活动或者有违反本法第十六条规定情形的，应当及时向公安机关、旅游主管部门或者我国驻外机构报告。

第五十六条　国家根据旅游活动的风险程度，对旅行社、住宿、旅游交通以及本法第四十七条规定的高风险旅游项目等经营者实施责任保险制度。

第五章　旅游服务合同

第五十七条　旅行社组织和安排旅游活动，应当与旅游者订立合同。

第五十八条　包价旅游合同应当采用书面形式，包括下列内容：

（一）旅行社、旅游者的基本信息；

（二）旅游行程安排；

（三）旅游团成团的最低人数；

（四）交通、住宿、餐饮等旅游服务安排和标准；

（五）游览、娱乐等项目的具体内容和时间；

（六）自由活动时间安排；

（七）旅游费用及其交纳的期限和方式；

（八）违约责任和解决纠纷的方式；

（九）法律、法规规定和双方约定的其他事项。

订立包价旅游合同时，旅行社应当向旅游者详细说明前款第二项至第八项所载内容。

第五十九条　旅行社应当在旅游行程开始前向旅游者提供旅游行程单。旅游行程单是包价旅游合同的组成部分。

第六十条　旅行社委托其他旅行社代理销售包价旅游产品并与旅游者订立包价旅游合同的，应当在包价旅游合同中载明委托社和代理社的基本信息。

旅行社依照本法规定将包价旅游合同中的接待业务委托给地接社履行的，应当在包价旅游合同中载明地接社的基本信息。

安排导游为旅游者提供服务的，应当在包价旅游合同中载明导游服务费用。

第六十一条　旅行社应当提示参加团队旅游的旅游者按照规定投保人身意外伤害保险。

第六十二条　订立包价旅游合同时，旅行社应当向旅游者告知下列事项：

（一）旅游者不适合参加旅游活动的情形；

（二）旅游活动中的安全注意事项；

（三）旅行社依法可以减免责任的信息；

（四）旅游者应当注意的旅游目的地相关法律、法规和风俗习惯、宗教禁忌，依照中国法律不宜参加的活动等；

（五）法律、法规规定的其他应当告知的事项。

在包价旅游合同履行中，遇有前款规定事项的，旅行社也应当告知旅游者。

第六十三条　旅行社招徕旅游者组团旅游，因未达到约定人数不能出团的，组团社可以解除合同。但是，境内旅游应当至少提前七日通知旅游者，出境旅游应当至少提前三十日通知旅游者。

因未达到约定人数不能出团的，组团社经征得旅游者书面同意，可以委托其他旅行社履行合同。组团社对旅游者承担责任，受委托的旅行社对组团社承担责任。旅游者不同意的，可以解除合同。

因未达到约定的成团人数解除合同的，组团社应当向旅游者退还已收取的全部费用。

第六十四条 旅游行程开始前，旅游者可以将包价旅游合同中自身的权利义务转让给第三人，旅行社没有正当理由的不得拒绝，因此增加的费用由旅游者和第三人承担。

第六十五条 旅游行程结束前，旅游者解除合同的，组团社应当在扣除必要的费用后，将余款退还旅游者。

第六十六条 旅游者有下列情形之一的，旅行社可以解除合同：

（一）患有传染病等疾病，可能危害其他旅游者健康和安全的；

（二）携带危害公共安全的物品且不同意交有关部门处理的；

（三）从事违法或者违反社会公德的活动的；

（四）从事严重影响其他旅游者权益的活动，且不听劝阻、不能制止的；

（五）法律规定的其他情形。

因前款规定情形解除合同的，组团社应当在扣除必要的费用后，将余款退还旅游者；给旅行社造成损失的，旅游者应当依法承担赔偿责任。

第六十七条 因不可抗力或者旅行社、履行辅助人已尽合理注意义务仍不能避免的事件，影响旅游行程的，按照下列情形处理：

（一）合同不能继续履行的，旅行社和旅游者均可以解除合同。合同不能完全履行的，旅行社经向旅游者做出说明，可以在合理范围内变更合同；旅游者不同意变更的，可以解除合同。

（二）合同解除的，组团社应当在扣除已向地接社或者履行辅助人支付且不可退还的费用后，将余款退还旅游者；合同变更的，因此增加的费用由旅游者承担，减少的费用退还旅游者。

（三）危及旅游者人身、财产安全的，旅行社应当采取相应的安全措施，因此支出的费用，由旅行社与旅游者分担。

（四）造成旅游者滞留的，旅行社应当采取相应的安置措施。因此增加的食宿费用，由旅游者承担；增加的返程费用，由旅行社与旅游者分担。

第六十八条 旅游行程中解除合同的，旅行社应当协助旅游者返回出发地或者旅游者指定的合理地点。由于旅行社或者履行辅助人的原因导致合同解除的，返程费用由旅行社承担。

第六十九条 旅行社应当按照包价旅游合同的约定履行义务，不得擅自变更旅游行程安排。

经旅游者同意，旅行社将包价旅游合同中的接待业务委托给其他具有相应资质的地接社履行的，应当与地接社订立书面委托合同，约定双方的权利和义务，向地接社提供与旅游者订立的包价旅游合同的副本，并向地接社支付不低于接待和服务成本的费用。地接社应当按照包价旅游合同和委托合同提供服务。

第七十条 旅行社不履行包价旅游合同义务或者履行合同义务不符合约定的，应当依法承担继续履行、采取补救措施或者赔偿损失等违约责任；造成旅游者人身损害、财产损失的，应当依法承担赔偿责任。旅行社具备履行条件，经旅游者要求仍拒绝履行合同，造成旅游者人身损害、滞留等严重后果的，旅游者还可以要求旅行社支付旅游费用一倍以上三倍以下的赔偿金。

由于旅游者自身原因导致包价旅游合同不能履行或者不能按照约定履行，或者造成旅游者人身损害、财产损失的，旅行社不承担责任。

在旅游者自行安排活动期间，旅行社未尽到安全提示、救助义务的，应当对旅游者的人身损害、财产损失承担相应责任。

第七十一条　由于地接社、履行辅助人的原因导致违约的，由组团社承担责任；组团社承担责任后可以向地接社、履行辅助人追偿。

由于地接社、履行辅助人的原因造成旅游者人身损害、财产损失的，旅游者可以要求地接社、履行辅助人承担赔偿责任，也可以要求组团社承担赔偿责任；组团社承担责任后可以向地接社、履行辅助人追偿。但是，由于公共交通经营者的原因造成旅游者人身损害、财产损失的，由公共交通经营者依法承担赔偿责任，旅行社应当协助旅游者向公共交通经营者索赔。

第七十二条　旅游者在旅游活动中或者在解决纠纷时，损害旅行社、履行辅助人、旅游从业人员或者其他旅游者的合法权益的，依法承担赔偿责任。

第七十三条　旅行社根据旅游者的具体要求安排旅游行程，与旅游者订立包价旅游合同的，旅游者请求变更旅游行程安排，因此增加的费用由旅游者承担，减少的费用退还旅游者。

第七十四条　旅行社接受旅游者的委托，为其代订交通、住宿、餐饮、游览、娱乐等旅游服务，收取代办费用的，应当亲自处理委托事务。因旅行社的过错给旅游者造成损失的，旅行社应当承担赔偿责任。

旅行社接受旅游者的委托，为其提供旅游行程设计、旅游信息咨询等服务的，应当保证设计合理、可行，信息及时、准确。

第七十五条　住宿经营者应当按照旅游服务合同的约定为团队旅游者提供住宿服务。住宿经营者未能按照旅游服务合同提供服务的，应当为旅游者提供不低于原定标准的住宿服务，因此增加的费用由住宿经营者承担；但由于不可抗力、政府因公共利益需要采取措施造成不能提供服务的，住宿经营者应当协助安排旅游者住宿。

第六章　旅游安全

第七十六条　县级以上人民政府统一负责旅游安全工作。县级以上人民政府有关部门依照法律、法规履行旅游安全监管职责。

第七十七条　国家建立旅游目的地安全风险提示制度。旅游目的地安全风险提示的级别划分和实施程序，由国务院旅游主管部门会同有关部门制定。

县级以上人民政府及其有关部门应当将旅游安全作为突发事件监测和评估的重要内容。

第七十八条　县级以上人民政府应当依法将旅游应急管理纳入政府应急管理体系，制定应急预案，建立旅游突发事件应对机制。

突发事件发生后，当地人民政府及其有关部门和机构应当采取措施开展救援，并协助旅游者返回出发地或者旅游者指定的合理地点。

第七十九条　旅游经营者应当严格执行安全生产管理和消防安全管理的法律、法规和国家标准、行业标准，具备相应的安全生产条件，制定旅游者安全保护制度和应急预案。

旅游经营者应当对直接为旅游者提供服务的从业人员开展经常性应急救助技能培训，对提供的产品和服务进行安全检验、监测和评估，采取必要措施防止危害发生。

旅游经营者组织、接待老年人、未成年人、残疾人等旅游者，应当采取相应的安全保障措施。

第八十条　旅游经营者应当就旅游活动中的下列事项，以明示的方式事先向旅游者做出说明或者警示：

（一）正确使用相关设施、设备的方法；

（二）必要的安全防范和应急措施；

（三）未向旅游者开放的经营、服务场所和设施、设备；

（四）不适宜参加相关活动的群体；

（五）可能危及旅游者人身、财产安全的其他情形。

第八十一条　突发事件或者旅游安全事故发生后，旅游经营者应当立即采取必要的救助和处置措施，依法履行报告义务，并对旅游者做出妥善安排。

第八十二条　旅游者在人身、财产安全遇有危险时，有权请求旅游经营者、当地政府和相关机构进行及时救助。

中国出境旅游者在境外陷于困境时，有权请求我国驻当地机构在其职责范围内给予协助和保护。

旅游者接受相关组织或者机构的救助后，应当支付应由个人承担的费用。

第七章　旅游监督管理

第八十三条　县级以上人民政府旅游主管部门和有关部门依照本法和有关法律、法规的规定，在各自职责范围内对旅游市场实施监督管理。

县级以上人民政府应当组织旅游主管部门、有关主管部门和工商行政管理、产品质量监督、交通等执法部门对相关旅游经营行为实施监督检查。

第八十四条　旅游主管部门履行监督管理职责，不得违反法律、行政法规的规定向监督管理对象收取费用。

旅游主管部门及其工作人员不得参与任何形式的旅游经营活动。

第八十五条　县级以上人民政府旅游主管部门有权对下列事项实施监督检查：

（一）经营旅行社业务以及从事导游、领队服务是否取得经营、执业许可；

（二）旅行社的经营行为；

（三）导游和领队等旅游从业人员的服务行为；

（四）法律、法规规定的其他事项。

旅游主管部门依照前款规定实施监督检查，可以对涉嫌违法的合同、票据、账簿以及其他资料进行查阅、复制。

第八十六条　旅游主管部门和有关部门依法实施监督检查，其监督检查人员不得少于二人，并应当出示合法证件。监督检查人员少于二人或者未出示合法证件的，被检查单位和个人有权拒绝。

监督检查人员对在监督检查中知悉的被检查单位的商业秘密和个人信息应当依法保密。

第八十七条　对依法实施的监督检查，有关单位和个人应当配合，如实说明情况并提供文件、资料，不得拒绝、阻碍和隐瞒。

第八十八条　县级以上人民政府旅游主管部门和有关部门，在履行监督检查职责中或者在处理举报、投诉时，发现违反本法规定行为的，应当依法及时做出处理；对不属于本部门职责范围的事项，应当及时书面通知并移交有关部门查处。

第八十九条　县级以上地方人民政府建立旅游违法行为查处信息的共享机制，对需要跨部门、跨地区联合查处的违法行为，应当进行督办。旅游主管部门和有关部门应当按照各自职责，及时向社会公布监督检查的情况。

第九十条　依法成立的旅游行业组织依照法律、行政法规和章程的规定，制定行业经营规范和服务标准，对其会员的经营行为和服务质量进行自律管理，组织开展职业道德教育和业务培训，提高从业人员素质。

第八章　旅游纠纷处理

第九十一条　县级以上人民政府应当指定或者设立统一的旅游投诉受理机构。受理机构接到投诉，应当及时进行处理或者移交有关部门处理，并告知投诉者。

第九十二条　旅游者与旅游经营者发生纠纷，可以通过下列途径解决：

（一）双方协商；

（二）向消费者协会、旅游投诉受理机构或者有关调解组织申请调解；

（三）根据与旅游经营者达成的仲裁协议提请仲裁机构仲裁；

（四）向人民法院提起诉讼。

第九十三条　消费者协会、旅游投诉受理机构和有关调解组织在双方自愿的基础上，依法对旅游者与旅游经营者之间的纠纷进行调解。

第九十四条　旅游者与旅游经营者发生纠纷，旅游者一方人数众多并有共同请求的，可以推选代表人参加协商、调解、仲裁、诉讼活动。

第九章　法 律 责 任

第九十五条　违反本法规定，未经许可经营旅行社业务的，由旅游主管部门或者工商行政管理部门责令改正，没收违法所得，并处一万元以上十万元以下罚款；违法所得十万元以上的，并处违法所得一倍以上五倍以下罚款；对有关责任人员，处二千元以上二万元以下罚款。

旅行社违反本法规定，未经许可经营本法第二十九条第一款第二项、第三项业务，或者出租、出借旅行社业务经营许可证，或者以其他方式非法转让旅行社业务经营许可的，除依照前款规定处罚外，并责令停业整顿；情节严重的，吊销旅行社业务经营许可证；对直接负责的主管人员，处二千元以上二万元以下罚款。

第九十六条　旅行社违反本法规定，有下列行为之一的，由旅游主管部门责令改正，没收违法所得，并处五千元以上五万元以下罚款；情节严重的，责令停业整顿或者吊销旅行社业务经营许可证；对直接负责的主管人员和其他直接责任人员，处二千元以上二万元以下罚款：

（一）未按照规定为出境或者入境团队旅游安排领队或者导游全程陪同的；

（二）安排未取得导游证或者领队证的人员提供导游或者领队服务的；

（三）未向临时聘用的导游支付导游服务费用的；

（四）要求导游垫付或者向导游收取费用的。

第九十七条　旅行社违反本法规定，有下列行为之一的，由旅游主管部门或者有关部门责令改正，没收违法所得，并处五千元以上五万元以下罚款；违法所得五万元以上的，并处违法所得一倍以上五倍以下罚款；情节严重的，责令停业整顿或者吊销旅行社业务经营许可证；对直接负责的主管人员和其他直接责任人员，处二千元以上二万元以下罚款：

（一）进行虚假宣传，误导旅游者的；

（二）向不合格的供应商订购产品和服务的；

（三）未按照规定投保旅行社责任保险的。

第九十八条　旅行社违反本法第三十五条规定的，由旅游主管部门责令改正，没收违法所得，责令停业整顿，并处三万元以上三十万元以下罚款；违法所得三十万元以上的，并处违法所得一倍以上五倍以下罚款；情节严重的，吊销旅行社业务经营许可证；对直接负责的主管人员和其他直接责任人员，没收违法所得，处二千元以上二万元以下罚款，并暂扣或者吊销导游证、领队证。

第九十九条　旅行社未履行本法第五十五条规定的报告义务的，由旅游主管部门处五千元以上五万元以下罚款；情节严重的，责令停业整顿或者吊销旅行社业务经营许可证；对直接负责的主管人员和其他直接责任人员，处二千元以上二万元以下罚款，并暂扣或者吊销导游证、领队证。

第一百条　旅行社违反本法规定，有下列行为之一的，由旅游主管部门责令改正，处三万元以上三十万元以下罚款，并责令停业整顿；造成旅游者滞留等严重后果的，吊销旅行社业务经营许可证；对直接负责的主管人员和其他直接责任人员，处二千元以上二万元以下罚款，并暂扣或者吊销导游证、领队证：

（一）在旅游行程中擅自变更旅游行程安排，严重损害旅游者权益的；

（二）拒绝履行合同的；

（三）未征得旅游者书面同意，委托其他旅行社履行包价旅游合同的。

第一百零一条　旅行社违反本法规定，安排旅游者参观或者参与违反我国法律、法规和社会公德的项目或者活动的，由旅游主管部门责令改正，没收违法所得，责令停业整顿，并处二万元以上二十万元以下罚款；情节严重的，吊销旅行社业务经营许可证；对直接负责的主管人员和其他直接责任人员，处二千元以上二万元以下罚款，并暂扣或者吊销导游证、领队证。

第一百零二条　违反本法规定，未取得导游证或者领队证从事导游、领队活动的，由旅游主管部门责令改正，没收违法所得，并处一千元以上一万元以下罚款，予以公告。

导游、领队违反本法规定，私自承揽业务的，由旅游主管部门责令改正，没收违法所得，处一千元以上一万元以下罚款，并暂扣或者吊销导游证、领队证。

导游、领队违反本法规定，向旅游者索取小费的，由旅游主管部门责令退还，处一千元以上一万元以下罚款；情节严重的，并暂扣或者吊销导游证、领队证。

第一百零三条　违反本法规定被吊销导游证、领队证的导游、领队和受到吊销旅行社业务经营许可证处罚的旅行社的有关管理人员，自处罚之日起未逾三年的，不得重新申请导游证、领队证或者从事旅行社业务。

第一百零四条 旅游经营者违反本法规定，给予或者收受贿赂的，由工商行政管理部门依照有关法律、法规的规定处罚；情节严重的，并由旅游主管部门吊销旅行社业务经营许可证。

第一百零五条 景区不符合本法规定的开放条件而接待旅游者的，由景区主管部门责令停业整顿直至符合开放条件，并处二万元以上二十万元以下罚款。

景区在旅游者数量可能达到最大承载量时，未依照本法规定公告或者未向当地人民政府报告，未及时采取疏导、分流等措施，或者超过最大承载量接待旅游者的，由景区主管部门责令改正，情节严重的，责令停业整顿一个月至六个月。

第一百零六条 景区违反本法规定，擅自提高门票或者另行收费项目的价格，或者有其他价格违法行为的，由有关主管部门依照有关法律、法规的规定处罚。

第一百零七条 旅游经营者违反有关安全生产管理和消防安全管理的法律、法规或者国家标准、行业标准的，由有关主管部门依照有关法律、法规的规定处罚。

第一百零八条 对违反本法规定的旅游经营者及其从业人员，旅游主管部门和有关部门应当记入信用档案，向社会公布。

第一百零九条 旅游主管部门和有关部门的工作人员在履行监督管理职责中，滥用职权、玩忽职守、徇私舞弊，尚不构成犯罪的，依法给予处分。

第一百一十条 违反本法规定，构成犯罪的，依法追究刑事责任。

第十章 附 则

第一百一十一条 本法下列用语的含义：

（一）旅游经营者，是指旅行社、景区以及为旅游者提供交通、住宿、餐饮、购物、娱乐等服务的经营者。

（二）景区，是指为旅游者提供游览服务、有明确的管理界限的场所或者区域。

（三）包价旅游合同，是指旅行社预先安排行程，提供或者通过履行辅助人提供交通、住宿、餐饮、游览、导游或者领队等两项以上旅游服务，旅游者以总价支付旅游费用的合同。

（四）组团社，是指与旅游者订立包价旅游合同的旅行社。

（五）地接社，是指接受组团社委托，在目的地接待旅游者的旅行社。

（六）履行辅助人，是指与旅行社存在合同关系，协助其履行包价旅游合同义务，实际提供相关服务的法人或者自然人。

第一百一十二条 本法自 2013 年 10 月 1 日起施行。

附录 2　旅行社条例

（2009 年 2 月 20 日国务院第 550 号发布　自 2009 年 5 月 1 日起施行　根据 2016 年 2 月 6 日国务院令第 666 号《国务院关于修改部分行政法规的决定》第一次修订　根据 2017 年 3 月 1 日《国务院关于修改和废止部分行政法规的决定》第二次修订）

第一章　总　则

第一条　为了加强对旅行社的管理，保障旅游者和旅行社的合法权益，维护旅游市场秩序，促进旅游业的健康发展，制定本条例。

第二条　本条例适用于中华人民共和国境内旅行社的设立及经营活动。

本条例所称旅行社，是指从事招徕、组织、接待旅游者等活动，为旅游者提供相关旅游服务，开展国内旅游业务、入境旅游业务或者出境旅游业务的企业法人。

第三条　国务院旅游行政主管部门负责全国旅行社的监督管理工作。

县级以上地方人民政府管理旅游工作的部门按照职责负责本行政区域内旅行社的监督管理工作。

县级以上各级人民政府工商、价格、商务、外汇等有关部门，应当按照职责分工，依法对旅行社进行监督管理。

第四条　旅行社在经营活动中应当遵循自愿、平等、公平、诚信的原则，提高服务质量，维护旅游者的合法权益。

第五条　旅行社行业组织应当按照章程为旅行社提供服务，发挥协调和自律作用，引导旅行社合法、公平竞争和诚信经营。

第二章　旅行社的设立

第六条　申请经营国内旅游业务和入境旅游业务的，应当取得企业法人资格，并且注册资本不少于 30 万元。

第七条　申请经营国内旅游业务和入境旅游业务的，应当向所在地省、自治区、直辖市旅游行政管理部门或者其委托的设区的市级旅游行政管理部门提出申请，并提交符合本条例第六条规定的相关证明文件。受理申请的旅游行政管理部门应当自受理申请之日起 20 个工作日内做出许可或者不予许可的决定。予以许可的，向申请人颁发旅行社业务经营许可证；不予许可的，书面通知申请人并说明理由。

第八条　旅行社取得经营许可满两年，且未因侵害旅游者合法权益受到行政机关罚款以上处罚的，可以申请经营出境旅游业务。

第九条　申请经营出境旅游业务的，应当向国务院旅游行政主管部门或者其委托的省、自治区、直辖市旅游行政管理部门提出申请，受理申请的旅游行政管理部门应当自受理申请之日起 20 个工作日内做出许可或者不予许可的决定。予以许可的，向申请人换发旅行社业务经营许可证；不予许可的，书面通知申请人并说明理由。

第十条　旅行社设立分社的，应当向分社所在地的工商行政管理部门办理设立登记，并自设立登记之日起 3 个工作日内向分社所在地的旅游行政管理部门备案。

旅行社分社的设立不受地域限制。分社的经营范围不得超出设立分社的旅行社的经营范围。

第十一条 旅行社设立专门招徕旅游者、提供旅游咨询的服务网点（以下简称旅行社服务网点）应当依法向工商行政管理部门办理设立登记手续，并向所在地的旅游行政管理部门备案。

旅行社服务网点应当接受旅行社的统一管理，不得从事招徕、咨询以外的活动。

第十二条 旅行社变更名称、经营场所、法定代表人等登记事项或者终止经营的，应当到工商行政管理部门办理相应的变更登记或者注销登记，并在登记办理完毕之日起 10 个工作日内，向原许可的旅游行政管理部门备案，换领或者交回旅行社业务经营许可证。

第十三条 旅行社应当自取得旅行社业务经营许可证之日起 3 个工作日内，在国务院旅游行政主管部门指定的银行开设专门的质量保证金账户，存入质量保证金，或者向做出许可的旅游行政管理部门提交依法取得的担保额度不低于相应质量保证金数额的银行担保。

经营国内旅游业务和入境旅游业务的旅行社，应当存入质量保证金 20 万元；经营出境旅游业务的旅行社，应当增存质量保证金 120 万元。

质量保证金的利息属于旅行社所有。

第十四条 旅行社每设立一个经营国内旅游业务和入境旅游业务的分社，应当向其质量保证金账户增存 5 万元；每设立一个经营出境旅游业务的分社，应当向其质量保证金账户增存 30 万元。

第十五条 有下列情形之一的，旅游行政管理部门可以使用旅行社的质量保证金：

（一）旅行社违反旅游合同约定，侵害旅游者合法权益，经旅游行政管理部门查证属实的；

（二）旅行社因解散、破产或者其他原因造成旅游者预交旅游费用损失的。

第十六条 人民法院判决、裁定及其他生效法律文书认定旅行社损害旅游者合法权益，旅行社拒绝或者无力赔偿的，人民法院可以从旅行社的质量保证金账户上划拨赔偿款。

第十七条 旅行社自交纳或者补足质量保证金之日起三年内未因侵害旅游者合法权益受到行政机关罚款以上处罚的，旅游行政管理部门应当将旅行社质量保证金的交存数额降低 50%，并向社会公告。旅行社可凭省、自治区、直辖市旅游行政管理部门出具的凭证减少其质量保证金。

第十八条 旅行社在旅游行政管理部门使用质量保证金赔偿旅游者的损失，或者依法减少质量保证金后，因侵害旅游者合法权益受到行政机关罚款以上处罚的，应当在收到旅游行政管理部门补交质量保证金的通知之日起 5 个工作日内补足质量保证金。

第十九条 旅行社不再从事旅游业务的，凭旅游行政管理部门出具的凭证，向银行取回质量保证金。

第二十条 质量保证金存缴、使用的具体管理办法由国务院旅游行政主管部门和国务院财政部门会同有关部门另行制定。

第三章　外商投资旅行社

第二十一条　外商投资旅行社适用本章规定；本章没有规定的，适用本条例其他有关规定。

前款所称外商投资旅行社，包括中外合资经营旅行社、中外合作经营旅行社和外资旅行社。

第二十二条　外商投资企业申请经营旅行社业务，应当向所在地省、自治区、直辖市旅游行政管理部门提出申请，并提交符合本条例第六条规定条件的相关证明文件。省、自治区、直辖市旅游行政管理部门应当自受理申请之日起 30 个工作日内审查完毕。予以许可的，颁发旅行社业务经营许可证；不予许可的，书面通知申请人并说明理由。

设立外商投资旅行社，还应当遵守有关外商投资的法律、法规。

第二十三条　外商投资旅行社不得经营中国内地居民出国旅游业务以及赴香港特别行政区、澳门特别行政区和台湾地区旅游的业务，但是国务院决定或者我国签署的自由贸易协定和内地与香港、澳门关于建立更紧密经贸关系的安排另有规定的除外。

第四章　旅行社经营

第二十四条　旅行社向旅游者提供的旅游服务信息必须真实可靠，不得做虚假宣传。

第二十五条　经营出境旅游业务的旅行社不得组织旅游者到国务院旅游行政主管部门公布的中国公民出境旅游目的地之外的国家和地区旅游。

第二十六条　旅行社为旅游者安排或者介绍的旅游活动不得含有违反有关法律、法规规定的内容。

第二十七条　旅行社不得以低于旅游成本的报价招徕旅游者。未经旅游者同意，旅行社不得在旅游合同约定之外提供其他有偿服务。

第二十八条　旅行社为旅游者提供服务，应当与旅游者签订旅游合同并载明下列事项：

（一）旅行社的名称及其经营范围、地址、联系电话和旅行社业务经营许可证编号；

（二）旅行社经办人的姓名、联系电话；

（三）签约地点和日期；

（四）旅游行程的出发地、途经地和目的地；

（五）旅游行程中交通、住宿、餐饮服务安排及其标准；

（六）旅行社统一安排的游览项目的具体内容及时间；

（七）旅游者自由活动的时间和次数；

（八）旅游者应当交纳的旅游费用及交纳方式；

（九）旅行社安排的购物次数、停留时间及购物场所的名称；

（十）需要旅游者另行付费的游览项目及价格；

（十一）解除或者变更合同的条件和提前通知的期限；

（十二）违反合同的纠纷解决机制及应当承担的责任；

（十三）旅游服务监督、投诉电话；

（十四）双方协商一致的其他内容。

第二十九条　旅行社在与旅游者签订旅游合同时，应当对旅游合同的具体内容做出真实、准确、完整的说明。

旅行社和旅游者签订的旅游合同约定不明确或者对格式条款的理解发生争议的，应当按照通常理解予以解释；对格式条款有两种以上解释的，应当做出有利于旅游者的解释；格式条款和非格式条款不一致的，应当采用非格式条款。

第三十条 旅行社组织中国内地居民出境旅游的，应当为旅游团队安排领队全程陪同。

第三十一条 旅行社为接待旅游者委派的导游人员或者为组织旅游者出境旅游委派的领队人员，应当持有国家规定的导游证、领队证。

第三十二条 旅行社聘用导游人员、领队人员应当依法签订劳动合同，并向其支付不低于当地最低工资标准的报酬。

第三十三条 旅行社及其委派的导游人员和领队人员不得有下列行为：

（一）拒绝履行旅游合同约定的义务；

（二）非因不可抗力改变旅游合同安排的行程；

（三）欺骗、胁迫旅游者购物或者参加需要另行付费的游览项目。

第三十四条 旅行社不得要求导游人员和领队人员接待不支付接待和服务费用或者支付的费用低于接待和服务成本的旅游团队，不得要求导游人员和领队人员承担接待旅游团队的相关费用。

第三十五条 旅行社违反旅游合同约定，造成旅游者合法权益受到损害的，应当采取必要的补救措施，并及时报告旅游行政管理部门。

第三十六条 旅行社需要对旅游业务做出委托的，应当委托给具有相应资质的旅行社，征得旅游者的同意，并与接受委托的旅行社就接待旅游者的事宜签订委托合同，确定接待旅游者的各项服务安排及其标准，约定双方的权利、义务。

第三十七条 旅行社将旅游业务委托给其他旅行社的，应当向接受委托的旅行社支付不低于接待和服务成本的费用；接受委托的旅行社不得接待不支付或者不足额支付接待和服务费用的旅游团队。

接受委托的旅行社违约，造成旅游者合法权益受到损害的，做出委托的旅行社应当承担相应的赔偿责任。做出委托的旅行社赔偿后，可以向接受委托的旅行社追偿。

接受委托的旅行社故意或者重大过失造成旅游者合法权益损害的，应当承担连带责任。

第三十八条 旅行社应当投保旅行社责任险。旅行社责任险的具体方案由国务院旅游行政主管部门会同国务院保险监督管理机构另行制定。

第三十九条 旅行社对可能危及旅游者人身、财产安全的事项，应当向旅游者做出真实的说明和明确的警示，并采取防止危害发生的必要措施。

发生危及旅游者人身安全的情形的，旅行社及其委派的导游人员、领队人员应当采取必要的处置措施并及时报告旅游行政管理部门；在境外发生的，还应当及时报告中华人民共和国驻该国使领馆、相关驻外机构、当地警方。

第四十条 旅游者在境外滞留不归的，旅行社委派的领队人员应当及时向旅行社和中华人民共和国驻该国使领馆、相关驻外机构报告。旅行社接到报告后应当及时向旅游行政管理部门和公安机关报告，并协助提供非法滞留者的信息。

旅行社接待入境旅游发生旅游者非法滞留我国境内的，应当及时向旅游行政管理部门、公安机关和外事部门报告，并协助提供非法滞留者的信息。

第五章　监督检查

第四十一条　旅游、工商、价格、商务、外汇等有关部门应当依法加强对旅行社的监督管理，发现违法行为，应当及时予以处理。

第四十二条　旅游、工商、价格等行政管理部门应当及时向社会公告监督检查的情况。公告的内容包括旅行社业务经营许可证的颁发、变更、吊销、注销情况，旅行社的违法经营行为以及旅行社的诚信记录、旅游者投诉信息等。

第四十三条　旅行社损害旅游者合法权益的，旅游者可以向旅游行政管理部门、工商行政管理部门、价格主管部门、商务主管部门或者外汇管理部门投诉，接到投诉的部门应当按照其职责权限及时调查处理，并将调查处理的有关情况告知旅游者。

第四十四条　旅行社及其分社应当接受旅游行政管理部门对其旅游合同、服务质量、旅游安全、财务账簿等情况的监督检查，并按照国家有关规定向旅游行政管理部门报送经营和财务信息等统计资料。

第四十五条　旅游、工商、价格、商务、外汇等有关部门工作人员不得接受旅行社的任何馈赠，不得参加由旅行社支付费用的购物活动或者游览项目，不得通过旅行社为自己、亲友或者其他个人、组织牟取私利。

第六章　法律责任

第四十六条　违反本条例的规定，有下列情形之一的，由旅游行政管理部门或者工商行政管理部门责令改正，没收违法所得，违法所得10万元以上的，并处违法所得1倍以上5倍以下的罚款；违法所得不足10万元或者没有违法所得的，并处10万元以上50万元以下的罚款：

（一）未取得相应的旅行社业务经营许可，经营国内旅游业务、入境旅游业务、出境旅游业务的；

（二）分社超出设立分社的旅行社的经营范围经营旅游业务的；

（三）旅行社服务网点从事招徕、咨询以外的旅行社业务经营活动的。

第四十七条　旅行社转让、出租、出借旅行社业务经营许可证的，由旅游行政管理部门责令停业整顿1个月至3个月，并没收违法所得；情节严重的，吊销旅行社业务经营许可证。受让或者租借旅行社业务经营许可证的，由旅游行政管理部门责令停止非法经营，没收违法所得，并处10万元以上50万元以下的罚款。

第四十八条　违反本条例的规定，旅行社未在规定期限内向其质量保证金账户存入、增存、补足质量保证金或者提交相应的银行担保的，由旅游行政管理部门责令改正；拒不改正的，吊销旅行社业务经营许可证。

第四十九条　违反本条例的规定，旅行社不投保旅行社责任险的，由旅游行政管理部门责令改正；拒不改正的，吊销旅行社业务经营许可证。

第五十条　违反本条例的规定，旅行社有下列情形之一的，由旅游行政管理部门责令改正；拒不改正的，处1万元以下的罚款：

（一）变更名称、经营场所、法定代表人等登记事项或者终止经营，未在规定期限内向原许可的旅游行政管理部门备案，换领或者交回旅行社业务经营许可证的；

（二）设立分社未在规定期限内向分社所在地旅游行政管理部门备案的；

（三）不按照国家有关规定向旅游行政管理部门报送经营和财务信息等统计资料的。

第五十一条　违反本条例的规定，外商投资旅行社经营中国内地居民出国旅游业务以及赴香港特别行政区、澳门特别行政区和台湾地区旅游业务，或者经营出境旅游业务的旅行社组织旅游者到国务院旅游行政主管部门公布的中国公民出境旅游目的地之外的国家和地区旅游的，由旅游行政管理部门责令改正，没收违法所得，违法所得10万元以上的，并处违法所得1倍以上5倍以下的罚款；违法所得不足10万元或者没有违法所得的，并处10万元以上50万元以下的罚款；情节严重的，吊销旅行社业务经营许可证。

第五十二条　违反本条例的规定，旅行社为旅游者安排或者介绍的旅游活动含有违反有关法律、法规规定的内容的，由旅游行政管理部门责令改正，没收违法所得，并处2万元以上10万元以下的罚款；情节严重的，吊销旅行社业务经营许可证。

第五十三条　违反本条例的规定，旅行社向旅游者提供的旅游服务信息含有虚假内容或者做虚假宣传的，由工商行政管理部门依法给予处罚。

违反本条例的规定，旅行社以低于旅游成本的报价招徕旅游者的，由价格主管部门依法给予处罚。

第五十四条　违反本条例的规定，旅行社未经旅游者同意在旅游合同约定之外提供其他有偿服务的，由旅游行政管理部门责令改正，处1万元以上5万元以下的罚款。

第五十五条　违反本条例的规定，旅行社有下列情形之一的，由旅游行政管理部门责令改正，处2万元以上10万元以下的罚款；情节严重的，责令停业整顿1个月至3个月：

（一）未与旅游者签订旅游合同；

（二）与旅游者签订的旅游合同未载明本条例第二十八条规定的事项；

（三）未取得旅游者同意，将旅游业务委托给其他旅行社；

（四）将旅游业务委托给不具有相应资质的旅行社；

（五）未与接受委托的旅行社就接待旅游者的事宜签订委托合同。

第五十六条　违反本条例的规定，旅行社组织中国内地居民出境旅游，不为旅游团队安排领队全程陪同的，由旅游行政管理部门责令改正，处1万元以上5万元以下的罚款；拒不改正的，责令停业整顿1个月至3个月。

第五十七条　违反本条例的规定，旅行社委派的导游人员和领队人员未持有国家规定的导游证或者领队证的，由旅游行政管理部门责令改正，对旅行社处2万元以上10万元以下的罚款。

第五十八条　违反本条例的规定，旅行社不向其聘用的导游人员、领队人员支付报酬，或者所支付的报酬低于当地最低工资标准的，按照《中华人民共和国劳动合同法》的有关规定处理。

第五十九条　违反本条例的规定，有下列情形之一的，对旅行社，由旅游行政管理部门或者工商行政管理部门责令改正，处10万元以上50万元以下的罚款；对导游人员、领队人员，由旅游行政管理部门责令改正，处1万元以上5万元以下的罚款；情节严重的，吊销旅行社业务经营许可证、导游证或者领队证：

（一）拒不履行旅游合同约定的义务的；

（二）非因不可抗力改变旅游合同安排的行程的；

（三）欺骗、胁迫旅游者购物或者参加需要另行付费的游览项目的。

第六十条　违反本条例的规定，旅行社要求导游人员和领队人员接待不支付接待和服务费用、支付的费用低于接待和服务成本的旅游团队，或者要求导游人员和领队人员承担接待旅游团队的相关费用的，由旅游行政管理部门责令改正，处2万元以上10万元以下的罚款。

第六十一条　旅行社违反旅游合同约定，造成旅游者合法权益受到损害，不采取必要的补救措施的，由旅游行政管理部门或者工商行政管理部门责令改正，处1万元以上5万元以下的罚款；情节严重的，由旅游行政管理部门吊销旅行社业务经营许可证。

第六十二条　违反本条例的规定，有下列情形之一的，由旅游行政管理部门责令改正，停业整顿1个月至3个月；情节严重的，吊销旅行社业务经营许可证：

（一）旅行社不向接受委托的旅行社支付接待和服务费用的；

（二）旅行社向接受委托的旅行社支付的费用低于接待和服务成本的；

（三）接受委托的旅行社接待不支付或者不足额支付接待和服务费用的旅游团队的。

第六十三条　违反本条例的规定，旅行社及其委派的导游人员、领队人员有下列情形之一的，由旅游行政管理部门责令改正，对旅行社处2万元以上10万元以下的罚款；对导游人员、领队人员处4000元以上2万元以下的罚款；情节严重的，责令旅行社停业整顿1个月至3个月，或者吊销旅行社业务经营许可证、导游证、领队证：

（一）发生危及旅游者人身安全的情形，未采取必要的处置措施并及时报告的；

（二）旅行社组织出境旅游的旅游者非法滞留境外，旅行社未及时报告并协助提供非法滞留者信息的；

（三）旅行社接待入境旅游的旅游者非法滞留境内，旅行社未及时报告并协助提供非法滞留者信息的。

第六十四条　因妨害国（边）境管理受到刑事处罚的，在刑罚执行完毕之日起五年内不得从事旅行社业务经营活动；旅行社被吊销旅行社业务经营许可的，其主要负责人在旅行社业务经营许可被吊销之日起五年内不得担任任何旅行社的主要负责人。

第六十五条　旅行社违反本条例的规定，损害旅游者合法权益的，应当承担相应的民事责任；构成犯罪的，依法追究刑事责任。

第六十六条　违反本条例的规定，旅游行政管理部门或者其他有关部门及其工作人员有下列情形之一的，对直接负责的主管人员和其他直接责任人员依法给予处分：

（一）发现违法行为不及时予以处理的；

（二）未及时公告对旅行社的监督检查情况的；

（三）未及时处理旅游者投诉并将调查处理的有关情况告知旅游者的；

（四）接受旅行社的馈赠的；

（五）参加由旅行社支付费用的购物活动或者游览项目的；

（六）通过旅行社为自己、亲友或者其他个人、组织牟取私利的。

第七章　附　　则

第六十七条　香港特别行政区、澳门特别行政区和台湾地区的投资者在内地投资设立的旅行社，参照适用本条例。

第六十八条　本条例自2009年5月1日起施行。1996年10月15日国务院发布的《旅行社管理条例》同时废止。

附录 3　导游人员管理条例

（1999 年 5 月 14 日中华人民共和国国务院令第 263 号发布　根据 2017 年 10 月 7 日《国务院关于修改部分行政法规的决定》修订）

第一条　为了规范导游活动，保障旅游者和导游人员的合法权益，促进旅游业的健康发展，制定本条例。

第二条　本条例所称导游人员，是指依照本条例的规定取得导游证，接受旅行社委派，为旅游者提供向导、讲解及相关旅游服务的人员。

第三条　国家实行全国统一的导游人员资格考试制度。

具有高级中学、中等专业学校或者以上学历，身体健康，具有适应导游需要的基本知识和语言表达能力的中华人民共和国公民，可以参加导游人员资格考试；经考试合格的，由国务院旅游行政部门或者国务院旅游行政部门委托省、自治区、直辖市人民政府旅游行政部门颁发导游人员资格证书。

第四条　在中华人民共和国境内从事导游活动，必须取得导游证。

取得导游人员资格证书的，经与旅行社订立劳动合同或者在相关旅游行业组织注册，方可持所订立的劳动合同或者登记证明材料，向省、自治区、直辖市人民政府旅游行政部门申请领取导游证。

导游证的样式规格，由国务院旅游行政部门规定。

第五条　有下列情形之一的，不得颁发导游证：

（一）无民事行为能力或者限制民事行为能力的；

（二）患有传染性疾病的；

（三）受过刑事处罚的，过失犯罪的除外；

（四）被吊销导游证的。

第六条　省、自治区、直辖市人民政府旅游行政部门应当自收到申请领取导游证之日起 15 日内，颁发导游证；发现有本条例第五条规定情形，不予颁发导游证的，应当书面通知申请人。

第七条　导游人员应当不断提高自身业务素质和职业技能。

国家对导游人员实行等级考核制度。导游人员等级考核标准和考核办法，由国务院旅游行政部门制定。

第八条　导游人员进行导游活动时，应当佩戴导游证。

导游证的有效期限为 3 年。导游证持有人需要在有效期满后继续从事导游活动的，应当在有效期限届满 3 个月前，向省、自治区、直辖市人民政府旅游行政部门申请办理换发导游证手续。

第九条　导游人员进行导游活动，必须经旅行社委派。

导游人员不得私自承揽或者以其他任何方式直接承揽导游业务，进行导游活动。

第十条　导游人员进行导游活动时，其人格尊严应当受到尊重，其人身安全不受侵犯。

导游人员有权拒绝旅游者提出的侮辱其人格尊严或者违反其职业道德的不合理要求。

第十一条　导游人员进行导游活动时，应当自觉维护国家利益和民族尊严，不得有损害国家利益和民族尊严的言行。

第十二条　导游人员进行导游活动时，应当遵守职业道德，着装整洁，礼貌待人，尊重旅游者的宗教信仰、民族风俗和生活习惯。

导游人员进行导游活动时，应当向旅游者讲解旅游地点的人文和自然情况，介绍风土人情和习俗；但是，不得迎合个别旅游者的低级趣味，在讲解、介绍中掺杂庸俗下流的内容。

第十三条　导游人员应当严格按照旅行社确定的接待计划，安排旅游者的旅行、游览活动，不得擅自增加、减少旅游项目或者中止导游活动。

导游人员在引导旅游者旅行、游览过程中，遇有可能危及旅游者人身安全的紧急情形时，经征得多数旅游者的同意，可以调整或者变更接待计划，但是应当立即报告旅行社。

第十四条　导游人员在引导旅游者旅行、游览过程中，应当就可能发生危及旅游者人身、财物安全的情况，向旅游者做出真实说明和明确警示，并按照旅行社的要求采取防止危害发生的措施。

第十五条　导游人员进行导游活动，不得向旅游者兜售物品或者购买旅游者的物品，不得以明示或者暗示的方式向旅游者索要小费。

第十六条　导游人员进行导游活动，不得欺骗、胁迫旅游者消费或者与经营者串通欺骗、胁迫旅游者消费。

第十七条　旅游者对导游人员违反本条例规定的行为，有权向旅游行政部门投诉。

第十八条　无导游证进行导游活动的，由旅游行政部门责令改正并予以公告，处1000元以上3万元以下的罚款；有违法所得的，并处没收违法所得。

第十九条　导游人员未经旅行社委派，私自承揽或者以其他任何方式直接承揽导游业务，进行导游活动的，由旅游行政部门责令改正，处1000元以上3万元以下的罚款；有违法所得的，并处没收违法所得；情节严重的，由省、自治区、直辖市人民政府旅游行政部门吊销导游证并予以公告。

第二十条　导游人员进行导游活动时，有损害国家利益和民族尊严的言行的，由旅游行政部门责令改正；情节严重的，由省、自治区、直辖市人民政府旅游行政部门吊销导游证并予以公告；对该导游人员所在的旅行社给予警告直至责令停业整顿。

第二十一条　导游人员进行导游活动时未佩戴导游证的，由旅游行政部门责令改正；拒不改正的，处500元以下的罚款。

第二十二条　导游人员有下列情形之一的，由旅游行政部门责令改正，暂扣导游证3至6个月；情节严重的，由省、自治区、直辖市人民政府旅游行政部门吊销导游证并予以公告：

（一）擅自增加或者减少旅游项目的；

（二）擅自变更接待计划的；

（三）擅自中止导游活动的。

第二十三条　导游人员进行导游活动，向旅游者兜售物品或者购买旅游者的物品的，或者以明示或者暗示的方式向旅游者索要小费的，由旅游行政部门责令改正，处1000元以上3万元以下的罚款；有违法所得的，并处没收违法所得；情节严重的，由省、自治区、直辖市人民政府旅游行政部门吊销导游证并予以公告；对委派该导游人员的旅行社给予警告直至责令停业整顿。

第二十四条　导游人员进行导游活动，欺骗、胁迫旅游者消费或者与经营者串通欺骗、胁迫旅游者消费的，由旅游行政部门责令改正，处1000元以上3万元以下的罚款；有违法所得的，并处没收违法所得；情节严重的，由省、自治区、直辖市人民政府旅游行政部门吊销导游证并予以公告；对委派该导游人员的旅行社给予警告直至责令停业整顿；构成犯罪的，依法追究刑事责任。

第二十五条　旅游行政部门工作人员玩忽职守、滥用职权、徇私舞弊，构成犯罪的，依法追究刑事责任；尚不构成犯罪的，依法给予行政处分。

第二十六条　景点景区的导游人员管理办法，由省、自治区、直辖市人民政府参照本条例制定。

第二十七条　本条例自1999年10月1日起施行。1987年11月14日国务院批准、1987年12月1日国家旅游局发布的《导游人员管理暂行规定》同时废止。

附录4　旅游行业对客人服务的基本标准（试行）

（1991年5月29日国家旅游局发布）

为了提高旅游服务质量，保护旅游者的合法权益，满足旅游者的合理要求，贯彻“宾客至上，质量第一”的宗旨，特制定本“标准”。旅游行业对客人服务的基本标准包括旅行社对客人服务的基本标准；旅游涉外饭店对客人服务的基本标准；旅游涉外汽车对客人服务的基本标准；旅游涉外餐馆对客人服务的基本标准；参观游览点对客人服务的基本标准。

一、旅行社对客人服务的基本标准

（一） 旅行社与海外客户签订的合同应遵守国家旅游局统一规定的合同范本内容，注明所提供的价格等级，服务标准、服务项目、双方责权义务以及当地投诉电话和地址。

（二） 旅行社应按合同所确认的日程、等级标准及包价内容提供相应的服务。除人力不可抗拒的因素外，如旅行社方面未能向旅游团（者）提供符合合同规定标准的服务，应为旅行团（者）提供补偿服务或将低于规定标准的服务费差额退还对方。

（三） 旅行社应根据团队客人的国籍、身份、职业、年龄、健康状况等特点和确认的日程合理安排活动，要尊重旅游者的生活习惯及风俗，对不同国别、肤色、职业、性别、年龄的旅游者均要一视同仁，热情相待。

（四） 除人力不可抗拒的因素外，属于旅行社工作疏漏，致使旅游团（者）减少服务项目或延误旅游时间，旅行社应退还未提供服务项目的费用，并给予一定的赔偿。

（五） 旅行社应按照合同中所确定的标准为旅游团（者）预订饭店，并提前通知外方。如因特殊情况需变更已预定的饭店，在征得游客同意后，可调换同星级或高于原定星级的饭店，不另加收费用。如调换的饭店低于原承诺的饭店星级，需向旅游者说明并将差价部分退还给旅游者。旅行社不得将旅行团（者）安排到非定点饭店住宿。

（六） 旅行社应将文娱活动作为固定节目安排。游览日程在3天以内的，一般不少于1次；4至7天的，一般不少于2次；8天以上的，一般不少于3次。

（七） 旅行社必须安排游客在定点饭店或定点餐馆就餐。要按照规定的餐食标准订餐，不得克扣餐费，不得强行要求游客增加风味餐。

（八） 旅行社要有具体的防范措施以保证旅游者人身财产安全。必须为旅游者投保在华期间人身财产意外保险。旅途中，如发生意外事故，必须及时采取措施并同时将事发的详细经过和处理情况向上级主管部门汇报请示。

（九） 要完善客人行李交接手续，保证游客行李运输安全、准确无误。行李财物损失如系旅行社方面造成的，要进行赔偿；如系饭店、交通部门造成，旅行社有责任协助联系，帮助解决。

（十） 旅行社委派上团的导游人员必须通过全国导游人员资格考试，取得国家旅游局颁发的《导游员证书》。

（十一） 导游员应提前做好一切接待准备工作。上团时要衣着整洁、举止大方、佩戴胸卡、携带导游证。服务要热情、周到，工作认真负责，积极主动。导游要语言准确、流利，内容要健康、丰富、生动。接待10人以上旅游团要使用引导标志和话筒，如需接站，导游员应提早与机场、车站、码头取得联系，以免发生因抵达时间变更而漏接迟接。

（十二） 旅行团（者）购物要纳入旅游活动日程。导游员要严格按日程节目安排，引导客人到定点旅游商店购物。

（十三） 旅行社全体人员要认真学习涉外人员守则，严守国家机密，遵纪守法，不索要小费，不私收回扣，不套换外汇。

（十四） 旅行社应对重视服务质量，有突出成绩的集体和个人给予表彰和奖励。对受到客人投诉的旅行社及个人，旅游行政管理部门按《旅游投诉暂行规定》进行处理。

二、旅游涉外饭店对客人服务的基本标准（略）

三、旅游涉外汽车对客人服务的基本标准（略）

四、旅游涉外餐馆对客人服务的基本标准（略）

五、参观游览点对客人服务的基本标准（略）

附录5　团队境内旅游合同（示范文本）

GF-2014-2401＿＿＿＿＿＿＿＿＿＿＿＿

团队境内旅游合同
（示范文本）

国　家　旅　游　局
国家工商行政管理总局　制定

二〇一四年四月

使 用 说 明

1. 本合同为示范文本，供中华人民共和国境内（不含港、澳、台地区）旅行社与旅游者之间签订团队境内包价旅游合同时使用（不含赴港、澳、台地区旅游及边境游）。

2. 双方当事人应当结合具体情况选择本合同协议条款中所提供的选择项，空格处应当以文字形式填写完整。

3. 双方当事人可以书面形式对本示范文本内容予以变更或者补充，但变更或者补充的内容，不得减轻或者免除应当由旅行社承担的责任。

4. 本示范文本由国家旅游局和国家工商行政管理总局共同制定、解释，在全国范围内推行使用。

团队境内旅游合同

合同编号：____________________

旅游者：________等____人（名单可附页，需旅行社和旅游者代表签字盖章确认）；
旅行社：____________________；
旅行社业务经营许可证编号：____________。

第一章 术语和定义

第一条 本合同术语和定义

1. 团队境内旅游服务，指旅行社依据《中华人民共和国旅游法》《旅行社条例》等法律、法规，组织旅游者在中华人民共和国境内（不含香港、澳门、台湾地区）旅游，代订公共交通客票，提供餐饮、住宿、游览等两项以上服务活动。

2. 旅游费用，指旅游者支付给旅行社，用于购买本合同约定的旅游服务的费用。

旅游费用包括：

（1）交通费；

（2）住宿费；

（3）餐费（不含酒水费）；

（4）旅行社统一安排的景区景点门票费；

（5）行程中安排的其他项目费用；

（6）导游服务费；

（7）旅行社（含地接社）的其他服务费用。

旅游费用不包括：

（1）旅游者投保的人身意外伤害保险费用；

（2）合同未约定由旅行社支付的费用，包括但不限于行程以外非合同约定活动项目所需的费用、自行安排活动期间发生的费用；

（3）行程中发生的旅游者个人费用，包括但不限于交通工具上的非免费餐饮费、行李超重费，住宿期间的洗衣、电话、饮料及酒类费，个人娱乐费用，个人伤病医疗费，寻找个人遗失物品的费用及报酬，个人原因造成的赔偿费用。

3. 履行辅助人，指与旅行社存在合同关系，协助其履行本合同义务，实际提供相关服务的法人、自然人或者其他组织。

4. 自由活动，特指《旅游行程单》中安排的自由活动。

5. 自行安排活动期间，指《旅游行程单》中安排的自由活动期间、旅游者不参加旅游行程活动期间、每日行程开始前、结束后旅游者离开住宿设施的个人活动期间、旅游者经导游同意暂时离团的个人活动期间。

6. 不合理的低价，指旅行社提供服务的价格低于接待和服务费用或者低于行业公认的合理价格，且无正当理由和充分证据证明该价格的合理性。其中，接待和服务费用主要包括旅行社提供或者采购餐饮、住宿、交通、游览、导游等服务所支出的费用。

7. 具体购物场所，指购物场所有独立的商号以及相对清晰、封闭、独立的经营边界和明确的经营主体，包括免税店，大型购物商场，前店后厂的购物场所，景区内购物场所，景区周边或者通往景区途中的购物场所，服务旅游团队的专门商店，商品批发市场和与餐饮、娱乐、停车休息等相关联的购物场所等。

8. 旅游者投保的人身意外伤害保险，指旅游者自己购买或者通过旅行社、航空机票代理点、景区等保险代理机构购买的以旅行期间自身的生命、身体或者有关利益为保险标的的短期保险，包括但不限于航空意外险、旅游意外险、紧急救援保险、特殊项目意外险。

9. 离团，指团队旅游者经导游同意不随团队完成约定行程的行为。

10. 脱团，指团队旅游者未经导游同意脱离旅游团队，不随团队完成约定行程的行为。

11. 转团，指由于未达到约定成团人数不能出团，旅行社征得旅游者书面同意，在行程开始前将旅游者转至其他旅行社所组的境内旅游团队履行合同的行为。

12. 拼团，指旅行社在保证所承诺的服务内容和标准不变的前提下，在签订合同时经旅游者同意，与其他旅行社招徕的旅游者拼成一个团，统一安排旅游服务的行为。

13. 不可抗力，指不能预见、不能避免并不能克服的客观情况，包括但不限于因自然原因和社会原因引起的，如自然灾害、战争、恐怖活动、动乱、骚乱、罢工、突发公共卫生事件、政府行为。

14. 已尽合理注意义务仍不能避免的事件，指因当事人故意或者过失以外的客观因素引发的事件，包括但不限于重大礼宾活动导致的交通堵塞，飞机、火车、班轮、城际客运班车等公共客运交通工具延误或者取消，景点临时不开放。

15. 必要的费用，指旅行社履行合同已经发生的费用以及向地接社或者履行辅助人支付且不可退还的费用，包括乘坐飞机（车、船）等交通工具的费用（含预订金）、饭店住宿费用（含预订金）、旅游观光汽车的人均车租等。

16. 公共交通经营者，指航空、铁路、航运客轮、城市公交、地铁等公共交通工具经营者。

第二章 合同的订立

第二条 旅游行程单

旅行社应当提供带团号的《旅游行程单》（以下简称《行程单》），经双方签字或者盖章确认后作为本合同的组成部分。《行程单》应当对如下内容做出明确的说明：

（1）旅游行程的出发地、途经地、目的地、结束地，线路行程时间和具体安排（按自然日计算，含乘飞机、车、船等在途时间，不足24小时以一日计）；

（2）地接社的名称、地址、联系人和联系电话；

（3）交通服务安排及其标准（明确交通工具及档次等级、出发时间以及是否需中转等信息）；

（4）住宿服务安排及其标准（明确住宿饭店的名称、地点、星级，非星级饭店应当注明是否有空调、热水、独立卫生间等相关服务设施）；

（5）用餐（早餐和正餐）服务安排及其标准（明确用餐次数、地点、标准）；

（6）旅行社统一安排的游览项目的具体内容及时间（明确旅游线路内容包括景区点及游览项目名称等，景区点停留的最少时间）；

（7）自由活动的时间；

（8）行程安排的娱乐活动（明确娱乐活动的时间、地点和项目内容）；

《行程单》用语须准确清晰，在表明服务标准用语中不应当出现“准×星级”“豪华”“仅供参考”“以××为准”“与××同级”等不确定用语。

第三条 订立合同

旅游者应当认真阅读本合同条款、《行程单》，在旅游者理解本合同条款及有关附件后，旅行社和旅游者应当签订书面合同。

由旅游者的代理人订立合同的，代理人需要出具被代理的旅游者的授权委托书。

第四条 旅游广告及宣传品

旅行社的旅游广告及宣传品应当遵循诚实信用的原则，其内容符合《中华人民共和国合同法》要约规定的，视为本合同的组成部分，对旅行社和旅游者双方具有约束力。

第三章 合同双方的权利义务

第五条 旅行社的权利

1. 根据旅游者的身体健康状况及相关条件决定是否接纳旅游者报名参团；

2. 核实旅游者提供的相关信息资料；

3. 按照合同约定向旅游者收取全额旅游费用；

4. 旅游团队遇紧急情况时，可以采取安全防范措施和紧急避险措施并要求旅游者配合；

5. 拒绝旅游者提出的超出合同约定的不合理要求；

6. 要求旅游者对在旅游活动中或者在解决纠纷时损害旅行社合法权益的行为承担赔偿责任；

7. 要求旅游者健康、文明旅游，劝阻旅游者违法和违反社会公德的行为。

第六条 旅行社的义务

1. 按照合同和《行程单》约定的内容和标准为旅游者提供服务，不擅自变更旅游行程安排；

2. 向合格的供应商订购产品和服务；

3. 不以不合理的低价组织旅游活动，诱骗旅游者，并通过安排购物或者另行付费旅游项目获取回扣等不正当利益；

组织、接待旅游者，不指定具体购物场所，不安排另行付费旅游项目，但是，经双方协商一致或者旅游者要求，且不影响其他旅游者行程安排的除外；

4. 在出团前如实告知具体行程安排和有关具体事项，具体事项包括但不限于所到旅游目的地的重要规定、风俗习惯；旅游活动中的安全注意事项和安全避险措施、旅游者不适合参加旅游活动的情形；旅行社依法可以减免责任的信息；应急联络方式以及法律、法规规定的其他应当告知的事项；

5. 按照合同约定，为旅游团队安排符合《中华人民共和国旅游法》《导游人员管理条例》规定的持证导游人员；

6. 妥善保管旅游者交其代管的证件、行李等物品；

7. 为旅游者发放用固定格式书写、由旅游者填写的安全信息卡（包括旅游者的姓名、血型、应急联络方式等）；

8. 旅游者人身、财产权益受到损害时，应当采取合理必要的保护和救助措施，避免旅游者人身、财产权益损失扩大；

9. 积极协调处理旅游行程中的纠纷，采取适当措施防止损失扩大；

10. 提示旅游者投保人身意外伤害保险；

11. 向旅游者提供发票；

12. 依法对旅游者个人信息保密；

13. 旅游行程中解除合同的，旅行社应当协助旅游者返回出发地或者旅游者指定的合理地点。

第七条　旅游者的权利

1. 要求旅行社按照合同及《行程单》约定履行相关义务；

2. 拒绝未经事先协商一致的转团、拼团行为；

3. 有权自主选择旅游产品和服务，有权拒绝旅行社未与旅游者协商一致或者未经旅游者要求而指定购物场所、安排旅游者参加另行付费旅游项目的行为，有权拒绝旅行社的导游强迫或者变相强迫旅游者购物、参加另行付费旅游项目的行为；

4. 在支付旅游费用时要求旅行社出具发票；

5. 人格尊严、民族风俗习惯和宗教信仰得到尊重；

6. 在人身、财产安全遇有危险时，有权请求救助和保护；人身、财产受到损害的，有权依法获得赔偿；

7. 在合法权益受到损害时向有关部门投诉或者要求旅行社协助索赔；

8.《中华人民共和国旅游法》《中华人民共和国消费者权益保护法》和有关法律、法规赋予旅游者的其他各项权利。

第八条　旅游者的义务

1. 如实填写《旅游报名表》、游客安全信息卡等各项内容，告知与旅游活动相关的个人健康信息，并对其真实性负责，保证所提供的联系方式准确无误且能及时联系；

2. 按照合同约定支付旅游费用；

3. 遵守法律、法规和有关规定，不在旅游行程中从事违法活动，不参与色情、赌博和涉毒活动；

4. 遵守公共秩序和社会公德，尊重旅游目的地的风俗习惯、文化传统和宗教信仰，爱护旅游资源，保护生态环境，遵守《中国公民国内旅游文明行为公约》等文明行为规范；

5. 对国家应对重大突发事件暂时限制旅游活动的措施以及有关部门、机构或者旅游经营者采取的安全防范和应急处置措施予以配合；

6. 妥善保管自己的行李物品，随身携带现金、有价证券、贵重物品，不在行李中夹带；

7. 在旅游活动中或者在解决纠纷时，应采取措施防止损失扩大，不损害当地居民的合法权益；不干扰他人的旅游活动；不损害旅游经营者和旅游从业人员的合法权益，不采取拒绝上、下机（车、船）、拖延行程或者脱团等不当行为；

8. 自行安排活动期间，应当在自己能够控制风险的范围内选择活动项目，遵守旅游活动中的安全警示规定，并对自己的安全负责。

第四章　合同的变更与转让

第九条　合同的变更

1. 旅行社与旅游者双方协商一致，可以变更本合同约定的内容，但应当以书面形式由双方签字确认。由此增加的旅游费用及给对方造成的损失，由变更提出方承担；由此减少的旅游费用，旅行社应当退还旅游者。

2. 行程开始前遇到不可抗力或者旅行社、履行辅助人已尽合理注意义务仍不能避免的事件的，双方经协商可以取消行程或者延期出行。取消行程的，按照本合同第十四条处理；延期出行的，增加的费用由旅游者承担，减少的费用退还旅游者。

3. 行程中遇到不可抗力或者旅行社、履行辅助人已尽合理注意义务仍不能避免的事件，影响旅游行程的，按以下方式处理：

（1）合同不能完全履行的，旅行社经向旅游者做出说明，旅游者同意变更的，可以在合理范围内变更合同，因此增加的费用由旅游者承担，减少的费用退还旅游者。

（2）危及旅游者人身、财产安全的，旅行社应当采取相应的安全措施，因此支出的费用，由旅行社与旅游者分担。

（3）造成旅游者滞留的，旅行社应采取相应的安置措施。因此增加的食宿费用由旅游者承担，增加的返程费用双方分担。

第十条　合同的转让

旅游行程开始前，旅游者可以将本合同中自身的权利义务转让给第三人，旅行社没有正当理由的不得拒绝，并办理相关转让手续，因此增加的费用由旅游者和第三人承担。

正当理由包括但不限于：对应原报名者办理的相关服务不可转让给第三人的；无法为第三人安排交通等情形的；旅游活动对于旅游者的身份、资格等有特殊要求的。

第十一条　不成团的安排

当旅行社组团未达到约定的成团人数不能成团时，旅游者可以与旅行社就如下安排在本合同第二十三条中做出约定。

1. 转团：旅行社可以在保证所承诺的服务内容和标准不降低的前提下，经事先征得旅游者书面同意，委托其他旅行社履行合同，并就受委托出团的旅行社违反本合同约定的行为先行承担责任，再行追偿。旅游者和受委托出团的旅行社另行签订合同的，本合同的权利义务终止。

2. 延期出团和改变线路出团：旅行社经征得旅游者书面同意，可以延期出团或者改变其他线路出团，因此增加的费用由旅游者承担，减少的费用旅行社予以退还。需要时可以重新签订旅游合同。

第五章 合同的解除

第十二条 旅行社解除合同

1. 未达到约定的成团人数不能成团时，旅行社解除合同的，应当采取书面等有效形式。旅行社在行程开始前7日（按照出发日减去解除合同通知到达日的自然日之差计算，下同）以上（含第7日，下同）提出解除合同的，不承担违约责任，旅行社向旅游者退还已收取的全部旅游费用；旅行社在行程开始前7日以内（不含第7日，下同）提出解除合同的，除向旅游者退还已收取的全部旅游费用外，还应当按本合同第十七条第1款的约定，承担相应的违约责任。

2. 旅游者有下列情形之一的，旅行社可以解除合同：

（1）患有传染病等疾病，可能危害其他旅游者健康和安全的；

（2）携带危害公共安全的物品且不同意交有关部门处理的；

（3）从事违法或者违反社会公德的活动的；

（4）从事严重影响其他旅游者权益的活动，且不听劝阻、不能制止的；

（5）法律、法规规定的其他情形。

旅行社因上述情形解除合同的，应当以书面等形式通知旅游者，按照本合同第十五条相关约定扣除必要的费用后，将余款退还旅游者。

第十三条 旅游者解除合同

1. 未达到约定的成团人数不能成团时，旅游者既不同意转团，也不同意延期出行或者改签其他线路出团的，旅行社应及时发出不能成团的书面通知，旅游者可以解除合同。旅游者在行程开始前7日以上收到旅行社不能成团通知的，旅行社不承担违约责任，向旅游者退还已收取的全部旅游费用；旅游者在行程开始前7日以内收到旅行社不能成团通知的，按照本合同第十七条第1款相关约定处理。

2. 除本条第1款约定外，在旅游行程结束前，旅游者亦可以书面等形式解除合同。旅游者在行程开始前7日以上提出解除合同的，旅行社应当向旅游者退还全部旅游费用；旅游者在行程开始前7日以内和行程中提出解除合同的，旅行社按照本合同第十五条相关约定扣除必要的费用后，将余款退还旅游者。

3. 旅游者未按约定时间到达约定集合出发地点，也未能在出发中途加入旅游团队的，视为旅游者解除合同，按照本合同第十五条相关约定处理。

第十四条 因不可抗力或者已尽合理注意义务仍不能避免的事件解除合同

因不可抗力或者旅行社、履行辅助人已尽合理注意义务仍不能避免的事件，影响旅游行程，合同不能继续履行的，旅行社和旅游者均可以解除合同；合同不能完全履行，旅游者不同意变更的，可以解除合同。合同解除的，旅行社应当在扣除已向地接社或者履行辅助人支付且不可退还的费用后，将余款退还旅游者。

第十五条 必要的费用扣除

1. 旅游者在行程开始前7日以内提出解除合同或者按照本合同第十二条第2款约定由旅行社在行程开始前解除合同的，按下列标准扣除必要的费用：

行程开始前6日至4日，按旅游费用总额的20%；

行程开始前3日至1日，按旅游费用总额的40%；

行程开始当日，按旅游费用总额的60%。

2. 在行程中解除合同的，必要的费用扣除标准为：

旅游费用×行程开始当日扣除比例+（旅游费用-旅游费用×行程开始当日扣除比例）÷旅游天数×已经出游的天数。

如按上述第1款或者第2款约定比例扣除的必要的费用低于实际发生的费用，旅游者按照实际发生的费用支付，但最高额不应当超过旅游费用总额。

解除合同的，旅行社扣除必要的费用后，应当在解除合同通知到达日起5个工作日内为旅游者办结退款手续。

第十六条 旅行社协助旅游者返程及费用承担

旅游行程中解除合同的，旅行社应协助旅游者返回出发地或者旅游者指定的合理地点。因旅行社或者履行辅助人的原因导致合同解除的，返程费用由旅行社承担；行程中按照本合同第十二条第2款，第十三条第2款约定解除合同的，返程费用由旅游者承担；按照本合同第十四条约定解除合同的，返程费用由双方分担。

第六章 违约责任

第十七条 旅行社的违约责任

1. 旅行社在行程开始前7日以内提出解除合同的，或者旅游者在行程开始前7日以内收到旅行社不能成团通知，不同意转团、延期出行和改签线路解除合同的，旅行社向旅游者退还已收取的全部旅游费用，并按下列标准向旅游者支付违约金：

行程开始前6日至4日，支付旅游费用总额10%的违约金；

行程开始前3日至1日，支付旅游费用总额15%的违约金；

行程开始当日，支付旅游费用总额20%的违约金。

如按上述比例支付的违约金不足以赔偿旅游者的实际损失，旅行社应当按实际损失对旅游者予以赔偿。

旅行社应当在取消出团通知或者旅游者不同意不成团安排的解除合同通知到达日起5个工作日内，为旅游者办结退还全部旅游费用的手续并支付上述违约金。

2. 旅行社未按合同约定提供服务，或者未经旅游者同意调整旅游行程（本合同第九条第3款规定的情形除外），造成项目减少、旅游时间缩短或者标准降低的，应当依法承担继续履行、采取补救措施或者赔偿损失等违约责任。

3. 旅行社具备履行条件，经旅游者要求仍拒绝履行本合同义务的，旅行社向旅游者支付旅游费用总额30%的违约金，旅游者采取订同等级别的住宿、用餐、交通等补救措施的，费用由旅行社承担；造成旅游者人身损害、滞留等严重后果的，旅游者还可以要求旅行社支付旅游费用一倍以上三倍以下的赔偿金。

4. 未经旅游者同意，旅行社转团、拼团的，旅行社应向旅游者支付旅游费用总额25%的违约金；旅游者解除合同的，旅行社还应向未随团出行的旅游者退还全部旅游费用，向已随团出行的旅游者退还尚未发生的旅游费用。如违约金不足以赔偿旅游者的实际损失，旅行社应当按实际损失对旅游者予以赔偿。

5. 旅行社有以下情形之一的，旅游者有权在旅游行程结束后30日内，要求旅行社为其办理退货并先行垫付退货货款，或者退还另行付费旅游项目的费用：

(1) 旅行社以不合理的低价组织旅游活动，诱骗旅游者，并通过安排购物或者另行付费旅游项目获取回扣等不正当利益的；

(2) 未经双方协商一致或者未经旅游者要求，旅行社指定具体购物场所或者安排另行付费旅游项目的。

6. 与旅游者出现纠纷时，旅行社应当采取积极措施防止损失扩大，否则应当就扩大的损失承担责任。

第十八条 旅游者的违约责任

1. 旅游者因不听从旅行社及其导游的劝告、提示而影响团队行程，给旅行社造成损失的，应当承担相应的赔偿责任。

2. 旅游者超出本合同约定的内容进行个人活动所造成的损失，由其自行承担。

3. 由于旅游者的过错，使旅行社、履行辅助人、旅游从业人员或者其他旅游者遭受损害的，旅游者应当赔偿损失。

4. 旅游者在旅游活动中或者在解决纠纷时，应采取措施防止损失扩大，否则应当就扩大的损失承担相应的责任。

5. 旅游者违反安全警示规定，或者对国家应对重大突发事件暂时限制旅游活动的措施、安全防范和应急处置措施不予配合，造成旅行社损失的，应当依法承担相应责任。

第十九条 其他责任

1. 由于旅游者自身原因导致本合同不能履行或者不能按照约定履行，或者造成旅游者人身损害、财产损失的，旅行社不承担责任。

2. 旅游者在自行安排活动期间人身、财产权益受到损害的，旅行社在事前已尽到必要警示说明义务且事后已尽到必要救助义务的，旅行社不承担赔偿责任。

3. 由于第三方侵害等不可归责于旅行社的原因导致旅游者人身、财产权益受到损害的，旅行社不承担赔偿责任。但因旅行社不履行协助义务致使旅游者人身、财产权益损失扩大的，旅行社应当就扩大的损失承担赔偿责任。

4. 由于公共交通经营者的原因造成旅游者人身损害、财产损失依法应承担责任的，旅行社应当协助旅游者向公共交通经营者索赔。

第七章 协议条款

第二十条 线路行程时间

出发时间______年____月____日____时，结束时间______年____月____日____时；共____天，饭店住宿____夜。

第二十一条 旅游费用及支付（以人民币为计算单位）

成人：____元/人，儿童（不满14岁）：____元/人；其中，导游服务费：____元/人；

旅游费用合计：________元。

旅游费用支付方式：________。

旅游费用支付时间：________。

第二十二条 人身意外伤害保险

1. 旅行社提示旅游者购买人身意外伤害保险；

2. 旅游者可以做以下选择：

□委托旅行社购买（旅行社不具有保险兼业代理资格的，不得勾选此项）：保险产品名称________________（投保的相关信息以实际保单为准）；

□自行购买；

□放弃购买。

第二十三条　成团人数与不成团的约定

成团的最低人数：________人。

如不能成团，旅游者是否同意按下列方式解决：

1. ____（同意或者不同意，打勾无效）旅行社委托________旅行社履行合同；

2. ____（同意或者不同意，打勾无效）延期出团；

3. ____（同意或者不同意，打勾无效）改变其他线路出团；

4. ____（同意或者不同意，打勾无效）解除合同。

第二十四条　拼团约定

旅游者______（同意或者不同意，打勾无效）采用拼团方式拼至______旅行社成团。

第二十五条　自愿购物和参加另行付费旅游项目约定

1. 旅游者可以自主决定是否参加旅行社安排的购物活动、另行付费旅游项目；

2. 旅行社可以在不以不合理的低价组织旅游活动、不诱骗旅游者、不获取回扣等不正当利益，且不影响其他旅游者行程安排的前提下，按照平等自愿、诚实信用的原则，与旅游者协商一致达成购物活动、另行付费旅游项目协议；

3. 购物活动、另行付费旅游项目安排应不与《行程单》冲突；

4. 地接社及其从业人员在行程中安排购物活动、另行付费旅游项目的，责任由订立本合同的旅行社承担；

5. 购物活动、另行付费旅游项目具体约定见《自愿购物活动补充协议》（附件3）、《自愿参加另行付费旅游项目补充协议》（附件4）。

第二十六条　争议的解决方式

本合同履行过程中发生争议，由双方协商解决；亦可向合同签订地的旅游质监执法机构、消费者协会、有关的调解组织等有关部门或者机构申请调解。协商或者调解不成的，按下列第________种方式解决：

1. 提交________仲裁委员会仲裁；

2. 依法向人民法院起诉。

第二十七条　其他约定事项

未尽事宜，经旅游者和旅行社双方协商一致，可以列入补充条款。（如合同空间不够，可以另附纸张，由双方签字或者盖章确认。）

______________________________　______________________________

第二十八条　合同效力

本合同一式____份，双方各持____份，具有同等法律效力，自双方当事人签字或者盖章之日起生效。

旅游者代表签字（盖章）：________旅行社盖章：________

证件号码：________________签约代表签字（盖章）：________

住　　址：________________营业地址：________________
联系电话：________________联系电话：________________
传　　真：________________传　　真：________________
邮　　编：________________邮　　编：________________
电子信箱：________________电子信箱：________________
签约日期：______年____月____日签约日期：______年____月____日
签约地点：________________

旅行社监督、投诉电话：________________

____省____市旅游质监执法机构：
投诉电话：________________
电子邮箱：________________
地　　址：________________
邮　　编：________________

附件1：旅游报名表

旅游线路及编号____________________旅游者出团时间意向____________________

姓名		性别		民族		出生日期	
身份证件号码				联系电话			
身体状况	（需注明是否有身体残疾、精神疾病、高血压、心脏病等健康受损病症、病史，是否为妊娠期妇女。）						

旅游者全部同行人名单及分房要求（所列同行人均视为旅游者要求必须同时安排出团）：
__________与__________同住，__________与__________同住，__________与__________同住，__________与__________同住，__________与__________同住，__________与__________同住，__________为单男/单女需要安排与他人同住，__________________不占床位，__________________________全程要求入住单间（应当补交房费差额）。

其他补充约定：

旅游者确认签名（盖章）： 年 月 日

备注	（年龄低于18周岁，需要提交家长书面同意出行书）		
以下各栏由旅游社工作人员填写			
服务网点名称		旅行社经办人	

附件 2：带团号的《旅游行程单》

旅游者：（代表人签字）　　　　　　旅行社：（盖章）

经办人：（签字）

______年______月______日

附件3：

自愿购物活动补充协议

具体时间	地点	购物场所名称	主要商品信息	最长停留时间（分钟）	其他说明	旅游者签名同意
年 月 日 时						签名：
年 月 日 时						签名：
年 月 日 时						签名：

旅行社经办人签名：________

附件4：

自愿参加另行付费旅游项目补充协议

具体时间	地点	项目名称和内容	费用（元）	项目时长（分钟）	其他说明	旅游者签名同意
年 月 日 时						签名：
年 月 日 时						签名：
年 月 日 时						签名：

旅行社经办人签名：________

附录 6　团队出境旅游合同（示范文本）

GF-2014-2402________________

团队出境旅游合同
（示范文本）

国　家　旅　游　局
国家工商行政管理总局　制定

二○一四年四月

使 用 说 明

1. 本合同为示范文本，供中华人民共和国境内（不含港、澳、台地区）经营出境旅游业务或者边境旅游业务的旅行社（以下简称“出境社”）与出境旅游者（以下简称“旅游者”）之间签订团队出境包价旅游（不含赴台湾地区旅游）合同时使用。

2. 双方当事人应当结合具体情况选择本合同协议条款中所提供的选择项，空格处应当以文字形式填写完整。

3. 双方当事人可以书面形式对本示范文本内容进行变更或者补充，但变更或者补充的内容，不得减轻或者免除应当由出境社承担的责任。

4. 本示范文本由国家旅游局和国家工商行政管理总局共同制定、解释，在全国范围内推行使用。

团队出境旅游合同

合同编号：____________________

旅游者：____________________________等________人（名单可附页，需出境社和旅游者代表签字盖章确认）；

出境社：____；

旅行社业务经营许可证编号：________________________________。

第一章　术语和定义

第一条　本合同术语和定义

1. 团队出境旅游服务，指出境社依据《中华人民共和国旅游法》《中国公民出国旅游管理办法》和《旅行社条例》等法律、法规，组织旅游者出国旅游及赴中外双方政府商定的国外边境区域和港、澳地区等旅游目的地旅游，代办旅游签证/签注，代订公共交通客票，提供餐饮、住宿、游览等两项以上服务活动。

2. 旅游费用，指旅游者支付给出境社，用于购买本合同约定的旅游服务的费用。

旅游费用包括：

（1）必要的签证/签注费用（旅游者自办的除外）；

（2）交通费（含境外机场税）；

（3）住宿费；

（4）餐费（不含酒水费）；

（5）出境社统一安排的景区景点的门票费；

（6）行程中安排的其他项目费用；

（7）导游服务费；

（8）边境旅游中办理旅游证件的费用；

（9）出境社、境外地接社等其他服务费用。

旅游费用不包括：

（1）办理护照、港澳通行证的费用；

（2）办理离团的费用；

（3）旅游者投保的人身意外伤害保险费用；

（4）合同未约定由出境社支付的费用，包括但不限于行程以外非合同约定项目所需的费用、自行安排活动期间发生的费用；

（5）境外小费；

（6）行程中发生的旅游者个人费用，包括但不限于交通工具上的非免费餐饮费、行李超重费，住宿期间的洗衣、通信、饮料及酒类费用，个人娱乐费用，个人伤病医疗费，寻找个人遗失物品的费用及报酬，个人原因造成的赔偿费用。

3. 履行辅助人，指与旅行社存在合同关系，协助其履行本合同义务，实际提供相关服务的法人、自然人或者其他组织。

4. 自由活动，特指《旅游行程单》中安排的自由活动。

5. 自行安排活动期间，指《旅游行程单》中安排的自由活动期间、旅游者不参加旅游行程活动期间、每日行程开始前、结束后旅游者离开住宿设施的个人活动期间、旅游者经领队或者导游同意暂时离团的个人活动期间。

6. 不合理的低价，指出境社提供服务的价格低于接待和服务费用或者低于行业公认的合理价格，且无正当理由和充分证据证明该价格的合理性。其中，接待和服务费用主要包括出境社提供或者采购餐饮、住宿、交通、游览、导游或者领队等服务所支出的费用。

7. 具体购物场所，指购物场所有独立的商号以及相对清晰、封闭、独立的经营边界和明确的经营主体，包括免税店，大型购物商场，前店后厂的购物场所，景区内购物场所，景区周边或者通往景区途中的购物场所，服务旅游团队的专门商店，商品批发市场和与餐饮、娱乐、停车休息等相关联的购物场所等。

8. 旅游者投保的人身意外伤害保险，指旅游者自己购买或者通过旅行社、航空机票代理点、景区等保险代理机构购买的以旅行期间自身的生命、身体或者有关利益为保险标的的短期保险，包括但不限于航空意外险、旅游意外险、紧急救援保险、特殊项目意外险。

9. 离团，指团队旅游者在境外经领队同意不随团队完成约定行程的行为。

10. 脱团，指团队旅游者在境外未经领队同意脱离旅游团队，不随团队完成约定行程的行为。

11. 转团，指由于未达到约定成团人数不能出团，出境社征得旅游者书面同意，在行程开始前将旅游者转至其他出境社所组的出境旅游团队履行合同的行为。

12. 拼团，指出境社在保证所承诺的服务内容和标准不变的前提下，在签订合同时经旅游者同意，与其他出境社招徕的旅游者拼成一个团统一安排旅游服务的行为。

13. 不可抗力，指不能预见、不能避免并不能克服的客观情况，包括但不限于因自然原因和社会原因引起的，如自然灾害、战争、恐怖活动、动乱、骚乱、罢工、突发公共卫生事件、政府行为。

14. 已尽合理注意义务仍不能避免的事件，指因当事人故意或者过失以外的客观因素引发的事件，包括但不限于重大礼宾活动导致的交通堵塞，飞机、火车、班轮、城际客运班车等公共客运交通工具延误或者取消，景点临时不开放。

15. 必要的费用，指出境社履行合同已经发生的费用以及向地接社或者履行辅助人支付且不可退还的费用，包括乘坐飞机（车、船）等交通工具的费用（含预订金）、旅游签证/签注费用、饭店住宿费用（含预订金）、旅游观光汽车的人均车租等。

16. 公共交通经营者，指航空、铁路、航运客轮、城市公交、地铁等公共交通工具经营者。

第二章 合同的订立

第二条 旅游行程单

出境社应当提供带团号的《旅游行程单》（以下简称《行程单》），经双方签字或者盖章确认后作为本合同的组成部分。《行程单》应当对如下内容做出明确的说明：

（1）旅游行程的出发地、途经地、目的地、结束地，线路行程时间（按自然日计算，含乘飞机、车、船等在途时间，不足24小时以一日计）；

（2）旅游目的地地接社的名称、地址、联系人和联系电话；

（3）交通服务安排及其标准（明确交通工具及档次等级、出发时间以及是否需中转等信息）；

（4）住宿服务安排及其标准（明确住宿饭店的名称、地址、档次等级及是否有空调、热水等相关服务设施）；

（5）用餐（早餐和正餐）服务安排及其标准（明确用餐次数、地点、标准）；

（6）出境社统一安排的游览项目的具体内容及时间（明确旅游线路内容包括景区点及游览项目名称、景区点停留的最少时间）；

（7）自由活动的时间；

（8）行程安排的娱乐活动（明确娱乐活动的时间、地点和项目内容）；

《行程单》用语须准确清晰，在表明服务标准用语中不应当出现“准×星级”“豪华”“仅供参考”“以××为准”“与××同级”等不确定用语。

第三条 订立合同

旅游者应当认真阅读本合同条款和《行程单》，在旅游者理解本合同条款及有关附件后，出境社和旅游者应当签订书面合同。

由旅游者的代理人订立合同的，代理人需要出具被代理的旅游者的授权委托书。

第四条 旅游广告及宣传品

出境社的旅游广告及宣传品应当遵循诚实信用的原则，其内容符合《中华人民共和国合同法》要约规定的，视为本合同的组成部分，对出境社和旅游者双方具有约束力。

第三章 合同双方的权利义务

第五条 出境社的权利

1. 根据旅游者的身体健康状况及相关条件决定是否接纳旅游者报名参团；

2. 核实旅游者提供的相关信息资料；

3. 按照合同约定向旅游者收取全额旅游费用；

4. 旅游团队遇紧急情况时，可以采取安全防范措施和紧急避险措施并要求旅游者配合；

5. 拒绝旅游者提出的超出合同约定的不合理要求；

6. 要求旅游者对在旅游活动中或者在解决纠纷时损害出境社合法权益的行为承担赔偿责任；

7. 要求旅游者健康、文明旅游，劝阻旅游者违法和违反社会公德的行为。

第六条 出境社的义务

1. 按照合同和《行程单》约定的内容和标准为旅游者提供服务，不擅自变更旅游行程安排，不降低服务标准；

2. 向合格的供应商订购产品和服务；

3. 不以不合理的低价组织旅游活动，诱骗旅游者，并通过安排购物或者另行付费旅游项目获取回扣等不正当利益；

组织、接待旅游者，不指定具体购物场所，不安排另行付费旅游项目，但是，经双方协商一致或者旅游者要求，且不影响其他旅游者行程安排的除外；

4. 在出团前采取行前说明会等方式，如实告知具体行程安排和有关具体事项。具体事项包括但不限于旅游目的地国家或者地区的相关法律、法规和风俗习惯、文化传统和宗教禁忌；旅游活动中的安全注意事项和安全避险措施、旅游者不适合参加旅游活动的情形；出境社依法可以减免责任的信息；境外小费标准、外汇兑换事项、应急联络方式（包括我驻外使领馆及出境社境内和境外应急联系人及联系方式）；法律、法规规定的其他应当告知的事项；

5. 为旅游团队安排符合《中华人民共和国旅游法》《旅行社条例》《中国公民出国旅游管理办法》等法律、法规规定的持证领队人员；

6. 妥善保管旅游者交其代管的证件、行李等物品；

7. 为旅游者发放用中英文固定格式书写、由旅游者填写的安全信息卡（内容包括旅游者的姓名、国籍、血型、应急联络方式等）；

8. 旅游者人身、财产权益受到损害时，应采取合理必要的保护和救助措施，避免旅游者人身、财产权益损失扩大；

9. 积极协调处理旅游行程中的纠纷，采取适当措施防止损失扩大；

10. 提示旅游者按照规定投保人身意外伤害保险；

11. 向旅游者提供发票；

12. 依法对旅游者个人信息保密。

第七条 旅游者的权利

1. 要求出境社按照合同及《行程单》约定履行相关义务；

2. 拒绝出境社未经事先协商一致的转团、拼团行为；

3. 有权自主选择旅游产品和服务，有权拒绝出境社未与旅游者协商一致或者未经旅游者要求而指定购物场所、安排旅游者参加另行付费旅游项目的行为，有权拒绝出境社的导游、领队强迫或者变相强迫旅游者购物、参加另行付费旅游项目的行为；

4. 在支付旅游费用时要求出境社出具发票；

5. 人格尊严、民族风俗习惯和宗教信仰得到尊重；

6. 在人身、财产安全遇有危险时，有权请求救助和保护；人身、财产受到侵害的，有权依法获得赔偿；

7. 在合法权益受到损害时向有关部门投诉或者要求出境社协助索赔；

8. 《中华人民共和国旅游法》《中华人民共和国消费者权益保护法》和有关法律、法规赋予旅游者的其他各项权利。

第八条　旅游者的义务

1. 如实填写《出境旅游报名表》、签证/签注资料和游客安全信息卡等各项内容，告知与旅游活动相关的个人健康信息，并对其真实性负责，保证所提供的联系方式准确无误且能及时联系；

2. 向出境社提交能有效使用的因私护照或者通行证，自办签证/签注者应当确保所持签证/签注在出游期间有效；

3. 按照合同约定支付旅游费用；

4. 按照合同约定随团完成旅游行程，配合领队人员的统一管理；

5. 遵守我国和旅游目的地国家（地区）的法律、法规和有关规定，不携带违禁物品出入境；不参与色情、赌博和涉毒活动；不擅自脱团；不在境外滞留不归；

6. 遵守旅游目的地国家（地区）的公共秩序和社会公德，尊重当地的风俗习惯，文化传统和宗教信仰，爱护旅游资源，保护生态环境，遵守《中国公民出国（境）旅游文明行为指南》等文明行为规范；

7. 对国家应对重大突发事件暂时限制旅游活动的措施以及有关部门、机构或者旅游经营者采取的安全防范和应急处置措施予以配合；

8. 妥善保管自己的行李物品，随身携带现金、有价证券、贵重物品，不在行李中夹带；

9. 在旅游活动中或者在解决纠纷时，应采取适当措施防止损失扩大，不损害当地居民的合法权益，不干扰他人的旅游活动，不损害旅游经营者和旅游从业人员的合法权益，不采取拒绝上、下机（车、船）、拖延行程或者脱团等不当行为；

10. 在自行安排活动期间，应当在自己能够控制风险的范围内选择活动项目，遵守旅游活动中的安全警示规定，对自己的安全负责。

第四章　合同的变更与转让

第九条　合同的变更

1. 出境社与旅游者双方协商一致，可以变更本合同约定的内容，但应当以书面形式由双方签字确认。由此增加的旅游费用及给对方造成的损失，由变更提出方承担；由此减少的旅游费用，出境社应当退还旅游者。

2. 行程开始前遇到不可抗力或者出境社、履行辅助人已尽合理注意义务仍不能避免的事件的，双方经协商可以取消行程或者延期出行。取消行程的，按照本合同第十四条处理；延期出行的，增加的费用由旅游者承担，减少的费用退还旅游者。

3. 行程中遇到不可抗力或者出境社、履行辅助人已尽合理注意义务仍不能避免的事件，影响旅游行程的，按以下方式处理：

（1）合同不能完全履行的，旅行社经向旅游者做出说明，旅游者同意变更的，可以在合理范围内变更合同，因此增加的费用由旅游者承担，减少的费用退还旅游者。

（2）危及旅游者人身、财产安全的，旅行社应当采取相应的安全措施，因此支出的费用，由出境社与旅游者分担。

（3）造成旅游者滞留的，旅行社应采取相应的安置措施。因此增加的食宿费用由旅游者承担，增加的返程费用双方分担。

第十条 合同的转让

旅游行程开始前，旅游者可以将本合同中自身的权利义务转让给第三人，出境社没有正当理由的不得拒绝，并办理相关转让手续，因此增加的费用由旅游者和第三人承担。

正当理由包括但不限于：对应原报名者办理的相关服务不可转让给第三人的；无法为第三人办妥签证/签注、安排交通等情形的；旅游活动对于旅游者的身份、资格等有特殊要求的。

第十一条 不成团的安排

当未达到约定的成团人数不能成团时，旅游者可以与出境社就如下安排在本合同第二十三条中做出约定。

1. 转团：出境社可以在保证所承诺的服务内容和标准不降低的前提下，经事先征得旅游者书面同意，委托其他旅行社履行合同，并就受委托出团的出境社违反本合同约定的行为先行承担责任，再行追偿。旅游者和受委托出团的出境社另行签订合同的，本合同的权利义务终止。

2. 延期出团或者改签线路出团：出境社经征得旅游者书面同意，可以延期出团或者改签其他线路出团，因此增加的费用由旅游者承担，减少的费用出境社予以退还。需要时可以重新签订旅游合同。

第五章 合同的解除

第十二条 出境社解除合同

1. 未达到约定的成团人数不能成团时，出境社解除合同的，应当采取书面等有效形式。出境社在行程开始前 30 日（按照出发日减去解除合同通知到达日的自然日之差计算，下同）以上（含第 30 日，下同）提出解除合同的，不承担违约责任，出境社向旅游者退还已收取的全部旅游费用（不得扣除签证/签注费用）；出境社在行程开始前 30 日以内（不含第 30 日，下同）提出解除合同的，除向旅游者退还已收取的全部旅游费用外，还应当按照本合同第十七条第 1 款的约定承担相应的违约责任。

2. 旅游者有下列情形之一的，出境社可以解除合同（相关法律、行政法规另有规定的除外）：

（1）患有传染病等疾病，可能危害其他旅游者健康和安全的；

（2）携带危害公共安全的物品且不同意交有关部门处理的；

（3）从事违法或者违反社会公德的活动的；

（4）从事严重影响其他旅游者权益的活动，且不听劝阻、不能制止的；

（5）法律规定的影响合同履行的其他情形。

出境社因上述情形解除合同的，应当以书面等形式通知旅游者，按照本合同第十五条的相关约定扣除必要的费用后，将余款退还旅游者。

第十三条 旅游者解除合同

1. 未达到约定的成团人数不能成团时，旅游者既不同意转团，也不同意延期出行或者改签其他线路出团的，出境社应及时发出不能成团的书面通知，旅游者可以解除合同。旅游者在行程开始前 30 日以上收到旅行社不能成团通知的，旅行社不承担违约责任，向旅游者退还已收取的全部旅游费用；旅游者在行程开始前 30 日以内收到旅行社不能成团通知的，按照本合同第十七条第 1 款相关约定处理。

2. 除本条第 1 款约定外，在行程结束前，旅游者亦可以书面等形式解除合同（相关法律、行政法规另有规定的除外）。旅游者在行程开始前 30 日以上提出解除合同的，未办理签证/签注的，出境社应当向旅游者退还全部旅游费用；已办理签证/签注的，应当扣除签证/签注费用（旅游者自办的除外）；旅游者在行程开始前 30 日以内提出解除合同的，出境社按照本合同第十五条相关约定扣除必要的费用后，将余款退还旅游者。

3. 旅游者未按约定时间到达约定集合出发地点，也未能在出发中途加入旅游团队的，视为旅游者解除合同，按照本合同第十五条相关约定处理。

第十四条　因不可抗力或者已尽合理注意义务仍不能避免的事件解除合同

因不可抗力或者出境社、履行辅助人已尽合理注意义务仍不能避免的事件，影响旅游行程，合同不能继续履行的，出境社和旅游者均可以解除合同；合同不能完全履行，旅游者不同意变更的，可以解除合同（因已尽合理注意义务仍不能避免的事件提出解除合同的，相关法律、行政法规另有规定的除外）。

合同解除的，出境社应当在扣除已向地接社或者履行辅助人支付且不可退还的费用后，将余款退还旅游者。

第十五条　必要的费用扣除

1. 旅游者在行程开始前 30 日以内提出解除合同或者按照本合同第十二条第 2 款约定由出境社在行程开始前解除合同的，按下列标准扣除必要的费用：

行程开始前 29 日至 15 日，按旅游费用总额的 5%；

行程开始前 14 日至 7 日，按旅游费用总额的 20%；

行程开始前 6 日至 4 日，按旅游费用总额的 50%；

行程开始前 3 日至 1 日，按旅游费用总额的 60%；

行程开始当日，按旅游费用总额的 70%。

2. 在行程中解除合同的，必要的费用扣除标准为：

旅游费用×行程开始当日扣除比例+（旅游费用-旅游费用×行程开始当日扣除比例）÷旅游天数×已经出游的天数。

如按上述第 1 款或者第 2 款约定比例扣除的必要的费用低于实际发生的费用，旅游者按照实际发生的费用支付，但最高额不应当超过旅游费用总额。

解除合同的，出境社扣除必要的费用后，应当在解除合同通知到达日起 5 个工作日内为旅游者办结退款手续。

第十六条　出境社协助旅游者返程及费用承担

旅游行程中解除合同的，出境社应协助旅游者返回出发地或者旅游者指定的合理地点。因旅行社或者履行辅助人的原因导致合同解除的，返程费用由出境社承担；行程中按照本合同第十二条第 2 款，第十三条第 2 款约定解除合同的，返程费用由旅游者承担；按照本合同第十四条约定解除合同的，返程费用由双方分担。

第六章　违约责任

第十七条　出境社的违约责任

1. 出境社在行程开始前 30 日以内提出解除合同的，或者旅游者在行程开始前 30 日以内收到出境社不能成团通知，不同意转团、延期出行和改签线路解除合同的，出境社向旅游者退还已收取的全部旅游费用（不得扣除签证/签注等费用），并按下列标准向旅游者支付违约金：

行程开始前29日至15日，支付旅游费用总额2%的违约金；

行程开始前14日至7日，支付旅游费用总额5%的违约金；

行程开始前6日至4日，支付旅游费用总额10%的违约金；

行程开始前3日至1日，支付旅游费用总额15%的违约金；

行程开始当日，支付旅游费用总额20%的违约金。

如按上述比例支付的违约金不足以赔偿旅游者的实际损失，出境社应当按实际损失对旅游者予以赔偿。

出境社应当在取消出团通知或者旅游者不同意不成团安排的解除合同通知到达日起5个工作日内，为旅游者办结退还全部旅游费用的手续并支付上述违约金。

2. 出境社未按合同约定提供服务，或者未经旅游者同意调整旅游行程（本合同第九条第3款规定的情形除外），造成项目减少、旅游时间缩短或者标准降低的，应当依法承担继续履行、采取补救措施或者赔偿损失等违约责任。

3. 出境社具备履行条件，经旅游者要求仍拒绝履行本合同义务的，出境社向旅游者支付旅游费用总额30%的违约金，旅游者采取订同等级别的住宿、用餐、交通等补救措施的，费用由出境社承担；造成旅游者人身损害、滞留等严重后果的，旅游者还可以要求出境社支付旅游费用一倍以上三倍以下的赔偿金。

4. 未经旅游者同意，出境社转团、拼团的，出境社应向旅游者支付旅游费用总额25%的违约金；旅游者解除合同的，出境社还应向未随团出行的旅游者退还全部旅游费用，向已随团出行的旅游者退还尚未发生的旅游费用。如违约金不足以赔偿旅游者的实际损失，出境社应当按实际损失对旅游者予以赔偿。

5. 出境社有以下情形之一的，旅游者有权在旅游行程结束后30日内，要求出境社为其办理退货并先行垫付退货货款，或者退还另行付费旅游项目的费用：

（1）出境社以不合理的低价组织旅游活动，诱骗旅游者，并通过安排购物或者另行付费旅游项目获取回扣等不正当利益的；

（2）未经双方协商一致或者未经旅游者要求，出境社指定具体购物场所或者安排另行付费旅游项目的。

6. 与旅游者出现纠纷时，出境社应当积极采取措施防止损失扩大，否则应当就扩大的损失承担责任。

第十八条 旅游者的违约责任

1. 因不听从出境社及其领队的劝告、提示而影响团队行程，给出境社造成损失的，应当承担相应的赔偿责任。

2. 旅游者超出本合同约定的内容进行个人活动所造成的损失，由其自行承担。

3. 由于旅游者的过错，使出境社、履行辅助人、旅游从业人员或者其他旅游者遭受损害的，应当由旅游者赔偿损失。

4. 旅游者在旅游活动中或者在解决纠纷时，应采取措施防止损失扩大，否则应当就扩大的损失承担相应的责任。

5. 旅游者违反安全警示规定，或者对国家应对重大突发事件暂时限制旅游活动的措施、安全防范和应急处置措施不予配合，造成旅行社损失的，应当依法承担相应责任。

第十九条　其他责任

1. 因旅游者提供材料存在问题或者自身其他原因被拒签、缓签、拒绝入境和出境的，相关责任和费用由旅游者承担，出境社将未发生的费用退还旅游者。如给出境社造成损失的，旅游者还应当承担赔偿责任。因出境社原因导致旅游者被拒签而解除合同的，依据本合同第十七条第 1 款处理。

2. 由于旅游者自身原因导致本合同不能履行或者不能按照约定履行，或者造成旅游者人身损害、财产损失的，出境社不承担责任。

3. 旅游者自行安排活动期间人身、财产权益受到损害的，出境社在事前已尽到必要警示说明义务且事后已尽到必要救助义务的，出境社不承担赔偿责任。

4. 由于第三方侵害等不可归责于出境社的原因导致旅游者人身、财产权益受到损害的，出境社不承担赔偿责任。但因出境社不履行协助义务致使旅游者人身、财产权益损失扩大的，应当就扩大的损失承担赔偿责任。

5. 由于公共交通经营者的原因造成旅游者人身损害、财产损失依法应承担责任的，出境社应当协助旅游者向公共交通经营者索赔。

第七章　协议条款

第二十条　线路行程时间

出发时间______年____月____日____时，结束时间______年____月____日____时；共____天，饭店住宿____夜。

第二十一条　旅游费用及支付（以人民币为计算单位）

成人________元/人，儿童（不满 14 岁）________元/人；其中，导游服务费________元/人；

旅游费用合计：__________________元。

旅游费用支付方式：________________。

旅游费用支付时间：________________。

第二十二条　人身意外伤害保险

1. 出境社提示旅游者购买人身意外伤害保险；

2. 旅游者可以做以下选择：

□委托出境社购买（出境社不具有保险兼业代理资格的，不得勾选此项）：保险产品名称________________（投保的相关信息以实际保单为准）；

□自行购买；

□放弃购买。

第二十三条　成团人数与不成团的约定

成团的最低人数：________人。

如不能成团，旅游者是否同意按下列方式解决：

1. ________（同意或者不同意，打勾无效）出境社委托________________出境社履行合同；

2. ________（同意或者不同意，打勾无效）延期出团；

3. ________（同意或者不同意，打勾无效）改签其他线路出团；

4. ________（同意或者不同意，打勾无效）解除合同。

第二十四条　拼团约定

旅游者________（同意或者不同意，打勾无效）采用拼团方式拼至____________出境社成团。

第二十五条　自愿购物和参加另行付费旅游项目约定

1. 旅游者可以自主决定是否参加出境社安排的购物活动、另行付费旅游项目；

2. 出境社可以在不以不合理的低价组织旅游活动、不诱骗旅游者、不获取回扣等不正当利益，且不影响其他旅游者行程安排的前提下，按照平等自愿、诚实信用的原则，与旅游者协商一致达成购物活动、另行付费旅游项目协议；

3. 购物活动、另行付费旅游项目安排应不与《行程单》冲突；

4. 地接社及其从业人员在行程中安排购物活动、另行付费旅游项目的，责任由订立本合同的出境社承担；

5. 购物活动、另行付费旅游项目具体约定见《自愿购物活动补充协议》（附件3）、《自愿参加另行付费旅游项目补充协议》（附件4）。

第二十六条　争议的解决方式

本合同履行过程中发生争议，由双方协商解决，亦可向合同签订地的旅游质监执法机构、消费者协会、有关的调解组织等有关部门或者机构申请调解。协商或者调解不成的，按下列第________种方式解决：

1. 提交______________________仲裁委员会仲裁；

2. 依法向人民法院起诉。

第二十七条　其他约定事项

未尽事宜，经旅游者和出境社双方协商一致，可以列入补充条款。（如合同空间不够，可以另附纸张，由双方签字或者盖章确认。）

____

____

第二十八条　合同效力

本合同一式________份，双方各持________份，具有同等法律效力，自双方当事人签字或者盖章之日起生效。

旅游者代表签字（盖章）：____________出境社盖章：____________

证件号码：____________________签约代表签字（盖章）：____________

住　　址：____________________营业地址：____________________

联系电话：________联系电话：____________________

传　　真：____________________传　　真：____________________

邮　　编：____________________邮　　编：____________________

电子信箱：____________________电子信箱：____________________

签约日期：________年____月____日　　签约日期：________年____月____日

签约地点：____________________

出境社监督、投诉电话：____________________

________省________市旅游质监执法机构：
投诉电话：____________________
电子邮箱：____________________
地　　址：____________________
邮　　编：____________________

附件1：出境旅游报名表

旅游线路及编号____________________旅游者出团意向时间____________________

姓名		性别		民族		出生日期	
身份证件号码				联系电话			
国籍				出境证件号			
身体状况	（需注明是否有身体残疾、精神疾病、高血压、心脏病等健康受损病症、病史，是否为妊娠期妇女。）						

旅游者全部同行人名单及分房要求（所列同行人均视为旅游者要求必须同时安排出团）：
__________与__________同住，__________与__________同住，__________与__________同住，__________与__________同住，__________与__________同住，__________与__________同住，__________为单男/单女需要安排与他人同住，__________________不占床位，__________________________全程要求入住单间（同意补交房费差额）。

其他补充约定：

旅游者确认签名（盖章）： 年 月 日

备注	（年龄低于18周岁，需要提交监护人书面同意出行书）		
以下由出境社工作人员填写			
服务网点名称		出境社经办人	

附件2：带团号的《旅游行程单》

旅游者：（代表人签字）　　　　　　出境社：（盖章）

经办人：（签字）

______年______月______日

附件3：

自愿购物活动补充协议

具体时间	地点	购物场所名称	主要商品信息	最长停留时间（分钟）	其他说明	旅游者签名同意
年 月 日 时						签名：
年 月 日 时						签名：
年 月 日 时						签名：

出境社经办人签名：________

附件4：

自愿参加另行付费旅游项目补充协议

具体时间	地点	项目名称和内容	费用（元）	项目时长（分钟）	其他说明	旅游者签名同意
年 月 日 时						签名：
年 月 日 时						签名：
年 月 日 时						签名：

出境社经办人签名：________

附录 7　境内旅游组团社与地接社合同（示范文本）

GF－2014－2411

境内旅游组团社与地接社合同（示范文本）

国　家　旅　游　局
国家工商行政管理总局 制定

二〇一四年四月

使　用　说　明

1. 本合同为示范文本，供中华人民共和国境内（不含港、澳、台地区）组团社和地接社就国内旅游接待业务签订合同时使用。

2. 本合同示范文本在合同有效期内可反复使用，操作单团接待业务时，与合同双方达成的具体协议（主要指《接待计划书》）共同使用。

3. 本合同示范文本中“组团社”即“组团旅行社”，是指与旅游者订立包价旅游合同的旅行社；“地接社”即“地方接待旅行社”是指接受组团社委托，在旅游目的地接待旅游者的旅行社。

4. 本合同示范文本中“履行辅助人”，是指与旅行社存在合同关系，协助其履行包价旅游合同义务，实际提供相关服务的法人、自然人或者其他组织。

5. 本合同示范文本中有关条款留有空白处，供双方自行约定。对双方不予约定的空白处，应当划“/”以示没有特别约定。

6. 签订合同后，双方均应认真保存合同有关资料、相关证明材料及履行合同过程中发生的有关票据资料，以备查用。

7. 本合同示范文本由国家旅游局和国家工商行政管理总局共同制定、解释。

境内旅游组团社与地接社合同

合同编号：____________________

组团社：
法定代表人（主要负责人）：　　　　　　　　　职务：
业务经营许可证号：
经营地址：
经办人：　　　　　　　　　　　　　　　　　　职务：
联系电话：　　　　　　　　　　　　　　　　　传真：
电子邮箱：
地接社：
法定代表人（主要负责人）：　　　　　　　　　职务：
业务经营许可证号：
经营地址：
经办人：　　　　　　　　　　　　　　　　　　职务：
联系电话：　　　　　　　　　　　　　　　　　传真：
电子邮箱：

组团社将其组织的旅游者交由地接社接待，地接社按照双方确认的标准和要求，为组团社组织的旅游者提供接待服务。组团社与地接社双方经平等协商，达成如下协议：

第一条　合同构成

下列内容作为本合同的有效组成部分，与本合同具有同等法律效力：

1. 《接待计划书》；
2. 双方业务往来确认；
3. 双方就未尽事宜达成的补充协议；
4. 财务确认及结算单据；
5. 其他约定：________________________。

第二条　合同当事人

组团社和地接社是依照中华人民共和国法律、法规设立的旅行社或者分社，依法取得旅行社业务资质，且在合同有效期内双方资质有效存续。

双方均应于签订合同前向对方提供营业执照、业务经营许可证（分社备案登记证明）、旅行社责任保险单、安全管理制度、突发事件处理预案等文书复印件并加盖印章。如上述信息发生变更，变更一方应于变更之日起日内书面通知对方并提供更新后的材料。

第三条　《接待计划书》订立

组团社可以通过电话、传真、电子邮件等通信方式与地接社洽谈接待相关事宜，在此过程中双方最终达成一致的事项，应形成《接待计划书》，并由双方签字盖章确认。

《接待计划书》应明确以下内容：

1. 旅游者人数及名单；
2. 接待费用；其中地接导游费用为；
3. 抵离时间、航班、车次；
4. 交通、住宿、餐饮服务安排及标准；
5. 游览行程安排、游览内容及时间；
6. 自由活动次数及时间；
7. 对导游的要求；
8. 其他：______________________。

第四条　《接待计划书》变更

《接待计划书》一经确认，单方不得擅自变更。

出团前如遇不可抗力或者其他原因确需变更的，经协商一致，就变更后的内容由双方签字盖章确认。紧急情况下，双方可通过电话、传真、电子邮件等通信方式进行协商，但应在紧急情况消失之日起________日内由双方签字盖章确认。

除法律、法规规定外，出团后《接待计划书》不得变更。

第五条　接待服务要求

地接社接待服务应符合：

1. 《中华人民共和国旅游法》（以下简称《旅游法》）《旅行社条例》《导游人员管理条例》等法律、法规；
2. 双方约定的接待服务标准；
3. 相关的国家标准和行业标准。

第六条　接待费用结算

结算方式及期限：______________________。

地接社应配合组团社关于接待费用结算的要求及时填写结算单，并加盖地接社财务专用章，送达组团社财务部门。组团社应在收到地接社结算单据后________日内核对，并按约定按时足额支付接待费用。

第七条　合同义务

（一）组团社义务

1. 组团社应按约定的时限、数额支付接待费用；
2. 组团社应真实、明确说明接待要求和标准，将与旅游者达成的合同、单团《旅游行程单》的副本提供给地接社；
3. 组团社应对地接社完成接待服务予以必要协助。

（二）地接社义务

1. 地接社应严格按照双方约定安排旅游行程、旅游景点、服务项目等，不得因与组团社团款等纠纷擅自中止旅游服务；
2. 未经组团社书面同意，地接社不得以任何方式将组团社组织的旅游者与其他旅游者合并接待，或者转交任何第三方接待；

3. 地接社应选择合格且具有相应接待能力的供应商；

4. 地接社应积极配合组团社做好接待服务质量测评工作，按约定通报团队动态和反馈接待服务质量信息，服务质量测评方式及达标标准双方约定为：______________；

5. 要求导游引导旅游者健康、文明旅游，劝阻旅游者违法和违反社会公德的行为。

（三）双方共同义务

1. 双方约定的接待费用不应低于接待和服务成本；

2. 双方的约定应遵守《旅游法》《消费者权益保护法》等法律、法规，不应损害旅游者的合法权益；

3. 一方违约后，对方应采取适当措施防止损失的扩大；

4. 双方均应保守经营活动中获取的商业秘密；

5. 旅游行程中旅游者主张解除合同的，旅行社应当协助旅游者返回出发地或者旅游者指定的合理地点。

第八条 风险防范

1. 组团社和地接社均应按法律、法规规定足额投保旅行社责任保险；

2. 组团社应提示其组织的旅游者购买人身意外伤害保险；

3. 地接社为组团社组织的旅游者安排的车辆及司机必须具备合法有效资质，地接社选择的客运经营者应已购买承运人责任保险，且保险金额不低于________万元；

4. 组团社和地接社均应保证旅游者的安全，对于可能危及旅游者人身及财产安全的事项，应做出真实的说明和明确的警示，并采取必要措施防止危害发生和扩大；

5. 地接社接待过程中，旅游者受到人身、财产损害的，地接社应采取救助措施并先行垫付必要费用，及时向组团社反馈信息，收集和保存相关证据，组团社和地接社在责任划分明确后________日内根据各自承担的责任进行结算，属于第三方责任的，地接社应协助旅游者索赔。

第九条 旅游纠纷处理

1. 旅游者在地接社接待过程中提出投诉的，地接社应尽力在当地及时解决，并将处理情况书面通知组团社，未能在当地解决的，应及时书面通知组团社。地接社应积极配合组团社处理旅游者投诉、仲裁、诉讼等服务质量纠纷，及时提供所需证据材料。

2. 组团社和地接社应根据调查情况，划分各自应承担的赔偿责任，并于责任划分明确后________日内进行结算。因组团社原因导致行程延误、更改、取消等所造成的经济损失由组团社承担，因地接社接待服务质量问题造成的经济损失由地接社承担。

3. 因地接社接待服务质量问题所产生的经济赔偿，组团社依照或者参照如下标准做出赔偿后，地接社应在组团社提出追索请求并提供相关证明后________日内对组团社予以全额赔偿：

（1）依照组团社和旅游者约定的赔偿标准；

（2）参照国家旅游局制定的《旅行社服务质量赔偿标准》；

（3）依照法院、仲裁机构裁决所确定的数额标准。

第十条 不可抗力

1. 因不可抗力等不可归责于合同任何一方的事由致使一方不能履行合同的，应根据影响程度，部分或者全部免除责任，但迟延履行后发生不可抗力等不可归责于合同任何一方的事由的，不能免除责任。

2. 一方因不可抗力等不可归责于合同任何一方的事由不能履行合同的，应当及时通知另一方，并在合理期限内提供证明。双方应采取合理适当措施防止损失扩大，因一方未履行相关义务造成对方损失的，应承担赔偿责任。

3. 因不可抗力等不可归责于合同任何一方的事由导致行程延滞，组团社和地接社应及时与旅游者协商、调整行程，所增加的费用，同意旅游者不承担的部分由组团社和地接社协商承担。

4. 因不可抗力等不可归责于合同任何一方的事由危及旅游者人身、财产安全，组团社和地接社应采取相应的安全救助措施，所支出的费用，同意旅游者不承担的部分由组团社和地接社协商承担。

第十一条　违约责任

1. 组团社未按合同约定按时足额支付接待费用，应以未支付团款为基数，按日________%向地接社支付违约金，违约金不足以弥补实际损失的，按实际损失赔偿。

2. 组团社因如下情形造成地接社经济损失的，应按实际损失向地接社承担违约责任：

（1）接待要求、标准等信息说明不明确或者错误；

（2）未对地接社完成接待服务予以必要协助。

3. 地接社未经组团社书面同意，将组团社组织的旅游者与其他旅游者合并接待，或者转交任何第三方接待，地接社应向组团社支付当团接待费用________%的违约金，违约金不足以弥补实际损失的，按实际损失赔偿。

4. 地接社未按合同约定选择合格且具有相应接待能力的供应商，地接社应向组团社支付当团接待费用________%的违约金，违约金不足以弥补实际损失的，按实际损失赔偿。

5. 因地接社违法违规行为导致组团社受到行政处罚的，地接社应向组团社支付当团接待费用________%的违约金，违约金不足以弥补实际损失的，按实际损失赔偿。

6. 地接社未能在当地解决旅游者提出的投诉，又未及时书面通知组团社的，地接社应就造成的损失承担赔偿责任。

7. 组团社和地接社双方或者任何一方未积极采取补救措施防止损失扩大，在各自责任范围内就扩大的损失承担赔偿责任。

8. 组团社和地接社任何一方泄露在经营活动中获取的商业秘密，违约一方应向另一方支付当团接待费用________%的违约金，违约金不足以弥补实际损失的，按实际损失赔偿。

第十二条　合同解除

1. 组团社超出约定付款期限________日以上未支付接待费用的，地接社有权解除合同，并要求组团社承担相应的赔偿责任。

2. 地接社接待服务质量未达到本合同第七条第（二）款第4项约定的达标标准次（含本数）以上的，组团社有权解除合同，并要求地接社承担相应的赔偿责任。

3. 因地接社原因引发旅游者有责投诉、仲裁或者民事诉讼________次（含本数）以上，组团社有权解除合同，并要求地接社承担相应的赔偿责任。

4. 因地接社违约给组团社或者旅游者造成经济损失，地接社拒不改正或者拒绝赔偿________次（含本数）以上，组团社有权解除合同，并要求地接社承担相应的赔偿责任。

5. 双方约定合同解除的其他情形：________________。

第十三条 争议解决

组团社和地接社因单团接待业务引发的争议，可协商解决，协商不成的，按下列第________种方式解决（选择一种）：

1. 提交仲裁，双方约定仲裁委员会为（标明仲裁委员会所属地区和名称）；

2. 提起民事诉讼，双方约定诉讼管辖地为（限于被告住所地、合同履行地、合同签订地、原告住所地、标的物所在地）。

第十四条 合同效力与期限

1. 本合同一式________份，双方各持________份，具有同等法律效力。

2. 本合同自双方签字盖章之日起生效，有效期为________。一方可于合同有效期届满前________日向另一方书面提出续签合同。

3. 本合同终止或者解除时，双方在合同有效期内已确认的接待计划应当继续履行。

组团社签章：	地接社签章：
签约时间：	签约时间：
签约地点：	签约地点：

参考文献

[1] 陈永发. 旅行社经营管理 [M]. 北京: 高等教育出版社, 2008.
[2] 侯志强, 李胜芬. 旅行社经营与管理 [M]. 北京: 中国财政经济出版社, 2007.
[3] 曹华盛. 旅行社经营与管理 [M]. 上海: 上海人民出版社, 格致出版社, 2014.
[4] 梁智, 刘春梅, 张杰. 旅行社经营管理精选案例解析 [M]. 北京: 旅游教育出版社, 2007.
[5] 杜江. 旅行社经营与管理 [M]. 天津: 南开大学出版社, 2001.
[6] 杜江, 戴斌. 旅行社管理 [M]. 北京: 高等教育出版社, 2005.
[7] 梁智. 旅行社经营与管理 [M]. 大连: 东北财经大学出版社, 1999.
[8] 陈锋仪, 库瑞. 旅行社管理 [M]. 天津: 南开大学出版社, 2006.
[9] 韩勇. 旅行社经营管理 [M]. 北京: 北京大学出版社, 2006.
[10] 纪俊超. 旅行社经营管理 [M]. 广州: 华南理工大学出版社, 2004.
[11] 姜玉霞. 旅行社经营与管理 [M]. 北京: 对外经济贸易大学出版社, 2006.
[12] 潘宝明. 旅行社管理概论 [M]. 武汉: 华中师范大学出版社, 2006.
[13] 王缇莹. 旅行社经营管理 [M]. 上海: 上海人民出版社, 2006.
[14] 赵毅. 旅行社管理 [M]. 北京: 中国劳动社会保障出版社, 2005.
[15] 戴斌. 旅行社管理 [M]. 北京: 高等教育出版社, 2002.
[16] 李宝明. 旅行社经营管理 [M]. 北京: 经济科学出版社, 2004.
[17] 陈小春. 旅行社管理学 [M]. 北京: 中国旅游出版社, 2002.
[18] 张道顺. 现代旅行社管理 [M]. 北京: 旅游教育出版社, 2006.
[19] 姚延波, 左贤. 旅行社经营管理——理论、实践与案例 [M]. 天津: 天津人民出版社, 2004.
[20] 周三多, 陈传明, 鲁泓. 管理学——原理与方法 [M]. 上海: 复旦大学出版社, 1999.
[21] 马爱萍. 旅行社经营与管理 [M]. 广州: 广东旅游出版社, 2000.
[22] 丁力. 旅行社经营与管理 [M]. 北京: 高等教育出版社, 1997.
[23] 黎洁、赵文红. 旅游企业经营战略管理 [M]. 北京: 中国旅游出版社, 2001.
[24] 金占明. 战略管理——超竞争环境下的选择 [M]. 北京: 清华大学出版社, 2004.
[25] 马桂顺. 旅游企业战略管理 [M]. 北京: 清华大学出版社, 2017.
[26] 国家旅游局人事劳动司. 导游业务 [M]. 北京: 旅游教育出版社, 2005.
[27] 张力任. 导游业务 [M]. 北京: 高等教育出版社, 2003.
[28] 卢竹, 胥郁. 旅游市场营销 [M]. 长沙: 湖南师范大学出版社, 2014.
[29] 郭英之. 旅游市场营销 [M]. 大连: 东北财经大学出版社, 2010.
[30] 马勇, 王春雷. 旅游市场营销管理 [M]. 广州: 广东旅游出版社, 2002.
[31] 赵西萍. 旅游市场营销 [M]. 天津: 南开大学出版社, 1998.
[32] 麻新华. 旅行社计调实训教程 [M]. 北京: 北京理工大学出版社, 2018.
[33] 熊晓敏. 旅行社 OP 计调手册 [M]. 北京: 中国旅游出版社, 2007.
[34] 郑辽吉. 中国旅游地理 [M]. 北京: 中国科学技术出版社, 2008.
[35] 张颖. 旅行社计调实务 [M]. 广州: 广东高等教育出版社, 2013.
[36] 范贞. 旅行社计调业务 [M]. 北京: 清华大学出版社, 2014.
[37] 何瑛. 旅行社计调实务 [M]. 北京: 科学出版社, 2014.
[38] 王煜琴. 旅行社计调业务 [M]. 北京: 旅游教育出版社, 2014.
[39] 蔡海燕. 旅行社计调实务 [M]. 上海: 复旦大学出版社, 2011.
[40] 张进伟. 旅行社 OP 计调实务 [M]. 成都: 西南交通大学出版社, 2014.
[41] 叶娅丽, 陈学春. 旅行社计调实务 [M]. 北京: 北京大学出版社, 2013.

［42］孙娈．旅行社计调业务［M］．上海：上海交通大学出版社，2011.
［43］李日欣．散客旅游市场开发策略研究［J］．商业经济，2005（11）：3.
［44］罗保华，陈阳．论我国旅行社服务产品创新的策略及途径［J］．经济研究导刊，2011（5）：77-79.
［45］孟华．主题：旅游产品创新的切入点［J］．泰安师专学报，2001，23（5）：52-54.
［46］曹毓，洪艳．关于旅行社业削价竞争的思考［J］．企业经济，2006（11）.
［47］姚延波．我国旅行社业发展历程回顾与展望［N］．中国旅游报，2017-09-05.